OSTKREUZ

Erwachsenwerden in der Wendezeit

CHRISTIAN MACKRODT

OSTKREUZ

Erwachsenwerden in der Wendezeit

Christian Mackrodt

Eden BOOKS

»Wenn du kommst, kommst du mit Licht
Du kommst strahlend
Zehrst meinen Schatten auf
Zählst meine Kerben
Und schlägst mich auf
Öffnest mein Versteck
Und liest mich laut
Damit auch ich
Mich
Hören kann

Wenn du gehst, fragst du:
Wer von uns beiden, glaubst du,
Ist der Geliebte? Wer von uns
Ist der Geliebte?«

Blixa Bargeld

1.

An einem Dienstagvormittag im März sah ich die Marzahner wieder. Ich war seit einer Woche zurück aus Südamerika und hatte Ärger mit meiner Freundin. Wir sammelten uns in Mahlsdorf vor dem Friedhof, um David zu beerdigen, der auf dem Weg zur Ostsee gestorben war.

Die Sonne schien, die Büsche zeigten ein erstes Grün und die Vögel zwitscherten. Ich trug zu bunte Sachen und war im Gegensatz zu den anderen braun gebrannt. Zwei der Jungs, die mit David verunglückt waren, standen benommen zwischen uns, der Fahrer lag noch immer im Krankenhaus. Das Blau des Himmels leuchtete durch die noch kahlen Bäume, einige Wenige sprachen leise miteinander, mehrere rauchten, die Gesichter waren müde und betroffen.

Auf ein Zeichen hin traten wir mit langsamen, kurzen Schritten durch das Tor und formierten uns vor den Stufen der zu kleinen Kapelle. Wir hörten die unpassende Totenrede und Davids Lieblingsmusik an, dann folgten wir der Familie zum Grab. Es wurde geweint. Nachdem der Sarg in der frisch ausgehobenen Grube verschwunden war, reihten wir uns auf, um seinen Eltern und seinem Bruder die Hände zu schütteln. Davids Freundin hatte einen

Nervenzusammenbruch. Sie hielt das Geräusch des trockenen, kiesigen Sandes auf dem hölzernen Gefäß nicht aus und sank mit einem schwachen Schrei in die Knie. Mit ihrem zarten siebzehnjährigen Körper wirkte sie in ihrem Trauerkleid wie aus einer anderen Welt.

Ich war einer der Letzten, der die offene Erde erreichte, und die Mutter erkannte mich nicht. Ihr Blick war stumpf und ihre Hand weich. Sie suchte Halt an dem starr aufgerichteten Körper ihres Mannes. Davids Bruder hatte rote, aber trockene Augen und wirkte abwesend. Ich schaute nicht hinab und stellte mich vor dem Friedhof wieder zwischen die Marzahner Kids. Dann fuhr die Familie weg.

Nach ruhiger Diskussion setzte sich ein Teil der Clique in Bewegung und wanderte in loser Reihe durch die kleinen Straßen mit Einfamilienhäusern. Am Nordufer des Kaulsdorfer Sees schlugen wir unser Lager auf und tranken Wein aus Flaschen. Die Angler beäugten uns skeptisch. Außerhalb der Badesaison hatten sie den von dichten Büschen umgebenen Baggersee meistens für sich. David war der Zweite von uns, der unfreiwillig von dieser Welt gegangen war, und wir trauerten um ihn. Ich setzte mich etwas abseits, um mit Björn zu reden, den ich seit einem Vierteljahr nicht gesehen hatte. Während wir uns unterhielten, stiegen mir Tränen in die Augen. Björn legte seinen Arm um mich. Die kühle, klare Luft und das helle Licht drangen unter meine Haut. Irgendwann war Torte so betrunken, dass er sich trotz des Anlasses daneben benahm. Streit brach aus.

Ich lief schweigend mit ein paar anderen zurück zum S-Bahnhof. Sie stiegen Friedrichsfelde Ost aus, um die Bahn nach Springpfuhl zu nehmen, und ich fuhr allein weiter nach Friedrichshain. Bis zum Ostkreuz gab ich mich meiner Stimmung und meinen Erinnerungen an David hin.

Im letzten Herbst hatten wir Torben geholfen, seine Wohnung zu renovieren, und gemeinsam ein paar Konzerte besucht. Im November hatte David auf dem Friedhof, auf dem er jetzt lag, noch Bilder von Torbens Band gemacht, die ich damals zu düster fand. Das ganze Gothic-Ding habe ich nie wirklich verstanden.

Die Friedrichshainer saßen vor den Häusern und hielten ihre blassen Gesichter in die Sonne. Ich wollte nicht nach Hause gehen und allein sein und klingelte an den Türen meiner Freunde, bis ich jemanden fand, der den Tag mit mir verbrachte.

2.

An einem Freitagnachmittag, ungefähr fünf Wochen später, lief ich in meiner Wohnung umher und wartete auf Milan. Wir hatten uns im alten Vorstadt-Stil lose verabredet, er war zu spät. Ich räumte irgendwas aus der Küche ins Zimmer und ging in die Küche zurück. Die Wohnung bot nicht viel Platz, um sich zu bewegen, aber sitzen wollte ich auch nicht. Am gardinenlosen Küchenfenster blieb ich vor dem kleinen Tisch stehen und sah, wie schon oft zuvor, den Fußballspielern zu. Über den Hinterhof konnte man die linke Hälfte des Sportplatzes auf der anderen Seite der Weserstraße sehen, weil der große Krieg den gegenüberliegenden Seitenflügel mit sich genommen hatte. Die Sonne schien, aber nicht in mein Fenster, das fast reine Nordseite war. Während es draußen schon Frühling wurde, verharrte bei mir, wie in vielen anderen Hinterhofwohnungen des Friedrichshains, der Winter. Kalte Mauern und ein nicht mehr beheizter Ofen verzögerten den Wechsel der Jahreszeiten erheblich. Auf der Straße erkannte ich die anderen Hinterhofbewohner daran, dass sie mindestens eine Jacke zu viel angezogen hatten und ungläubig in den Himmel schauten, wenn sie aus ihren Häusern ins Licht traten. Im Moment versuchte ich, der Kälte mit dicken Socken und jamaikanischer Musik beizukommen. Kohlen hatte ich keine mehr im Keller. Ich räumte das benutzte Geschirr der letzten zwei oder drei Tage in die Spüle und hob den Toaster wieder auf den Tisch. Beim Frühstück hatte ich ihn mir zwischen die Beine gestellt und als Heizung benutzt. Auf Abwaschen hatte ich keine Lust, der Boiler war seit Tagen ausgeschaltet und meine Hände trocken und rissig. Das Spiel verließ, bis auf den Torhüter und zwei recht unbeteiligt wirkende Verteidiger, die linke Seite. Ich fühlte ein Kribbeln im Bauch und lief etwas planlos zurück ins Zimmer. Die Aussicht war hier dieselbe wie in der Küche. Mehr Fenster hatte ich nicht. Ich wechselte die Platte und kratzte mich am Kopf. Das Warten und meine Wohnung machten mich nervös.

Die durchweg sonnigen Tage der vorangegangenen Woche hatten einander wie ein Ei dem anderen geähnelt. In meiner Erinnerung vermischten sie sich miteinander und verschwammen zu einem einzigen Tag: Ich schlief bis Anschlag aus, hörte beim Aufstehen chillige Musik, frühstückte täglich härter werdendes Brot mit Erdnussbutter und Käse, trank grünen Tee und ging dann bei Jan vorbei. Dazu musste ich meine vier Treppen runter, über den Hof, rechts aus dem Haus, fünfzig Meter die Weserstraße entlang und noch mal hundert die Neue Bahnhofstraße hoch. Wenn die Putztruppe die Stahltür zum Puff neben meinem Haus aufgelassen hatte, glotzte ich jedes Mal wie von einer fremden Macht gesteuert rein. Der fleckige rote Samt sah bei Tageslicht unappetitlich aus. An der Ecke zur Neuen Bahnhofstraße blieb ich kurz vor der Litfaßsäule stehen und checkte die Tafel mit dem Tagesgericht der Assikneipe. Hier gab es immer nur Klassiker: Pferderouladen, Eisbein mit Erbspüree, Brühpolnische mit Kartoffelsalat, Karpfen blau. Für mich als Vegetarier hatten diese Schrecklichkeiten etwas abstoßend Lustiges, wie Splatter-Szenen in den Filmen von Peter Jackson. Dann lief ich die Neue Bahnhofstraße hoch. Von allen Straßen des Friedrichshains war sie wahrscheinlich die hässlichste: vierspurig, mit extrem schmalen Gehwegen, an denen sich lückenlos graue und braune Hausfassaden aneinanderreihten, zugekackt, dicht beparkt und mit ungefähr acht traurigen Bäumen auf dem ganzen Stück zwischen Weserstraße und Boxhagener. Einzig die Eldenaer Straße konnte ihr in puncto Ungastlichkeit das Wasser reichen. Ich ging an dem geschlossenen Spätkauf, dem kleinen Secondhandshop und dem Ökoladen der weißen Rastafrau vorbei, kurz vor der Boxhagener Straße erreichte ich dann Jans Haus. Seine Hofeinfahrt roch immer nach Urin. Wenn es weniger als zwanzig Grad waren, trocknete die Pissepfütze hinter der äußeren Tür erst gar nicht. Schuld war die Dönerbude an der Ecke. Da half es auch nicht, dass Jan in großen Buchstaben »WER HIER HIN PISST KRIEGT AUFS MAUL!!« oberhalb der Briefkästen an die Wand geschrieben hatte. Über den immerhin mit einem Baum bepflanzten, aber sonst nur zum Abstellen von Müllcontainern benutzten Hof kam ich in das Hinterhaus. Ich stieg die zwei Treppen zu Jans Wohnung hinauf und passierte dabei auf halber Strecke sein Außenklo. Es sah hier eher nach einem Club als nach einem Mietshaus aus. Die Wände des Treppenhauses waren unsauber rot gestrichen und mit Plakaten beklebt. Sie kündigten unter anderem die Skatalites im SO36 an, riefen zum großen Mayday-Rave für den Erhalt des DDR-Jugendradios DT 64 auf und machten Werbung für die *Per Anhalter durch die Galaxis*-Show von Feeling B im Tränenpalast. Über den Plakaten befanden sich wiederum mehrere Schichten Tags und Spuckis, wobei ich vor allem die »Teetrinken gegen Ausländerfeindlichkeit«-Aufkleber von Grufti-Steffen immer noch lustig fand. An Jans zigfach übersprühter Wohnungstür hing ein vom Mehrfachgebrauch abgenutzter Zettel, der mir mitteilte: »Bin aufm Dach.«

Über das Treppenhaus des kaum mehr bewohnten Seitenflügels gelangte ich auf den Dachboden, der mit Gerümpel aus Ostzeiten vollgestellt war. Von dort brachte mich eine hohe und wacklige Holzleiter schwingend und knarzend aufs Dach, das etwas von einem verschrobenen Schrebergarten hatte. Ausgeblichene bunte Teppiche lagen auf dem brüchigen und welligen Teer, es gab eine Parkbank, einen Couchtisch mit abgesägten Beinen und jede Menge mit Erde gefüllte Farbeimer, in denen Marihuanapflanzen ungestört und ungepflegt vor sich hin wuchsen. Die grauen, gemauerten Schornsteinschächte waren alle mit irgendwelchen bunten Bildern besprüht. Auf einem flatterte eine rot-gelb-grüne Flagge, auf einem anderen stand »Jah Rule«.

Zur Neuen Bahnhofstraße hin begrenzte ein kleines, wie aufgesetzt wirkendes Spitzdach die Spielwiese. An seine roten Schindeln konnte man sich prima anlehnen und nach Westen in Richtung Innenstadt blicken. Außerdem dämpfte das Dach den von der Ampelkreuzung nach oben dringenden Autolärm. Jan saß auf einem der Teppiche zwischen seinen Musikinstrumenten und las in einem Buch. Als er mir dabei zusah, wie ich umständlich aus der Luke kletterte und über das schmale, leicht abschüssige Dach des Seitenflügels zu ihm hinlief, verrieten seine Augen sofort, dass er schon was geraucht hatte. Jans Augen waren tiefdunkelblau und ruhig, er selbst drahtig und mittelgroß. Seine Frisur war wie ein Mix aus seiner Vergangenheit als Skinhead und seinem neuen Leben als Kiffer und Freak. Er hatte eine Glatze, ließ sich aber am Hinterkopf einen Büschel Haare wachsen, der lustig abstand. Seine Klamotten spiegelten den gleichen Stilmix wider. Er trug flache Baustellenschuhe aus einem Arbeitsbekleidungsgeschäft, klassische enge Jeans und ein Jamiroquai-T-Shirt mit spacigem Aufdruck. Als ich sein Lager erreicht hatte, mussten wir beide erst mal breit grinsen.

»Na, was gibt's heute in der Kneipe zum Mittag?«

»Tote Oma, mit Sauerkraut und Salzkartoffeln.«

Jan fing an zu kichern.

»Und, wie geht's?«, fragte ich ihn.

Er kicherte sich aus, bevor er mir antwortete.

»Na ja, is super Wetter, die Arbeit is fern, ick würde sagen, es geht gut.«

Ich setzte mich hin und fragte nach einer kurzen Pause weiter:

»Haste heute was vor?«

»Nee. Du?«

»Nee.«

»Na super!«

Er fing wieder an zu kichern. Seine Augen blitzten vor Freude über die viele freie Zeit.

»Ich werde erst mal ein Pfeifchen rauchen, um ein bisschen aufzuholen«, sagte ich dann mehr zu mir selbst. Jan reichte mir, ohne zu zögern, die kleine Blechdose mit den Rauchutensilien.

»Alter, das ist das Beste, was du an so 'nem Tag wie heute machen kannst. Ich hoffe nur, du hast deine Essensmarken nicht vergessen.«

Jetzt mussten wir beide kichern, weil wir uns an das eklige ostdeutsche Schulessen erinnerten und froh waren, dass sowohl der Osten als auch die Schule für uns der Vergangenheit angehörten. Für mich war es immer noch aufregend und irgendwie neu, an einem Wochentag keinerlei fremdbestimmter Beschäftigung nachzugehen und stattdessen rumzuhängen. Es hatte etwas von Freiheit und Schuld gleichzeitig, wie Schule schwänzen, nur in einer anderen, endgültigeren Dimension. Meistens mochte ich dieses Gefühl, denn ich glaubte an die Schönheit des Lebens und die Versprechen der Zukunft. Jan bestärkte mich in diesem Glauben. Er kannte sich mit der Freiheit schon ganz gut aus und half mir, gelegentliche Zweifel zu zerstreuen.

In den Mittagsstunden rauchten wir uns unter freiem Himmel und der schon angenehm wärmenden Sonne in ein schweres Marok-High. Die kleine Maiskolbenpfeife mit dem Strohhalm als Mundstück und das Feuerzeug gingen zwischen uns hin und her. Das Haschisch kribbelte in meiner Nase und brachte mich zum Niesen. Seine Wirkung setzte etwas zeitverzögert ein. Es kam langsam von unten aus dem Bauch, kroch in die Lunge und den Hals und spülte zum Schluss in den Kopf. Wir ließen den ersten Kick vorübergehen, dann machten wir Musik. Jan spielte Didgeridoo und ich Djembe oder Gitarre. Unsere Sessions, in denen wir uns ausgehend von einem einfachen Grundrhythmus treiben ließen, dauerten eine Viertelstunde, zwanzig Minuten. Jan schlug diesen Grundrhythmus in der Regel mit zwei Klanghölzern. Die sich im Dialog entwickelnde primitive Musik half unseren Gedanken dabei, klar zu werden, und ließ uns davonfliegen. Hatten wir ein Thema ausgereizt oder den Draht zueinander verloren, fanden wir mühelos ein mehr oder weniger schlüssiges Ende. Im Anschluss saßen oder lagen wir stumm auf dem Dach in der Sonne und horchten nach innen. Als wir sanft gelandet waren, redeten wir eine Weile über die Dinge, die uns bewegten. Unsere Gespräche kreisten um Bücher, Mädchen, Musik, Geschichte, Filme, Freunde, Reisen und Partys. Wenn wir Lust auf einen erneuten Haschischkick bekamen, rauchten wir wieder und machten dann Musik. Dieser meditative Kreislauf hielt uns gefangen, bis Milan am Nachmittag aus der

Dachluke kletterte und mit seiner knarzig singenden Stimme auf uns einredete.

»Na, Jungs, wie geht's?«

Er ließ uns keine Zeit zu antworten.

»Ihr seid ja total fett! Kuckt euch doch mal an! Fett! Fett! Fett! Das hab ich so was von gewusst, Alter! Den ganzen Tag hab ich in der Scheißschule rumgesessen, ausm Fenster gekuckt und gewusst, dass ihr bei dem Wetter hier aufm Dach rumhängt und euch kugelrund raucht. So 'ne Gemeinheit, ey! Ich muss mich mit Mathe und Bio rumärgern und ihr habt nichts Besseres zu tun, als euch vom Planeten zu schießen. Ich schwöre, meine Biolehrerin Frau Kruse hat mich heute echt gefragt, warum ich die ganze Zeit ausm Fenster schaue, und da hab ich zu ihr gesagt, dass ich die ganze Zeit an meine Kumpels denken muss, die jetz bei sich aufm Dach rumhängen und ab und zu 'nen kleinen Joint rauchen. Jetz, wo ich das hier so sehe, glaub ich allerdings, dass das eher ein großer Joint war. Kuck dir den Krischan doch mal an, der kann ja nich mal mehr reden, Mann! Liegt hier rum wie 'ne Robbe am Strand und grinst nur noch.«

Während Milan so redete, mussten Jan und ich hysterisch kichern, nicht zuletzt, weil seine Empörung so herzergreifend echt rüberkam. Milan war ein Freund von mir aus der Vorstadt, dem ich ein paar Tage zuvor auf der Straße wiederbegegnet war. Er war durch den Friedrichshain geirrt, weil er seine Quelle in der Pfarrstraße nicht angetroffen hatte und er nicht ohne etwas zu kiffen nach Hause zurückfahren wollte. Ich hatte ihm was besorgt und ihn dann mit auf Jans Dach genommen. Seitdem schaute er eigentlich jeden Tag nach der Schule vorbei. Das war normal für uns Kids aus der Vorstadt. Wenn wir einen Ort gefunden hatten, an dem wir uns wohlfühlten und wo wir die Leute mochten, gingen wir wie aus einem natürlichen Reflex heraus immer wieder dorthin zurück, bis wir einen besseren Platz entdeckten oder uns mit den Leuten überwarfen. Wir waren einfach nicht gern allein und trafen uns regelmäßig, ohne einen bestimmten Grund zu haben. Ich glaube, wir langweilten uns allein und bekamen zu Hause schnell das Gefühl, etwas zu verpassen.

Nachdem Milan geraucht hatte, wurde er ruhiger. Seine großen dunklen Augen blickten in die Ferne und er strich sich immer wieder Strähnen seiner langen braunen Haare hinter die Ohren. Als er den Alltagsstress endgültig abgestreift hatte, begann er mit einem Kohlestift in ein ledergebundenes Buch zu zeichnen. Dieses Buch war kein typisches Blackbook eines Sprühers mit Skizzen und Fotos von Graffitis. Es ähnelte vielmehr dem Notizbuch eines Bildhauers oder Filmemachers und war voll mit Gesichtern, Naturstudien und grafischen Geschichten. Jan und ich unterhielten uns währenddessen wieder ein bisschen. Wir führten jetzt kein ernstes und emotionales Gespräch wie am Mittag, eher so eine Art verschrobenen Small Talk. Milan gab hin und wieder auch etwas dazu. Irgendwann schnappte sich Jan sein Buch vom Vormittag und las darin. Ich blickte über den Friedrichshain und übte Akkordwechsel auf der Gitarre. Ab und zu stand ich auf, um Milan über die Schulter zu sehen. Er zeichnete düstere, unzugängliche Bildergeschichten in Schwarz-Weiß, in denen er der Protagonist war und die überhaupt nicht zum Wetter und zu unserer Stimmung passten. Sie waren voller Angst, Sex, Orientierungslosigkeit und Rausch. Er erklärte sie mir bereitwillig.

»Das bin ich und das ist der Augenturm, der immer schon auf mich wartet. Er verfolgt mich nich, verstehste? Er ist einfach immer schon da, wenn ich irgendwo hinkomme. Ich hab Angst vor dem Turm und renn die ganze Zeit durch die Gegend, bis ich zu müde bin. Egal, wo ich hinkomme, der Turm ist schon da. Dann gehe ich durch die Tür in den Turm hinein, weil ich denke, dass die Augen mich da nich sehen können. Aber die drehen sich einfach nach innen und machen mir noch mehr Angst. Dann renne ich die Wendeltreppe rauf. Ich komme aber nich bis nach ganz oben, denn da is ja Gott. Das ist das große Auge. Und hier werden die Augen dann zu einem Strudel, der mich in die Tiefe reißt. In dem unterirdischen Verlies wartet meine Mutter auf mich. Ja, sie is so was wie ein Teufel, deswegen hab ich ihr auch die Hörner gemalt.«

Er lachte. Mich erinnerte die Geschichte daran, wie ich ihn ein paar Jahre zuvor in der Jugendpsychiatrie besucht hatte. Es war eine weite Reise bis nach Hermsdorf im tiefsten Nordwesten der Stadt gewesen. Wir hatten zusammen mit seiner Mutter im Garten der Station hinter einem fünf Meter hohen Zaun gesessen und reizstofffreien Tee getrunken. Milan wollte nicht mit ihr reden und sein Betreuer zwang ihn nicht dazu. Später in der S-Bahn hatte sie mir mit ihrem tschechischen Akzent gesagt:

»Also, der Umgang mit diesem Schmidt, der hat meinem Jungen nicht gutgetan. Der hatte schon immer einen schlechten Einfluss auf ihn. Und dieser Prahl, der hat ihm die Drogen gegeben. Die beiden sind schuld an der ganzen Sache. Das sind ganz verkommene Typen. Die tun immer so nett, aber das sind miese Typen. Die werden noch vor die Hunde gehen, aus denen wird nichts, das kann ich dir sagen. Ich möchte bloß mal wissen, was in deren Köpfen vor sich geht. Mein Milan ist einfach viel zu sensibel, um sich mit solchen Menschen abzugeben.«

Trotz ihrer durchdringenden Stimme und ihres überzeugten Blickes war ich mir damals ziemlich sicher gewesen, dass niemand von unseren Freunden für Milans Zustand verantwortlich war. Auf Jans Dach hallten die Worte seiner jetzt gehörnten Mutter aber in mir nach und ich überlegte, ob es ein Fehler gewesen war, ihm Dope zu geben. Seine ausufernden Fantasien und Visionen und ihre Macht über seine Gefühle waren Milans Problem. Da halfen weitere Manipulationen durch Drogen aller Art wahrscheinlich nicht wirklich, den Alltag zu bewältigen und das Klassenziel zu erreichen. War es aber meine Aufgabe, auf ihn aufzupassen? Wenn ich ihm kein Haschisch besorgte, ging er wahrscheinlich direkt zurück zum Eisenbahner in der Pfarrstraße und kaufte von irgendeinem grindigen Punker in der Hausbesetzerkneipe ekelerregenden, mit Schallplatten oder Schuhcreme gestreckten Standard.

Abgesehen davon, dass er dafür mehr bezahlen würde als für den von uns so geliebten Zero Zero, hatte der Punker bestimmt auch alle Sorten billige Chemie im Angebot und die war nun wirklich nicht gut für Milan. Ich beobachtete ihn eine Weile beim Zeichnen. In seinem Oldschool-Sprüher-Schick sah er aus wie viele andere Kids auch, nur cooler. Er trug gerade geschnittene dunkle Cordhosen, einfache zweifarbige Sneaker und eine lange blaue Windjacke mit spitzem Kragen. Seine Bewegungen hatten etwas Weiches, Tanzendes und er strahlte Selbstbewusstsein und Ruhe aus. Seine großen braunen Augen trugen zu seiner melancholischen Erscheinung bei, seine langen, feingliedrigen Hände deuteten auf seine Berufung zum Künstler. Ich konnte nicht sagen, worüber er nachdachte oder was ihn bewegte. Er wirkte irgendwie alterslos und so, als hätte er mit der Welt um sich herum wenig zu tun. Er war ein Prinz. Ich fragte ihn schließlich:

»Sag mal, Milan, wie geht's dir eigentlich? Ich meine, so im Großen und Ganzen. Is das mit dem Kiffen okay für dich? Ich meine, für deinen Kopf? Was sagt'n der Arzt dazu?«

Die Worte kamen nur mühsam aus meinem Mund, denn ich wusste nicht, welche Betonung ich ihnen geben sollte. Milan hörte auf zu zeichnen, drehte sich langsam zu mir um und antwortete fast spöttisch:

»Findste die Geschichte mit dem Turm so krank? Der Arzt sagt natürlich, ich soll keine Drogen nehmen, weil ich depressiv bin. Is doch aber nur Kiffen. Außerdem geht's mir gerade ganz gut. Ich geh ja sogar regelmäßig zur Schule.«

»Auf deine alte Schule?«

»Ja, ich hatte keine Lust, noch mal neue Arschlöcher kennenzulernen, und die Lehrer da wissen wenigstens alle schon, dass ich 'nen Knall habe, und lassen mich in Ruhe.«

Während er das sagte, fing er wieder an zu zeichnen.

»Und, verstehst du dich mit deiner Mutter wieder?«

»Nee, ich bin ausgezogen. Ich wohne jetzt in so 'ner betreuten Wohngemeinschaft in der Richard-Sorge-Straße.«

»Biste raus aus Marzahn?«

»Ja.«

»Und dein Vater?«

»Der is auch ausgezogen, wohnt aber noch am Springpfuhl.«

»Is das gut oder schlecht?«

Er blickte erneut von seinem Skizzenbuch auf.

»Für ihn is das gut, für meinen Bruder schlecht.«

Jetzt sah er nachdenklich aus. Wahrscheinlich machte er sich Sorgen um seinen kleinen Bruder, der dem aggressiven und fehlgelenkten Ehrgeiz seiner Mutter jetzt beistandslos ausgeliefert war.

Kurz vor dem Dunkelwerden kamen meistens noch zwei oder drei Leute aufs Dach, um mit uns den Tag zu verabschieden. Im malerischen Stadtpanorama sah man die Sonne neben den Zwillingstürmen am Frankfurter Tor untergehen und in einiger Entfernung den Fernsehturm.

Wenn wir Pech hatten, waren die Punker aus dem teilweise besetzten Eckhaus auf der anderen Straßenseite am Abend auch auf ihrem Dach. Sie grölten dann die ganze Zeit irgendwelchen Scheiß über die Neue Bahnhofstraße hinweg zu uns rüber. Manchmal schmissen sie auch mit hartem Obst oder leeren Bierflaschen und wir mussten hinter dem kleinen Spitzdach in Deckung gehen und ihren Anführer Lenin bitten, den gefährlichen Beschuss einzustellen.

Sobald die Sonne weg war, wurde es schlagartig kühl. Jan rollte seine Teppiche zusammen und verstaute sie unter einer Plastikplane. Die Holzleiter, die auf dem Weg nach oben schon gefährlich gewesen war, wurde jetzt auf dem Weg nach unten, im Dunkeln, total bekifft und mit einer Trommel unterm Arm, zu einer wahren Prüfung. Jan verließ das Dach als Letzter und schloss die schwere Luke hinter sich, nachdem er noch schnell die Pflanzen mit einem Schlauch gewässert hatte. Im Hof angekommen, trieb uns der Hunger gleich aus dem Haus, vor zur Boxhagener Straße. Hier unten war die Luft spürbar schlechter, die Menschen sahen gestresst und deformiert aus. Die Dunkelheit und die Geschäftigkeit zum Feierabend hatten aber einen belebenden Einfluss auf uns. Milan haute ab, weil er sich in seinem Wohnprojekt an feste Zeiten halten musste, und wir entschieden uns, schnell und billig im Grillo zu essen. Das war die Dönerbude mit Sitzecke und Spielautomaten an der Ecke zur Boxhagener. Es gab wenig andere Alternativen. Der einzige arabische Imbiss im ganzen

Friedrichshain war weit entfernt am Boxhagener Platz, der nächste Inder in Kreuzberg. Also holten wir uns im Grillo industriell gefertigte Falafel im Dönerbrot mit Salat und Soße. Dazu tranken wir Eistee. Wenn man genug Hunger hatte, schmeckte es ganz gut.

Nach dem Essen gingen wir hoch in Jans Wohnung und trafen dort auf Anton, der bereits an den Plattenspielern stand. Anton war auch aus der Vorstadt und früher mal Skinhead gewesen. Im Gegensatz zu Jan hatte er noch immer eine Glatze, trug jetzt aber Turnschuhe und weite Hosen. Mit seinem netten Gesicht war er eh nie als klassischer Skinhead durchgegangen, obwohl er groß und breitschultrig war. Auf dem Dach rumzuhängen, war nicht so sehr Antons Ding. Das Bisschen Zeit, das ihm der verhasste Zivildienst in der Charité ließ, verbrachte er lieber mit Auflegen. Jan und er hatten ihre Platten und Anlagen vor einiger Zeit zusammengeschmissen. So brachten sie es auf zwei halbwegs gute Plattenspieler, ein Mischpult und einen Haufen tolle Musik. Außerdem hatten die beiden es irgendwie geschafft, die Public-Address-Anlage eines seit Monaten in Renovierung befindlichen Clubs bei Jan unterzustellen und seine Wohnung dadurch zur lautesten Hinterhaus-Einraumwohnung in ganz Ostberlin zu machen. Sie bestand aus einem großen Berliner Zimmer mit typischem Eckfenster und einer kleinen Küche. Jan hatte sich vor das Fenster ein Podest gebaut, auf dem er schlief, las und chillte. Zwischen Zimmer- und Küchenfenster bog sich eine abenteuerlich befestigte Holzlatte, die über der Hofecke schwebte. Auf dieser stand ein weiterer alter Farbeimer mit einer etwas kümmerlichen Graspflanze. Sie bekam hier unten fast niemals direktes Sonnenlicht. Die ursprünglich ordentlich tapezierten Wände hatte Jan mit einem Schwamm unregelmäßig orange eingefärbt. Überall lagen Platten, CDs, Tapes, Bücher und lose Zettel herum. Es war ziemlich unordentlich, roch nach kaltem Marok-Rauch, grünem Tee und indischen Nag-Champa-Räucherstäbchen. An der Decke des Zimmers hing eine in dem Raum riesig wirkende Verkehrsampel, die dauerhaft gelb leuchtete. Rot und grün waren zu dunkel und machten außerdem eine komische Stimmung, die nicht zur Musik passte. Unsere Musik war Jungle. Wir hörten eigentlich alle möglichen Musikstile: Dub, Reggae, Hip-Hop, Trippiges mit langsamen Beats, Detroit-Zeug und auch Gitarrenlärm und Achtziger-Gruft-Sound. Wenn es aber ums Ausgehen, Tanzen und Partymachen ging, war Jungle unser Ein und Alles, mehr als Musik, eher so eine Art Religion. Jungle war *wicked* und gleichzeitig positiv, die Beats schepperten einem um die Ohren, die Breaks gingen durch Mark und Bein, die Echos und Sirenen-Sounds schrien über den wabernden Bass und die Geschwindigkeit trat einem ordentlich in den Hintern. Dazu wurde man von stumpf gesampelten Lines verschiedener jamaikanischer DJs angefeuert. *Push up u Lighter inna di Air! Booyakaa, Booyakaa!* Das ganze trieb einem ein fettes Grinsen ins Gesicht und verursachte starken Bewegungsdrang.

Wir kifften weiter, spielten Platten, mixten Tapes, bis uns die Wohnung zu eng wurde und die Stadt schlief. Dann brachen wir auf, um genau denselben Sound noch lauter in einem Club zu hören, andere Leute zu treffen und zu tanzen. Unser Weg führte uns dabei in den Toaster, den Suicide Club, das WTF oder den Eimer. Der absolute Höhepunkt der vorangegangenen Woche war aber wie immer die Donnerstagnacht im Acud. So ziemlich jeder, den wir vom Ausgehen kannten, kam donnerstags ins Acud, um in dem maximal zwanzig Quadratmeter großen und nicht viel mehr als zwei Meter hohen Kellerraum zu feiern oder draußen auf der kleinen Mauer an der Veteranenstraße rumzuhängen und zu quatschen. Unten gab es nur eine Richtung: Rumhüpfen, Arme hoch, Trillerpfeifen wie beim Raven, Schweiß, DJs und MCs anfeuern und vehement *Rewind* fordern, wenn ein richtiger Kracher losrollte. Die minutenlangen Intros von Songs wie T Powers »Mutant Jazz« oder Ganja Krus »Super Sharp Shooter« liefen teilweise dreimal, bevor der DJ die Amen-Breaks endlich auf uns losließ und wir komplett ausflippten. Der niedrige, dunkle Raum entwickelte einen enormen Schalldruck und eine unglaublich schöne Energie. Wir tanzten, holten uns in dem kleinen Nachbarraum an der Bar Leitungswasser, kifften weiter und trafen Leute, bis wir uns irgendwann völlig fertig auf den Rückweg machten.

Der N5 brachte mich nachts nach Hause, seitdem ich damit angefangen hatte, in Clubs zu gehen. Er fuhr vom Alexanderplatz aus die Bundesstraße eins in östlicher

Richtung entlang. Wenn ich als Teenager aus den Rockläden Knaack oder Duncker gekommen war, war ich bis zur Ecke Alt-Biesdorf und Köpenicker Straße gefahren und dann noch einmal dreißig Minuten zu Fuß nach Biesdorf-Süd reingelaufen.

Am Freitagmorgen stiegen wir ungefähr sechs Kilometer früher an der Frankfurter Allee aus. Auf dem Weg zum Ostkreuz kehrten wir noch kurz im Supamolly am Traveplatz ein, um zum Runterkommen ein Bier zu trinken. In den letzten zwei Jahren hatten die meisten Feiernächte in Jans Wohnung begonnen und im Supamolly geendet. Mir waren die ganzen Hausbesetzer und Politpunker da eigentlich zu anstrengend, aber irgendwie war es ein guter Kontrast zum Feierfilm und Jan und Anton fühlten sich dem Ganzen aus ihrer Zeit als Skinheads noch verbunden. Außerdem hing am frühen Morgen in der Regel der dünne, lange Mann mit den stecknadelkopfgroßen Pupillen, den stoppeligen Haaren und dem unangenehmen Körpergeruch mit seinem Schäferhund an der Bar rum. Er erzählte dann in seinem breiten bayrischen Dialekt Geschichten von der Verschwörung und dem Untergang und war die Quelle des von uns so innig geliebten goldbraunen marokkanischen Haschischs. Wir nutzten die Gelegenheit, um unsere Vorräte aufzufüllen. Danach trennten wir uns von Anton, der die Oderstraße Richtung Jung nahm, und liefen die Jessner hoch bis zur Weser und am Sportplatz entlang Richtung Neue Bahnhof. Von hier aus konnte man rüber nach Lichtenberg sehen, wo in den Achtzehngeschossern des Neubaugebiets Frankfurter Allee Süd bereits zahlreiche Fenster erleuchtet waren. Über den grauen Hochhäusern dämmerte es. Jans Schritte waren trotz der frühen Stunde noch immer energisch und lang. Vor meiner Tür fragte ich ihn:

»Sag mal, haste eigentlich irgendwelche Pläne fürs Wochenende?«

»Na, ich fahr mit Anna an die Ostsee.«

»Morgen schon, also heute?«

»Nee, Samstag früh, mit'm Wochenendticket, sie kommt aber heute Abend schon zu mir. Und du?«

»Ich wollte nachmittags mit Milan Pilze nehmen. Sonst hab ich nichts vor.«

»Nur so?«

»Ja, nur so, tagsüber schön soft draußen rumlaufen, weil ja langsam Frühling is. Ich hab noch welche seit dem Herbst rumliegen, in Honig eingelegt, mit Muskat und ein bisschen Fliegenpilz. Außerdem dachte ich, das is vielleicht ganz gut, um die letzte Woche abzuschließen. Ich muss mir ab Montag eigentlich wieder 'nen Job suchen, sonst muss ich nachher noch im Sommer arbeiten gehen und kann nicht wegfahren. Weißt ja, das Geld wird immer weniger, wenn kein neues dazukommt.«

»Das mit den Pilzen hört sich gut an, aber du weißt ja, dass Anna nix nimmt. Is eigentlich schade, aber ich hab sie die ganze Woche über nich gesehen, weil sie für ihre letzten Prüfungen lernt. Das wird nix.«

»Und was is mit Arbeiten? Haste Bock?«

Er verzog das Gesicht.

»Ja, müsste ick auch mal wieder. Lass uns doch am Montag bei mir zum Frühstück treffen, dann können wir das zusammen angehen, okay?«

»Okay.«

Jan lief los. Nach zwei Schritten drehte er sich noch mal zu mir um und schoss beidhändig mit seinen Zeigefingern auf mich.

»Ey, und viel Spaß morgen!«

3.

Ich stand wieder am kleinen Tisch in meiner Küche und blickte auf meine Hände. Der Einlassstempel vom Acud war beim Duschen nicht runtergegangen. Im Hof krachte die Tür zu. Ich hörte, wie ein Fenster geöffnet wurde, und wartete auf das Unvermeidliche.

»Ey, muss das sein?! Könnt ihr nicht *ein* Mal die Scheißtür leise zumachen? Ich glaub langsam, ich bin hier von lauter Idioten umgeben. Ja, du, dich meine ich! Glotz doch nich so blöde! Irgendwann müsst ihr das doch mal lernen! Oder is das zu hoch für euch?«

Der Typ, der neben mir wohnte, hatte seine eigenen Probleme: früher mal reich, früher mal jung, früher mal Charlottenburg, früher mal kein Alkoholiker. Dass ich manchmal mit ihm in seiner Küche unter dem gerahmten Ulrike-Meinhof-Bild Tee trank und mir Geschichten aus seiner besseren Zeit anhörte, bewahrte mich nicht davor, genauso angeschrien zu werden, wenn ich die Hoftür unbedacht zufallen ließ. In unserem baum- und strauchlosen Hof mit dem grauen Betonboden schallte es aber auch wirklich sehr. Ich vernahm Schritte von mehr als einer Person im Treppenhaus, dann Stimmen vor meiner Tür. Es klopfte. Als ich aufmachte, sah ich Milan und ein Mädchen, das offensichtlich zu ihm gehörte, obwohl es optisch nicht unbedingt zu ihm passte. Nachdem ich die beiden ein paar Sekunden lang angeschaut hatte, sprach das Mädchen mit kehliger Stimme zu mir.

»Hi, ich bin Katja, ich bin einfach mitgekommen.«

Sie musterte mich unverhohlen. Milan murmelte nur irgendetwas und sah mich nicht an. Er wirkte niedergeschlagen, so als hätte er einen Kampf verloren. Die beiden gingen durch den kurzen Flur und standen dann in meinem Zimmer. Sie sahen sich um. Nach kurzem Zögern setzten sie sich in die Mitte des Raums auf den Teppich. Die Couch war bereits von der Gitarre und getragenen Sachen belegt. Katja brachte mich vom ersten Moment an aus der Fassung. Sie war schlank, hatte schulterlanges glattes, rotes Haar, kleine süße Brüste und sanfte grünliche Augen mit fein geschwungenen Brauen. Ihre Bewegungen kamen wie aus dem unteren Bauch und wirkten katzenhaft. Ihr Rücken war gerade, Schultern und Oberarme definiert. Ihre Augen schauten sehr wach und neugierig über die kleine Nase. Sie war nicht der Typ Mädchen, mit dem ich es sonst zu tun hatte. Sie schüchterte mich mit ihrer Schönheit und ihrem selbstbewussten Verhalten ein. Ich stand vor den beiden an der Teppichkante und steckte meine kalten Hände in die Hosentaschen. Milan saß im Schneidersitz, Katja mit seitlich angewinkelten Beinen, alles andere wäre mit ihrem kurzen, dunklen Kleid nicht möglich gewesen. Wir schwiegen. Katja schaute mich an, Milan ins Nichts und ich immer von einem zum anderen.

»Wollt ihr was trinken?«, fragte ich schließlich, um die Situation aufzulösen.

»Etwas Warmes, wenn das geht«, sagte sie nach kurzem Schweigen.

Ich machte den beiden Musik an und verschwand in der Küche, um Tee zu kochen. Auch von dort aus hörte ich sie nicht miteinander reden. Mit einer Kanne und drei unterschiedlichen Tassen setzte ich mich dann zu ihnen auf den Teppich. Milan fragte nach Jan und rauchte eine Zigarette wie jemand, der sonst nicht rauchte. Katja schaute sich weiter um. Sie wippte leicht mit dem Kopf zu Lee Perry und sah in dieser Umgebung völlig deplatziert aus, zu hübsch und zu gut angezogen. Es war mein erstes eigenes Zuhause. Meine Exfreundin, zu der ich von meiner Mutter und meinem Stiefvater aus gezogen war, hatte mich nach unserem gemeinsamen Urlaub im Winter, kurz nach Davids Beerdigung, aus ihrem Zimmer in einem der besetzten Häuser in der Kreutzigerstraße geschmissen. Jan hatte mir dann geholfen, die Wohnung bei ihm um die Ecke zu finden. Er hatte diesen Studenten angequatscht, als der gerade mit einem Stapel »Nachmieter gesucht«-Zettel aus dem Copyshop kam.

Von meinem Vormieter hatte ich ein gut gebautes Hochbett übernommen, es stand neben dem fast weißen Ofen. Darunter hatte ich meine alte, schmale Schaumstoffmatratze gelegt. Ich schlief oben und las unten. Vor dem Fenster stand ein einfacher, schwarzer Schreibtisch, den mir ein Freund geschenkt hatte, an der Wand dahinter meine alte, braune Ledercouch. Das Zimmer hatte gut erhaltene, ochsenblutrot gestrichene Dielen und der Rest der Wohnung gelben Linoleumfußboden. Alle Wände waren mit weißer Raufaser tapeziert. In der Mitte des Zimmers zwischen Schreibtisch, Couch und Hochbett lag der rot-schwarze Teppich, auf dem wir saßen. Er war ein Geschenk meiner Großeltern, die sich nach der Wende für ihr Wohnzimmer einen neuen gekauft hatten. Links neben dem Schreibtisch stand meine Anlage auf dem Fußboden. Die Platten lehnten in kleinen Stapeln im Zimmer verteilt an den Wänden. Über der Couch hing ein vergrößertes Foto. Darauf waren meine Freunde Alex und Pernd zusammen mit mir und J Mascis von Dinosaur Jr. zu sehen. Wir hatten alle drei lange Haare und J wirkte betrunken.

Die Wohnung war nicht schmutzig, aber etwas unordentlich. Sie sah nicht gerade eingerichtet und bewohnt aus. Ich schlief hier, konnte die Tür hinter mir zumachen und nicht ans Telefon gehen, wenn meine Mutter vormittags anrief. Sie quälte mich seit einem halben Jahr mit der Frage, was ich denn jetzt machen wolle. Ich konnte laut sein, denn außer mir wohnten nur noch drei andere Leute im Seitenflügel und im Hinterhaus, keiner von ihnen über oder unter mir. Das Treppenhaus war sauber, ich hatte eine eigene Dusche und ein Klo, worum mich Jan beneidete. Und es war billig. Mein ganzes Leben war billig. Ich musste ungefähr fünf Tage im Monat aufm Bau arbeiten gehen, um meinen Unterhalt zu verdienen. Dann hatte ich wieder Zeit zu lesen und auszugehen und mit den Menschen zusammen zu sein, die ich mochte. Niemand in meinem Leben war wie Katja. Sie war anziehend, bewegte sich sanft und bewusst und sprach leise und gewählt. Sie sah wie jemand aus, für den man sein ganzes Leben änderte. Ich wollte mit den beiden rausgehen, raus aus der Wohnung, die mir auf einmal ein Gefühl der Unfreiheit vermittelte. Ohne viel zu reden, nahmen wir Pilze und rauchten ein paar Pfeifen Haschisch. Der muffige Geschmack ekelte mich wie immer an. Als ich schließlich die Tür hinter uns abschloss, war aus dem Nachmittag früher Abend geworden.

Friedrichshain

war nicht unbedingt ein schönes Viertel, dafür ein eng bebautes und dicht bewohntes. Was wir Friedrichshain nannten, deckte sich auch nicht ganz mit den auf Karten eingetragenen Grenzen des Stadtbezirks. Für uns war es das ungefähr anderthalb mal anderthalb Kilometer große Viereck südlich der Frankfurter Allee mit den Eckpunkten Ostkreuz, S-Bahnhof Frankfurter Allee, Frankfurter Tor und S-Bahnhof Warschauer Straße. An seiner nördlichen Grenze fuhr die U-Bahn-Linie 5 unter der Frankfurter entlang. Auf einer leichten Anhöhe dahinter lag der Nordkiez, der eigentlich auch Friedrichshain war, dessen Lebensgefühl sich aber vom restlichen Kiez unterschied. Im Süden bildeten die von Ost nach West verlaufenden Bahngleise eine Barriere. Man konnte sie nur an der Warschauer Brücke, der Modersohnbrücke und am Ostkreuz überqueren. Zwischen diesen Gleisen und der Spree weiter im Süden lag ein schmaler Streifen, den wir Corinthstraßenghetto nannten. Er gehörte zwar offiziell auch zum Friedrichshain, war aber Niemandsland. Die westliche Grenze bildete die Warschauer Straße mit ihrem breiten mittigen Grünstreifen, auf dem die Straßenbahnen der Linie 20 fuhren, die den Friedrichshain mit dem Prenzlauer Berg verband. Jenseits davon befand sich um die Marchlewskistraße herum ein in den 1950ern gebautes Wohngebiet mit wenigen Häusern aus der Vorkriegszeit. Von den Straßen dort fühlten sich nur die Kadiner und die Gubener wie echter Friedrichshain an. Im Osten trennten die

S-Bahn-Gleise der Ringbahn hinter der Neuen Bahnhof- und Gürtelstraße das Viereck von Lichtenberg. Das war die einzige echte Stadtbezirksgrenze unseres Kiezes. Man konnte sie nur an der Boxhagener Straße, dem Wiesenweg und der Frankfurter Allee überqueren.

Innerhalb des Friedrichshains gab es elf von Ost nach West und zwanzig von Nord nach Süd verlaufende Straßen und noch mehr Straßennamen, weil viele Straßenzüge an bestimmten Kreuzungen ihre Namen änderten. So hieß die Straße, die von der Modersohnbrücke zum U-Bahnhof Samariterstraße führte, zwischen der Brücke und der Simplonstraße Modersohnstraße, zwischen der Simplon- und der Grünberger Straße Gärtnerstraße und zwischen der Grünberger Straße und der Frankfurter Allee Mainzer Straße. Innerhalb des dichten Straßengitters lagen vier kleine Parks: der Boxhagener Platz, der etwas schmalere Traveplatz und die beiden dreieckigen Grünflächen Wühlischplatz und Wismarer Platz, die so klein waren, dass man sie eigentlich nicht mehr als Parks bezeichnen konnte. Wollte man wirklich mal seine Ruhe haben und nicht in Glasbruch und Hundekot rumsitzen, ging man besser auf den Friedhof zwischen Mainzer und Kreutzigerstraße. Eine gute Alternative dazu waren die Ruinen entlang der S-Bahn-Linie an der Revaler Straße. Die zerfallenen Häuser, Schuppen und Hallen der Reichsbahn hatten zu den südlich gelegenen Gleisen hin ungepflegte Wiesen, auf denen man in der Sonne rumhängen und die Enge des Friedrichshains vergessen konnte.

Die Bebauung des Kiezes war uniform: stuck- und zierwerklose braune und graue fünfstöckige Häuser mit angedeuteten Spitzdächern. Die meisten hatten einen Hof und ein ebenerdiges unteres Stockwerk. Sie standen lückenlos nebeneinander, sodass die Straßenzüge düstere Mauern bildeten. Der Krieg hatte allerdings einige Löcher und freie Grundstücke hinterlassen. Am östlichen Ende der Boxhagener Straße gab es ein paar ältere und weniger hohe Gebäude aus der Zeit der Industrialisierung. Großzügige bürgerliche Architektur fand man nur in der kurzen Knorrpromenade mit ihren Vorgärten und der Toreinfahrt an der Wühlischstraße.

Der Friedrichshain war immer ein Arbeiterviertel gewesen. Nach der Wende sank die Zahl der arbeitenden Friedrichshainer durch die Schließungen des Glühlampenwerkes »Rosa Luxemburg« und der Schwerindustriebetriebe in Rummelsburg und Schöneweide allerdings erheblich. Es entstand die Kultur des alltäglichen, nicht uhrzeitgebundenen Trinkens auf der Straße. Gleichzeitig hatten sich Hausbesetzer leer stehende Mietskasernen gesucht und sie wieder bewohnbar gemacht. Man fand die besetzten Häuser in der Scharnweberstraße, der Kinzigstraße, der Jessnerstraße, der Kreutzigerstraße, im Nordkiez um die Rigaer Straße herum und im westlichen Lichtenberg in der Pfarrstraße. Die sozialdemokratische Stadtregierung hatte dem selbstbestimmten Freiheitswillen der Hausbesetzer direkt nach der Wiedervereinigung die Muskeln gezeigt. Sie räumte die 13 zu Ostzeiten zum Abriss nominierten Häuser auf der westlichen Seite der Mainzer mit roher Polizeigewalt. Danach waren die Fronten im Kiez klar: Bullen waren Schweine, Kapitalisten Ausbeuter, Politiker im Allgemeinen Kriegstreiber und Sozialdemokraten Faschisten. Man hatte es ihnen durch die Torpedierung der Olympiabewerbung zwei Jahre später heimgezahlt. Die besetzten Häuser bildeten ein Netzwerk von Cafés, Kneipen und Veranstaltungsorten im Friedrichshain. Zusätzlich gab es etwas Gastronomie in der westlich gelegenen Simon-Dach-Straße und in der Sonntagsstraße am Ostkreuz. Temporär öffneten auch immer mal wieder kleinere Clubs in Ladengeschäften, Hinterhof-Parterrewohnungen oder Kellern. An der Ecke Boxhagener- und Niederbarnimstraße befand sich das einzige Kino im Kiez. Das Intimes bot weniger als hundert Besuchern Platz, wurde mit einem Kachelofen beheizt und strahlte großväterlichen Charme aus.

Innerhalb der Grenzen des Friedrichshains konnte man super leben. Man fand schnell eine Wohnung oder ein Zimmer, so viele Freunde und Bekannte, wie man wollte, und ein raues und herzliches Miteinander, das stark von Alkohol und Drogen bestimmt wurde. Für andere Dinge musste man den Kiez verlassen: zum Arbeiten, zum Ausgehen, zum Studieren, zum Platten- und Klamottenkaufen oder wenn man mal in einen richtigen Park oder schwimmen gehen wollte. Blieb man zu viele Tage am Stück innerhalb der engen Straßen, die nur wenig Sonne auf den schmalen Bürgersteigen zuließen, legte sich einem etwas Bedrückendes aufs Gemüt.

4.

Draußen zu sein, gab uns ein neues Gefühl der Zusammengehörigkeit. Sogar Milan erwachte aus seiner Starre. Wir waren weit davon entfernt, irgendetwas von den Pilzen zu merken, doch wir wussten alle drei aus Erfahrung, dass sie kommen würden, zuerst sanft und subtil, dann hoffentlich stark, ohne zu stark zu sein. An der Kreuzung Neue Bahnhof- und Boxhagener Straße beobachteten wir das alte Schauspiel der Naturgewalten. Wie an jedem Feierabend strömten Tausende Mitarbeiter der Bundesversicherungsanstalt für Angestellte unter der Brücke Richtung Rummelsburg hervor und auf die Kreuzung zu. Hier wälzten sie sich über zwei Fußgängerampeln, um zum S-Bahnhof Ostkreuz zu gelangen. Die gesamte Straßenführung war auf mehr als hundert Metern mit Gittern gesichert, um diese hirnlose, triebgesteuerte Herde von Datenverarbeitern daran zu hindern, sich diagonal über die Kreuzung zu schieben und den Verkehr morgens und abends für eine Stunde lahmzulegen. Wir nannten sie Lemminge. Keiner von uns hatte je mit einem von ihnen gesprochen. Sie wirkten fremd und unmenschlich. Es waren Frauen mit komischen Frisuren, Hackenschuhen und zu großen Handtaschen und Typen in schlecht sitzenden Anzügen mit Aktenkoffern. Sie erinnerten mich immer an meine als Schüler absolvierten Pflichtbesuche im Berufsinformationszentrum in der Ruschestraße in Lichtenberg. Die Sachbearbeiterin dort hatte mir dringend zu einer Laufbahn als verbeamteter Verwaltungsangestellter geraten. Wenn mir das zu langweilig wäre, könnte ich ja auch Speditionskaufmann werden. Die Risiken auf dem freien Arbeitsmarkt wären aber unkalkulierbar, warnte sie mich in Räumen, die fünf Jahre zuvor noch von der Staatssicherheit genutzt worden waren.

Jetzt liefen wir mit den Lemmingen zusammen die Neue Bahnhofstraße hoch. Die Skinheads vorm Bierexpress pöbelten mich gewohnheitsmäßig an. Sie waren der Meinung, ich solle mir andere Schuhe besorgen und aufhören, mit Hippies rumzuhängen. Mit meinen gerade geschnittenen Jeans, dem schwarzen Rugby-Shirt und meinen circa zwei Zentimeter langen Haaren sah ich wirklich skinheadmäßig aus. Nur meine maronenbraunen Airwalks störten das Bild. Im Vergleich zu der kalten Ignoranz der Lemminge, die einfach durch uns hindurchsahen, wirkte das Gepöbel fast zärtlich.

Wir überquerten das Ostkreuz und bogen rechts in den Markgrafendamm ein. Der Bahnhof, an dem sich die beiden Hauptstrecken der Ostberliner S-Bahn kreuzten und sich die östlich laufenden Strecken gabelten, war voller Menschen. Milan fing kurz an, sich über die Bahnbullen aufzuregen, die auf dem Weg in ihre Zentrale dieselbe Strecke wie wir gingen. Er sang mit seltsam nasaler Stimme und angepasstem Text den alten Slime-Song:

Bullenschweine, Bullenschweine
In der ganzen Welt
Söldner aller Staaten
Schläger für wenig Geld
Verteidigt eure Scheiß-Bahn
Wisst selber nicht warum
Die Scheiß-Bahnbonzen freuen sich
Verkaufen euch für dumm

Ich schaute Katjas Beine und ihren Po an, fing die Stimmung auf und horchte nach innen. Das Marok-High war eigentlich immer gut, um Pilzen die Tür zu öffnen. Im Bauch spürte ich langsam dieses typische flaue Gefühl und meine Arme kribbelten leicht. Die Sinneswahrnehmung wurde zunehmend stärker. Das konnte aber auch daran liegen, dass ich wie immer hypochondrisch in meiner Wahrnehmungswelt und meinem Körpergefühl rumsuchte, um endlich die beginnende Drogenwirkung zu spüren. An der großen Kreuzung vor der Elsenbrücke bogen wir links nach Stralau ab und folgten der langen Straße, vorbei an dem uns grüßenden schiefen Kirchturm, bis zum Ende der Halbinsel. Ich war froh, dass es hier kaum Menschen und Autos gab. Wir standen eine Weile an der betonierten Uferkante und schauten zu den Spreeinseln rüber. Bei den Wasservögeln war Balzzeit. Die Erpel machten sich gegenseitig die Enten streitig und die Schwäne vollführten mit rauschenden Flügeln beeindruckende Flugmanöver. Am linken Spreeufer hinter den Inseln lag das Kraftwerk Klingenberg.

Aus seinen beiden hohen Schornsteinen stieg weißer Rauch auf. Der Himmel hatte sich zugezogen und es sah nach Regen aus.

Wir eroberten den Spielplatz nahe dem Ufer, drehten uns auf dem kleinen Karussell, chillten auf dem Klettergerüst, schaukelten und spielten »Wie-lange-willst-du-oben-bleiben?« auf der Wippe. Ich fühlte mich wie in einem wunderschönen traurigen Traum von Kindheit und Erwachsenwerden. Die Pilze machten unsere Bewegungen langsam und unsere Gefühle weich und groß.

Irgendwann saßen wir zu dritt auf dem jetzt still stehenden Karussell und kicherten. Es war dunkel geworden und wir wurden ruhiger, wie Kinder nach dem Toben. Milan sah besorgt aus.

»Krischan, weißt du, wie spät es ist?«

»Nee, warum? Is doch nich wichtig.«

»Doch, is wichtig. Ich muss um acht zu Hause sein und meinen Betreuer treffen.«

»Und was is, wenn du nich kommst? Is bestimmt bald acht.«

»Nee, das geht nicht. Dann krieg ich Stress. Komm doch einfach mit, ich muss ihn nur kurz treffen, danach können wir machen, was wir wollen.«

Wir liefen quer durch den ganzen Friedrichshain, durch die Corinthstraße, über die Modersohnbrücke mit ihrem tollen Ausblick Richtung Alex, durch die Simplonstraße, am Conmux vorbei in die Simon-Dach-Straße, kreuzten die Grünberger und die Boxhagener, gingen die auf

Drogen immer beeindruckende Frankfurter Allee hinunter bis zum Kino Kosmos und dann die Richard-Sorge-Straße rauf. Die Gehwege waren schon voller Leute im Freitagabendfieber. Die Augen von Katja und Milan glänzten. Mein Gang war ein tanzartiger Schlingerkurs, ich hatte eine Gänsehaut und spürte meine Wangen glühen. Im oberen Bauch strahlte eine Sonne. Das uns verbindende Gefühl war jetzt wie eine Mauer um uns, hinter der wir in einen Raum der Nähe, Wärme und Arglosigkeit schwammen. Neugierig fühlten wir die verzauberte Stadt, sahen die bunten Neonfische am Frankfurter Tor über die graue Steinwand schwimmen, lachten über komische Menschen, verloren uns in unseren Gedanken und Gefühlen, suchten wieder Blickkontakt zueinander, rempelten uns spielerisch an, tanzten auf einem Bein und sangen dazu den Degree-Song »Hav Balance are di new Dance«, bis wir umfielen. Milan war voll in Fahrt, er fantasierte und redete pausenlos vor sich hin. Ich hörte ihm zu und sah Katja an. Sie lachte jetzt wie ein normales glückliches Mädchen, ihre Stimme war offener und lauter geworden, ihr Kleid dreckig vom Spielplatz und ihre Haare zerzaust. Sie sah hinreißend aus.

Als wir bei Milan ankamen, waren wir natürlich zu spät. Er wohnte in einer großen, sanierten Wohnung weit oben im Vorderhaus. Sein Sozialarbeiter war froh, ihn zu sehen, und machte ihm keine Vorwürfe. Er trug das verständnisvolle, müde und zu geduldige Gesicht eines Menschen, der Helfen zu seinem Beruf gemacht hatte und auf den Feierabend wartete. Wir rissen uns, soweit es ging, zusammen und verschwanden in Milans Zimmer.

Ich war vor weniger als einem Jahr bei meiner Mutter und meinem Stiefvater ausgezogen und fühlte mich durch die Situation an zu Hause erinnert und beklemmt. Ich hatte stets versucht, nicht stoned mit den beiden zusammenzutreffen, weil ich das für alle Seiten erniedrigend fand. Wenn man sich schon nicht verstand, konnte man sich wenigstens nüchtern und mit abgeklärter Fairness begegnen. Da die Beziehungen hier aber eher professionell als familiär waren, galten wahrscheinlich andere Regeln.

Das Zimmer war schön und hatte einen Balkon. Ich setzte mich in einen Sessel, der offensichtlich schon länger zu der Wohnung gehörte als Milan.

»Können wir jetzt wieder gehn? Ich fühl mich echt komisch mit dem Typen da draußen. Der muss doch gemerkt haben, dass wir was genommen haben.«

»Meinste? Glaub ich nich. Der hat doch den ganzen Tag mit Leuten zu tun, die auf Psychopharmaka sind, da fallen wir gar nich weiter auf.«

»Können wir trotzdem woanders hingehen?«

»Nee, noch nich, wir müssen noch warten, bis er um zehn abhaut.«

»Das haste vorhin aber nich gesagt.«

»Nee?«

»Nee.«

Der Wecker neben dem Bett stand auf Viertel vor neun. Ich versuchte, mich auf die vor mir liegende Wartezeit einzustellen. Die Wirkung der Pilze wurde nicht schwächer und es war ein unangenehmes Gefühl, sich nicht frei bewegen zu können. Katja wühlte in einem Haufen hüllenloser Tapes, die auf dem Schreibtisch am Fenster lagen, und spielte das neue Fugees-Album auf Milans Rekorder. Ich konnte nicht sitzen und lief im Zimmer hin und her. Den anderen ging es genauso. Helle Farben machten den Raum ungemütlich. Wir standen dann auf dem Balkon rum und rauchten ab und zu eine, ohne viel zu reden. Die Richard-Sorge-Straße war ruhig und die Nacht schön. Es regnete nicht. Die Musik gefiel mir sehr gut, sie war entspannt und hatte das Feeling und die Tiefe des Reggaes. Katja bewegte sich verführerisch dazu, langsam und mit viel Körperspannung. Ihre Füße hielt sie dabei still. *Ready or not, here I come, you can't hide, gonna find you and make you want me.* Milan summte die Melodie beim Rauchen mit und schaute auf die gegenüberliegenden Häuser. In einer der Wohnungen saß eine Familie mit zwei Kindern vor dem Fernseher und aß. Katja blickte auf den Boden vor sich. Ich beobachtete sie beim Tanzen und fühlte mich ertappt, als sie mir mit einem Aufschlag direkt in die Augen sah.

Als die Zigaretten alle waren, ging Milan los, um neue zu holen. Bevor mir klar wurde, dass ich mit Katja allein war, nahm sie meine linke Hand in ihre rechte. Und so standen wir nebeneinander auf dem Balkon und schauten runter. Milan überquerte die Straße und verschwand in den Tilsiter Lichtspielen. Das war eigentlich eher eine Kneipe mit einem kleinen, angeschlossenen Kinosaal, in dem jeden

Abend abgenudelte und zerkratzte Kopien von irgendwelchen Klassikern liefen. Ich fühlte Katjas Hand in meiner, traute mich aber nicht, ihr näher zu kommen oder sie anzusehen. Milan kam mit den Zigaretten in der Hand aus dem Kino und schaute zu uns hoch. Wir blieben unverändert stehen. Unsere Hände waren unterhalb der Brüstung und für ihn nicht sichtbar. Als wir ihn ins Zimmer kommen hörten, ließen wir uns zögerlich wieder los. Dabei drehten wir uns einander zu und sahen uns in die Augen. Milan streckte uns die Zigaretten entgegen und wir rauchten. Mit diesem Blick hatten wir uns einander versprochen.

Dann gerieten die Dinge aus dem Gleichgewicht. Ich konnte meine Augen nicht mehr von Katja lösen und sie hörte einfach nicht auf, meine Aufmerksamkeit auf sich zu ziehen. Kurz vor zehn bekam Milan eine kleine Ansprache von seinem Betreuer, der von ihm erwartete, dass er die Nacht zu Hause verbrachte. Als wir ihn aus der Wohnungstür gehen hörten, verließen wir endlich das Zimmer und setzten uns zu Milans Mitbewohnern in die Wohnküche. Die Stimmung hier war ein bisschen wie in einem Hostel, in dem Leute zusammenkommen, die beim Reisen schlechte Erfahrungen gemacht haben. Hier bestand die Mischung jedoch aus Drogen, sexuellem Missbrauch, psychischen Störungen, versuchtem Selbstmord und sozialer Verwahrlosung der Familie. Da Katja und Milan kaum Geld hatten, entschlossen wir uns, mit Katjas Klubmarke in den Toaster zu gehen. Das bedeutete, keinen Eintritt und Flaschengetränke umsonst. Von den anderen wollte keiner mit uns kommen, worüber ich ganz froh war. Aus Freundlichkeit blieben wir noch eine Weile bei ihnen und hörten uns ihre holprig erzählten Geschichten an. Sie sprachen, als hätten sie die Sätze vorher mit dem Therapeuten eingeübt. Ihr Selbstbewusstsein war im Arsch.

Katja saß mir an dem großen, weißen Esstisch gegenüber, Milan zwei Plätze von ihr entfernt. Er war wieder in seine Starre abgeglitten. Die Kids musterten mich mit versteckter Neugierde. Die Situation überforderte mich total. Irgendwann stand Katja auf, um ins Bad zu gehen. Sie lief umständlich um den Tisch herum und hinter mir entlang. Ich spürte ihre Nähe und wie sie die Schritte verlangsamte. Mit ihrer linken Hand streifte sie spielerisch meine Schulter und meinen Hals und machte dabei ein leise gurrendes Geräusch. Ihre Finger fühlten sich gut und warm auf meiner Haut an. Die Kids auf der anderen Seite des Tisches starrten in unsere Richtung. Ich musste mich zwingen, nicht die Augen zu schließen. Nachdem sie die Küche verlassen hatte, machte sich eine befangene Stimmung breit. Ich sah Milan an. Seine Augen waren voller Trauer und Angst, wanderten im Raum umher, mieden jedoch meinen Blick. Ich fühlte keinerlei Schuld, war aber auch ratlos, wie der Abend weitergehen sollte.

Auf dem Weg nach Mitte war unsere Stimmung gedämpft. Wir liefen die Straße runter zur Karl-Marx-Allee und nahmen die U-Bahn zum Alex. Im Waggon hörten wir uns die idiotischen Gespräche der lauten und angetrunkenen Prolls aus Lichtenberg und Hellersdorf an. Katja saß zwischen Milan und mir. In der Reflexion der gegenüberliegenden Scheibe konnten wir uns sehen. Die Unschärfe ließ den Augenkontakt nur erahnen. Ein paar kurzhaarige Typen mit Bierflaschen in den Händen beleidigten andere Fahrgäste. Wir sprachen nicht miteinander. Unsere verschrobene Euphorie und unser Zusammengehörigkeitsgefühl waren schwächer geworden. Vielleicht lag es an der neuen Dreieckskonstellation zwischen uns, vielleicht hatten wir auch einfach ein bisschen zu viel von den verstörenden Vibes aus Milans Wohngemeinschaft abbekommen.

Während der drei Stationen schaute ich die meiste Zeit an die Decke und zwang mich, nicht darüber nachzudenken, wie und wann ich mit Katja endlich allein sein würde. Ich las immer wieder den Text einer Werbung für medizinische Kosmetik und stellte mir den Sex mit ihr vor. Vom Alex aus liefen wir zu Fuß ins Scheunenviertel. Da es ziemlich früh war, setzen wir uns erst noch in den Monbijoupark und rauchten einen Joint. Durch das Haschisch und die Ruhe unter den Bäumen tauten wir wieder ein bisschen auf. Milan erzählte Geschichten aus seiner Schule und Katja und ich lachten leise darüber. Als wir kurz nach zwölf im Toaster ankamen, hatte der Laden gerade erst aufgemacht. Der gekachelte Keller war kalt und wirkte leer ungemütlich. Wir saßen rum und tranken Cola, bis es voller wurde. Die Musik war wahnsinnig laut. Sie klatschte gegen die glatten, weißen Wände und tat mir in den Ohren weh.

Ich schaute in die verschiedenfarbig blinkenden Lichter und verlor ein wenig das Gefühl für Raum und Zeit. Es lief Happy Hardcore, das waren zwar Breakbeats, aber kein Jungle. Die brachiale Gewalt der Musik wurde nicht vom Groove des Dancehalls aufgelockert. Milan und Katja unterhielten sich. Sie hatte ihre Hand auf seinen Kopf gelegt. Ich versuchte zu tanzen, fand aber nicht hinein und stand dann eine Weile am Rand der halbvollen Tanzfläche herum. Die Leute machten komische Verrenkungen zu den hochgepitchten Breaks. Milan und Katja sahen sich in die Augen. Er schien hilflos und sie besorgt.

Von ihnen unbemerkt, ging ich irgendwann nach draußen und setzte mich auf eine Laderampe. Ich zog meine Beine nah an mich ran und lehnte mich an ein Gitter. Die frische Luft tat mir gut. Von der Straße kamen ständig neue Leute auf den Hof und es wurde voll. Ich blickte durch all die Menschen hindurch und fühlte mich verliebt. Die Dinge um mich herum erschienen mir zu schnell.

Eine Exfreundin meines Freundes Alex tauchte aus der Menge auf und setzte sich neben mich. Sie teilte ihr Wasser mit mir und berührte mich mit ihrem rechten Arm und Oberschenkel. Dabei redete sie. Wenn sie mich etwas fragte, antwortete ich kurz angebunden, denn ich hatte meine Stimme nicht wirklich unter Kontrolle. Ich mochte Akiko und war froh, dass sie neben mir saß. Durch gelegentlichen Augenkontakt gab ich ihr zu verstehen, dass ich bei ihr war. Sie nahm meine Einsilbigkeit hin und machte keine Anstalten zu gehen. Ihre Stimme klang vertraut.

Mit 16 war ich mal kurz in sie verliebt gewesen und sie vielleicht auch in mich. Alex hatte sie zu einer dieser typischen Wohnungspartys unserer Clique mitgebracht. Wir waren damals bei Andreas in Weißensee. Ich rauchte mit den Jungs Joints und trank dann mit Akiko Tequila. Sie lachte mit mir und schlief irgendwann mit ihrem Kopf auf meinem Schoß ein. Morgens fuhren wir alle zusammen nach Marzahn und gingen auf eines der großen Hochhäuser am Springpfuhl. Der Himmel und der Blick auf die Stadt verschlugen uns erst mal die Sprache. Es war ein kristallklarer Morgen und die Blautöne waren nicht von dieser Welt. Akiko fuhr später mit der S-Bahn nach Hause und ich schlief bei Björn, dessen Eltern im Sommer immer in ihrem Garten wohnten. Als ich sie das nächste Mal sah, war sie dann schon mit Alex zusammen. Wir hatten uns aber auch danach immer sehr gut verstanden und irgendwie hatte es uns geschmeichelt, dass Alex deswegen manchmal ein bisschen eifersüchtig war.

Jetzt vermied sie es, von ihm zu reden. Stattdessen sprach sie von Konzerten, die sie besucht hatte, und von Bands, die sie mochte. Ich verstand nicht alles, was sie sagte, weil in dem kleinen Hof viele Gespräche durcheinander geführt und die Stimmen immer lauter wurden. Akiko war der einzige Mensch, den ich außer mir kannte, der sowohl Hip-Hop als auch Gitarrenlärm mochte. Man konnte mit ihr My Bloody Valentine und EPMD hören und sie flippte bei beiden vor Begeisterung aus.

Ich saß neben ihr, hörte ihr zu und spürte die angenehme Wärme ihres Körpers an meiner linken Seite. Dabei fiel mir auch wieder ein, dass ich sie als Kind im Fernsehen gesehen hatte – Jahre, bevor wir uns kennengelernt hatten. Es war im Westfernsehen gewesen, wo sie in einem ziemlich langen Bericht der Jugendsendung *Moskito* vorgestellt worden war, das japanische Mädchen aus Berlin-Treptow, das dreimal die Woche die für seine Mitschüler und Lehrer unüberwindbare Grenze passierte, um zur japanischen Schule in Westberlin zu gehen. Ich konnte mich noch genau an das Gefühl erinnern, wie ich sie in dem mit Holzfurnier bezogenen Kasten in unserer Schrankwand sah und ihr zuhörte. Sie war mir damals schon vertraut gewesen. Vielleicht hatten die Hippies ja recht und man behielt seine Freunde in den aufeinanderfolgenden Leben.

Der Gedanke gefiel mir und ich fühlte mich ganz gut, bis ich Katja und Milan die Treppe raufkommen sah. Sie standen im Hof rum und suchten mich, ohne sich zu bewegen, mit den Augen. Katja entdeckte mich zuerst und zeigte Milan die Richtung. Er blieb vor mir stehen. Niedergeschlagen und mit knotiger Stimme sagte er:

»Krischan, wir gehen jetzt nach Hause.«

Ich verstand sofort, dass mich dieses »wir« nicht einschloss, und brachte kein Wort heraus. Katja stand einige Schritte hinter Milan und sah mich an, ohne ein einziges Mal zu blinzeln. Ich wollte unbedingt bei ihr bleiben. Dafür nahm ich auch in Kauf, dass wir zu dritt rumhingen und ich ihr nicht näherkommen konnte. Milan wandte sich ab und lief durch die Hofeinfahrt rechts von mir auf die Straße. Katja sah mir noch immer verwunschen in die Augen und bewegte sich nicht. Wie auf dem Boden eines Sees konnte ich ihre Seele funkeln sehen. Das war sehr schön. Sie senkte schließlich ihren Blick und folgte Milan. Ich verstand nicht, warum sie gegangen waren. Wie konnten sie mich denn einfach aus unserer kleinen Reisegruppe schmeißen und in der Fremde allein zurücklassen? Das war gegen jede Tripregel. Ich war wie betäubt. Nach einer Weile fragte Akiko:

»Was war'n das gerade?«

»Mh, weiß nich.«

»Du bist doch in die Frau verschossen, oder?«

»Mh, ja, irgendwie.«

Sie rückte spürbar von mir ab.

»Und seit wann geht das?«

»Seit heute.«

»Seit heute?«

»Ja, ich hab sie heute erst kennengelernt.«

»Echt? Das sah aber anders aus.«

»Ja, nee, ich hab sie heute Nachmittag zum ersten Mal gesehen.«

»Die beiden sind doch ein Paar, oder?«

»Ja, ich glaub schon.«

»Das ist doch dein Freund Milan, oder?«

»Ja.«

»Mh.«

Kurz danach haute auch sie ab. Die Sache mit Katja hatte die schöne Stimmung zwischen uns kaputt gemacht. Jetzt fühlte ich mich richtig allein unter den in Grüppchen herumstehenden Partygängern und wusste nicht, was ich tun sollte. In meinem Zustand wollte ich auf keinen Fall ins E-Werk gehen, wo einige meiner Freunde höchstwahrscheinlich feierten. Die ganzen Raver da auf ihren Chemiedrogen waren mir im Moment einfach zu hart.

Ich verließ die Laderampe und ging wie ferngesteuert zurück in den Club. Unten lief immer noch dieselbe Musik und die Tanzfläche war voll. Vergeblich sah ich mich nach jemandem um, den ich kannte, und ging wieder raus. Da ich auch nicht mehr auf dem Hof bleiben wollte, lief ich die Rosenthaler hoch Richtung Torstraße und verlor mich dabei wieder in meinen Gedanken und Gefühlen. Aus dem Eimer dröhnte fiese Industrial-Musik. Vorm Burger King standen Teenager. Der Abend lag wie ein Ziegelstein in meinem Bauch und in meinem Mund hatte ich einen schlechten Geschmack.

Ich nahm die Torstraße Richtung Rosa-Luxemburg-Platz. Die Vorstellung, in meine Wohnung zurückzukehren, machte mich krank. Am liebsten hätte ich eine Gruppe Vorstadtkids um mich gehabt und einfach auf den Sonnenaufgang gewartet. Ich wollte mich irgendwo hinlegen und die Augen zumachen, ohne dabei allein zu sein. Auf einer Bank in der Nähe der Volksbühne ruhte ich mich kurz aus. In den Büschen rechts vom Theater sang eine Nachtigall. Von Katja getrennt zu sein, tat mir weh. Allein zu sein, tat mir weh. Meine Augen fingen an zu jucken und ich spürte diesen typischen erhöhten Druck in ihnen, der mit den ersten Tränen wieder vergeht. Obwohl ich kein Ziel hatte, stand ich auf und lief weiter. Ich trieb langsam durch Mitte und schlurfte dabei mit den Füßen über das unregelmäßige Pflaster. Wochenendausgeher eilten an mir vorbei, um sich etwas von der Nacht zu nehmen. Ich wurde immer langsamer. Die erleuchteten Firmenschilder auf den zahlreichen Baukränen bildeten ein Meer von künstlichen Monden, die mir die Orientierung raubten. Ich dachte an meine Mutter, meine Kindheit, meinen Vater, die Schule, meine erste Freundin. Die alten Gefühle des Verlassenwerdens, der Einsamkeit und der Isolation schnürten mir den Hals zu. Die Pilze schwirrten und summten durch meinen Körper, machten meinen Geist elektrisch, meine Augen unscharf und meine Seele nackt. Ich dachte auch an De Niro, den ich mir einige Male im Tilsiter angesehen hatte, wie er auf Drogen Nacht um Nacht mit seinem Taxi durch die Stadt fährt und die Welt um sich herum nicht mehr versteht. *Mein ganzes Leben war ich einsam. Überall. In Kneipen, im Auto, auf der Straße, in Geschäften, überall. Es gibt kein Entrinnen vor der Einsamkeit. Ich bin Gottes einsamster Mann.*

Irgendwann wurden meine Beine und Füße müde und ich gab das Laufen auf. Im Nachtbus presste ich die Stirn an das kühle Glas und schaute ohne Unterbrechung aus dem Fenster. Wir umkurvten den Strausberger Platz und rauschten die Karl-Marx-Allee hinunter. Die Fische am Frankfurter Tor leuchteten nicht mehr. Zu Hause setzte ich mich an meinen Küchentisch und fror. Der Sportplatz war dunkel und verwaist. Ich ließ das Licht im Zimmer an und legte mich auf das untere Bett. Nach einiger Zeit entspannte ich mich und ein warmes Gefühl legte sich auf meine Seele. Ich schlief ein.

5.

Als Kind hatte ich immer wiederkehrende Albträume. In dem ersten, an den ich mich erinnern kann, steht mein Bett auf dem dunklen, holzverkleideten Flur eines alten ländlichen oder vorstädtischen Tanzlokals. Ich liege unter meiner Decke auf der Seite und beobachte die Schwingtüren, die in den Saal hineinführen. Musik ist zu hören und durch die Milchglasscheiben sieht man farbige Lichter im Takt aufleuchten. Über das Kopfende meines Bettchens hinweg erblicke ich ein Stück den Flur hinunter eine nicht besetzte, aber mit schweren Wintersachen vollgestopfte Garderobe. Sie ist spärlich beleuchtet und die einzige Lichtquelle auf dem Flur. Auf dem Boden liegt gelbes, abgelaufenes Linoleum. Ab und zu kommt ein Erwachsener allein oder in Begleitung aus dem Saal. Wenn die Schwingtüren sich öffnen, kann ich kurz hineinblicken. Die Musik ist dann lauter und Fetzen der lebhaften Gespräche dringen an mein Ohr. Manche Erwachsene schauen verwundert auf mein Bettchen und sprechen mich mit ruhiger Stimme an, ohne eine Antwort von mir zu erwarten. Sie fragen, was ich denn hier mache oder wo meine Eltern sind. Die meiste Zeit bin ich jedoch allein auf dem Flur. Dabei warte ich auf meine Eltern. Ich weiß, dass sie mich abholen wollen.

Je länger ich auf sie warte, desto angespannter und verzweifelter werde ich. Manchmal, wenn sich die Türen kurz öffnen, kann ich die helle und laute Stimme meiner Mutter hören. An ihrem Tonfall erkenne ich, dass sie fröhlich ist und sich amüsiert. Gleichzeitig versuche ich, die große, lockige Gestalt meines Vaters zu erspähen. Was mir Angst macht, ist das tiefe, dunkle Ende des Flurs, in das ich über meine Füße hinweg sehen kann. Ich spüre deutlich, dass sich aus dieser Dunkelheit etwas auf mich zubewegt. Es ist noch nicht sichtbar, aber ich nehme schon die Geschwindigkeit wahr, mit der es mir näher kommt. Es ist sehr langsam. Die Gestalt lässt sich bald gegen das Dunkel des Flurs ausmachen. Sie ist in eine mattschwarze, leicht staubige Kutte gehüllt und trägt eine weit ins Gesicht gezogene Kapuze. Ich kann keine menschlichen Züge an ihr erkennen, weder ein Gesicht noch Hände oder Füße. Sie hat aber die Proportionen eines normal großen, hageren Mannes und macht beim Gehen leise Geräusche mit ihrem Gewand. Wenn Erwachsene aus dem Saal kommen, bleibt sie regungslos stehen und entzieht sich den nicht an die Dunkelheit gewöhnten Augen. Dann bewegt sie sich wieder sehr langsam und unabwendbar auf mich zu.

An einem Punkt des Traumes zeichnen sich die Silhouetten meiner Eltern in den Milchglasscheiben ab. Sie sind auf dem Weg zu mir stehen geblieben und fangen an zu argumentieren. Ich vernehme die gutmütige, tiefe Stimme meines Vaters und blicke zu der Gestalt, die jetzt vielleicht noch zehn Schritte von mir entfernt ist und sich weiter auf mich zubewegt. Meine Eltern entscheiden sich dafür, doch noch zu bleiben. Ohne die Türen zu öffnen und nach mir zu sehen, gehen sie zurück in das Gedränge des Saales.

Ich fühle mich verloren, schließe die Augen und ziehe die Decke über meinen Kopf. Ich spüre deutlich, wie die Gestalt näher kommt. Je geringer der Abstand wird, desto mehr Angst und Energie fließen durch meinen kleinen Körper. Mein Herz schlägt heftig unter meinem Brustbein und ich kreuze die Arme davor. Dann verebbt das sanfte Geräusch seiner Kutte direkt vor mir und ich weiß, dass er sich über mich beugt. Ich warte angespannt und vergebens auf seine Berührung. Seine Nähe aber ist wie strahlendes Licht. Ich treibe an die Oberfläche.

Die körperlichen Symptome der Angst hatte ich, wenn ich aufgewacht war, jedes Mal tatsächlich, schweißüberströmt und mit Herzrasen lag ich im Bett. Dazu kam die Angst selbst. Sie war so stark, dass ich mich minutenlang nicht traute, die Augen aufzumachen, weil ich seine Anwesenheit immer noch zu spüren glaubte. Es kostete mich unvorstellbare Überwindung, die Augen zu öffnen. Jedes Mal erwartete ich, in sein Gesicht zu sehen, und war dann fast mehr überrascht als erleichtert, nicht mit ihm zusammen auf diesem Flur zu sein, sondern allein in meinem Zimmer in Berlin-Lichtenberg.

6.

Den Samstag nach der Nacht mit Milan und Katja verbrachte ich in einem tiefen Loch allein in meiner Wohnung. Ich kochte mir etwas zu essen, trank Tee, las in meiner zerfallenen Ausgabe von Leonhard Franks *Räuberbande* und spielte die alten Bob-Dylan-Scheiben, die ich mit meiner Mutter immer gehört hatte. Jan fehlte mir.

Als ich am frühen Sonntagvormittag aufwachte, war ich noch immer erschöpft und verstört. Ich quälte mich vom Hochbett runter und stöhnte dabei vor Gliederschmerzen. Bei den ersten Schritten über den roten Teppich taten mir die Füße und Beine noch richtig weh. Vor dem Schreibtisch blieb ich stehen und sah aus dem Fenster. Das Wetter war gut und der Sportplatz voller Freizeitkicker in uneinheitlichen bunten Trikots. Ich ließ die Musik aus, ging ins Bad und duschte, bis das warme Wasser alle war. Danach zog ich mir saubere Sachen an und aß in der Küche im Stehen ein paar Bissen altes Brot mit Butter und Marmelade. Auf meinem armeegrünen Iriedaily-Shirt stand »What goes up must come down«, was irgendwie zu diesem Tag passte. Während ich kaute, dachte ich darüber nach, was ich mit ihm anfangen könnte. Das Brot quietschte zwischen den Zähnen. Ich würde auf keinen Fall zu meiner Mutter raus fahren und sie in mir rumbohren lassen. Dafür war ich echt nicht in Form.

Noch unentschlossen stopfte ich meine hölzerne Purpfeife, einen kleinen Stein Dope, ein Feuerzeug und etwas Geld in die rechte Hosentasche, legte mir meine alte rote Osttrainingsjacke über die Schulter, zog meine Airwalks an und ging los. Als ich in die Neue Bahnhofstraße einbog, beschloss ich, kurz auf Jans Dach zu chillen. Ich holte den saubersten der Teppiche unter der Plastikplane hervor und zog meine Schuhe und Socken aus. Die Sonne und die unbegrenzte Aussicht entspannten mich und ließen meine Laune wieder auf ein annehmbares Niveau steigen. Weil Jans erstes Didgeridoo unter der Plane hervorlugte, zog ich es irgendwann raus und trötete darauf rum. Es war kein echtes Didge aus Australien, auch kein selbst gebautes aus Bambus, sondern einfach ein dickes Abflussrohr aus blauem Plastik mit einem Mundstück aus Bienenwachs. Jan hatte es sich nach seinem ersten Jamiroquai-Konzert gebastelt. Ich hatte schon öfter darauf geübt und mein Spiel klang mittlerweile auch ganz gut. Nur diesen langen meditativen Dauerton kriegte ich noch nicht hin. Wenn ich keine Luft mehr in den Lungen hatte, musste ich den blubbernden Sound immer kurz absterben lassen, um Luft zu holen. Jan hatte mir mehrfach den Ablauf der Zirkularatmung erklärt, bei der man während des Luftholens durch die Nase die im Mund angestaute Luft mit der Kraft der Wangen herauspresste. So erhielt man die schwingende Säule im Rohr am Leben. Er meinte, es wäre wie

Fahrradfahren, hätte man es einmal gemacht, könnte man es nicht wieder verlernen.

Ich nutzte den sonnigen Tag, an dem ich eh nichts Besseres vorhatte, und übte bestimmt zwei Stunden lang. Mit der Zeit bekam ich ein ganz gutes Gefühl für den Ton und fiel durch die permanenten Schwingungen, die sich von meinem linken Mundwinkel auf mein Gesicht und dann auf den ganzen Kopf übertrugen, in eine Art Trancezustand. Wahrscheinlich war es von Vorteil, dass ich völlig aufgeweicht, ehrgeizlos und allein war. In dieser ungestörten Konzentration auf meine Atmung und den brummenden und schnatternden Klang im Rohr bemerkte ich irgendwann, dass die immer kürzer werdenden Pausen schließlich ganz verschwunden waren. Ich spielte weiter, bis ich mich dabei völlig sicher fühlte, und lag dann überglücklich grinsend auf dem Dach rum. Nach dem ersten Mal fühlt man sich immer gut. Ich kannte dieses Hoch von meinem ersten Dunking beim Basketball, von meinem ersten mehrfarbigen Graffiti, das nicht sofort am nächsten Tag hämisch mit »Toy« gecrosst worden war, vom ersten Sex, von meiner ersten Tramptour zur Ostsee. Man fühlt sich in diesen Momenten, als würde man in ein größeres und besseres Ich hineinwachsen, und spürt das Leben durch seine Adern strömen.

Mit dieser neuen Energie in mir verließ ich das Dach und lief durch den Friedrichshain zum Boxhagener Platz. Die Menschen auf der Straße hatten gute Laune und lächelten sich gegenseitig an. Auf den breiten Gehwegen, die den kleinen Park umschlossen, war wie jeden Sonntag Kiezflohmarkt. Ich ging von Stand zu Stand, schaute und machte mir die Finger an den staubigen Platten schmutzig. Es war schon zu spät, um die wirklich guten Sachen zu finden. Bei einem Typen, der aus Verzweiflung seine ganze Sammlung anbot, kaufte ich für etwas zu viel Geld das *Inspiration Information*-Album von Shuggie Otis und die erste von Curtis Mayfield. Danach hing ich eine Weile am Stand von meinem Kumpel Stefan rum, der am Boxi seine Kunst verkaufte. Wir tranken Filterkaffee aus dem Spätkauf in der Krossener und sahen den Leuten dabei zu, wie sie sich den Stand mit den Bildern anguckten. Die meisten von ihnen hatten irgendetwas in der Hand, das sie wahrscheinlich schon am Montag völlig nutzlos und hässlich finden würden. Ich rauchte ein kleines Pfeifchen mit Stefan und machte mich dann auf den Weg nach Treptow. Unterwegs holte ich Peter in der Libauer ab, der vor seinen MKs saß und Techno-Platten mixte. Wir liefen die Warschauer Brücke runter und über die Oberbaumbrücke nach Kreuzberg. Die Sonne schien uns ins Gesicht. Auf der Spree fuhren Ausflugsdampfer mit vollen Oberdecks.

Das Yaam befand sich kurz hinter der ehemaligen Grenze auf einer betonierten Freifläche am Ufer. Es war einmal der Hof der dahinter gelegenen Omnibushalle gewesen. Jetzt stand hier ein Soundsystem, das jamaikanische Musik spielte. Um die Boxentürme herum gab es ein paar Stände mit kreolischem und afrikanischem Essen, zwei desolate Basketballkörbe, viele improvisierte

Sitzmöbel und eine große Bar. Hier war es noch voller als auf dem Boxi.

Die Gang lagerte auf einer der alten blauen Hochsprungmatten in der hinteren rechten Ecke des Geländes in der Sonne und erholte sich vom Wochenende. Ich freute mich, meine Leute zu sehen, und legte mich dazu. Die Gang war eine Feierclique, die sich im Friedrichshain gefunden hatte. Sie bestand aus lauter kleineren Gruppen von Leuten, die sich aus der Vorstadt kannten, und ein paar Zugezogenen. Es gab die Biesdorfer, die Buckower, die Pankower, die Leute aus Schöneweide, die Mädchen aus Karolinenhof, die Jungs aus Eichwalde, Michaela aus Leipzig, Peter aus Angermünde und Georg aus Oldenburg. Wir hatten fast alle kurze Haare, trugen Klamotten zwischen Hip-Hop, Techno und Punk und die Mädchen waren im Gesicht gepierct. Wir waren alle mit der Schule fertig, bei unseren Eltern ausgezogen, hingen in der Luft, nahmen das Leben easy und feierten gern. Mit der Gang gab es keine leeren Tage. Man traf sich zum Essen, fuhr zusammen weg, besuchte sich gegenseitig, ging zusammen aus, nahm zusammen Drogen und erzählte sich von seinen Plänen. Wir hatten uns räumlich von unseren Familien getrennt und aus Verunsicherung erst mal eine neue Familie gegründet.

Ich hörte mir die Geschichten ausm E-Werk an, erzählte von meinem komischen Trip, vermied den Blickkontakt mit meiner Exfreundin, schaute dafür in die flache Sonne, baute ab und zu ein Pfeifchen, ließ die Basswellen der dubbigen Musik durch meinen Körper wandern und redete eine Weile mit Michaela, die sich von ihrem Typen getrennt hatte und unglücklich war. Aus der Masse der Menschen kamen immer wieder neue Bekannte und Feierfreunde zu unserem Lager. Wir borgten uns gegenseitig Münzgeld und kauften davon Essen und Getränke. Nachdem die Sonne untergegangen war, wurde es kühl. Ich zog meine Trainingsjacke an und ließ zu, dass sich Michaela an mich schmiegte.

Als die Gruppe sich gegen neun trennte, blieb ich bei ihr und wir liefen gemeinsam zurück in den Friedrichshain. Michaela redete. Sie war aus der Einraumwohnung ihres Freundes ausgezogen und wohnte zum Übergang in einer WG im Nordkiez. Genau wie ich wollte sie nicht allein sein. Bei ihr kochten wir Tee und gingen in die Badewanne, um uns aufzuwärmen. Bei Kerzenlicht berührten wir uns vorsichtig mit nassen Händen. Ich suchte ihren schüchternen Blick und küsste sie, während im Radio der Carpenters-Song »We've only just begun« lief.

Nach dem Baden hatten wir in einem uneingerichteten Zimmer Sex, der eigentlich mehr ein Kuscheln war. Michaela blieb sehr ruhig. Ihre Haut war weich und roch gut und ihr Körper war noch immer fest vom Leistungssport. Während wir miteinander schliefen, dachte ich an Katja. Sie war verschlossen und dunkel und trug das Versprechen auf Wiederbelebung der toten Regionen meiner Seele in sich. Würde ich sie wiedersehen und würde sie sich meiner annehmen? Ich kam in Michaela und streichelte sie danach.

Sie wirkte jetzt noch trauriger. Wir redeten eine Weile im Bett und schliefen noch ein zweites Mal miteinander, bevor ich mit meinen Platten unterm Arm nach Hause ging. Wenn man einsam ist, findet man immer nur die anderen einsamen Seelen, aber niemanden, der einen bewohnt.

7.

In die Wohnung in Lichtenberg zogen wir, nachdem mein Vater uns verlassen hatte. Sie war hell, trocken und warm und meine Mutter musste neben ihrem Job ein paar Stunden in der Woche bei der Wohnungsgenossenschaft arbeiten, um sie zu bekommen. Sie lag im zweiten Stock, hatte drei Zimmer und einen großen sonnigen Balkon, von dem aus man ins Grüne blickte. In der Ferne sah man die Schornsteine des Kraftwerks Klingenberg hinter dem Betriebsbahnhof Rummelsburg. Ich erinnere mich noch an die beklommene Stimmung meiner Großeltern beim Einzug. Sie schenkten mir lauter tolle Sachen, die sie von ihrer ersten Reise nach drüben mitgebracht hatten, damit ich meinen Vater vergaß und fröhlich war. Anfangs saß meine Mutter nachts oft im Türrahmen meines Zimmers und weinte. Sie ließ dabei im Wohnzimmer Herman-van-Veen- und Georges-Moustaki-Platten laufen und trank Rotwein.

Die Kinder waren anders als in Köpenick. Sie sahen gesünder aus und hatten ordentliche Frisuren. Ich wurde eingeschult, fing an, Leichtathletik zu trainieren und in meiner Freizeit auf dem Sportplatz vor unserem Haus Fußball zu spielen. Die Schule trug den Namen Artur Paczinsky und man legte großen Wert auf unsere politische

Erziehung. Die Witwe des Stasi-Oberst mahnte uns zu Beginn jeden Schuljahres, stets wachsam gegenüber dem Feind zu sein. Ich war aufmerksam und hängte an den wichtigen Tagen die richtige Fahne aus dem Fenster: erster Mai – Arbeiterfahne, achter Mai – Arbeiterfahne, siebter Oktober – Staatsflagge, siebter November – Arbeiterfahne.

Das Größte war, wenn einer der BFCer, die in unserem Viertel wohnten, am Abend oder am Wochenende auf den Sportplatz kam und uns Tipps gab. Werner Lihsa trainierte öfter mit seinem jüngeren Sohn auf einem der kleinen Tore. Er war nach seiner aktiven Laufbahn bei Dynamo geblieben, seine beiden Söhne waren – genau wie er früher – Torhüter; der ältere in der zweiten Liga bei Dynamo Eisleben und der jüngere bei Dynamo Lichtenberg in der Jugend. Viel mehr verehrten wir aber Falko Götz, weil er noch sehr jung war und schon beim BFC spielte. Da er in einem der vierstöckigen Blocks am Sportplatz wohnte, vereinnahmten wir ihn für uns und beobachteten genau seinen Werdegang. Irgendwann blieb er nach einem Fußballspiel im Westen und ich wachte nachts aus einem Albtraum auf und flüchtete nicht in das Bett meiner Mutter, weil wir uns am Abend zuvor gestritten hatten.

Meine Mutter war oft wütend, wenn sie von der Arbeit nach Hause kam. Sie schrie mich dann ohne Grund an oder fand schnell einen, was nicht besonders schwer war. Wenn sie montags zu ihrer Parteiversammlung musste, schaute ich, trotz ihres strengen Verbots, Colt Seavers. Die Geschichten um den amerikanischen Stuntman, seinen liebenswert trotteligen Kollegen Howie und seine scharfe blonde Assistentin Jody waren Pflichtprogramm. Hatte man Colt nicht gesehen, war man am Dienstag auf dem Schulhof abgemeldet. Die Ängste meiner Mutter schienen mir außerdem unbegründet. Ich wusste, dass ich nicht fliegen konnte, und sprang nicht aus einem der Fenster unserer Wohnung. Wir übten unsere Stunts bei einem Garagentrakt am Rande des Wohngebiets, bis sich Daniel bei einem Sprung von einem zwei Meter hohen Dach den Fuß brach. Als meine Mutter davon erfuhr, bekam ich viele laute Worte an den Kopf geworfen und ein paar Wochen Fernsehverbot. Stubenarrest gab sie mir nie. Manchmal wurde sie wegen der vielen roten Einträge in meinem Hausaufgabenheft aber auch ganz leise und verzweifelt. Kristian stört den Unterricht. Kristian hat seine Hausaufgaben nicht gemacht. Kristian hat einen Mitschüler geschlagen. Kristian kommt zu spät zum Unterricht. Kristian macht einen abfälligen Witz über die Parteiführung der SED. Kristian zerstört Schuleigentum. Kristian lenkt seine Mitschüler vom Unterricht ab. Kristian hat sein Essensgeld nicht bezahlt. Kristian ist für den Besuch einer sozialistischen Schule nicht angemessen gekleidet.

Dieses Ost-West-Ding zu begreifen, war anfangs schwer. Die Hintergrundkarten in den Nachrichten zeigten die Grenze zwischen uns und den anderen Deutschen weit weg von Berlin. Trotzdem sah ich die Mauer als Kind hinter unserem Kleingarten in Johannisthal und fragte mich, warum sie so nahe war. Ich stellte mir die beiden

Deutschlands wie spiralförmig ineinandergedrehte Flächen eines Lutschers vor. Nur so konnte die Grenze überall sein. Irgendwann verstand ich die Berlin-Situation und gewöhnte mir an zuzuhören, wenn es um den Westen ging, und nicht zu fragen. Warum jemand drüben blieb, davon hatte ich mit acht nur eine vage Ahnung. Es musste etwas mit West-Geld zu tun haben.

Sie tauschten dann das blaue Tuch um meinen Hals gegen ein rotes und bauten auf dem alten Friedhof an der Hans-Loch-Straße eine Handvoll neuer Häuser, in die Familien aus der Provinz einzogen. Nadine hatte rotblondes Haar, Sommersprossen und einen fransigen Pony. Sie kam aus Karl-Marx-Stadt und ich war zum ersten Mal in meinem Leben verliebt. Weil Nadine im Pioniergruppenrat war, wollte ich da auch hin. Weil Nadine eine herausragende Schülerpersönlichkeit war, wurde ich auch eine. Die Jungs vom Sportplatz hassten mich dafür. Zwei Jahre vor der Wende heiratete meine Mutter meinen Stiefvater. Am Tag vor Weihnachten fuhr ich am Morgen mit der U-Bahn und der Tram zum Sportforum nach Hohenschönhausen. Ich bestand einen Leistungstest und reiste danach mit dem Bus Nummer acht vom Bahnhof Lichtenberg nach Biesdorf in die neue Wohnung. Alle meine Sachen standen in Kisten in einem Zimmer mit Dachschrägen, aus dessen Fenster ich am nächsten Morgen Birken und eine Weide sehen konnte. Als Erstes hängte ich den BFC-Wimpel mit den Unterschriften von Andreas Thom und Bodo Rudwaleit an die Wand über dem Bett. Mit meinem Stiefvater verstand ich mich leidlich. Er war ein großer, schlanker Mann mit dunklem, vollem Haar und einem Oberlippenbart, der keine Ahnung von Kindern und zudem einen nervösen Magen hatte.

Der erste Winter in Biesdorf war einsam, der Sommer danach der absolute Hit. Ich fuhr jeden Tag mit dem Rad durch die Gegend, badete in Baggerseen, erkundete den Wald, sprang auf Waggons im Rangierbahnhof auf, schipperte auf selbst gebauten Flößen oder gestohlenen Booten die Wuhle runter und verteidigte Biesdorf zusammen mit meinen neuen Freunden gegen die Jugend aus Mahlsdorf und Kaulsdorf. Fußball spielten wir so gut wie nie. Die drei Dörfer lagen zwischen Köpenick im Süden und Marzahn und Hellersdorf im Norden. Sie waren grün und ländlich und fast ausschließlich mit kleinen Einfamilienhäusern bebaut. Die Stadt war weit weg; das Leben verlief hier langsamer und wurde im Laufe der Jahreszeiten durch die Arbeit in den Gärten bestimmt. Im Frühjahr brachte man die nicht winterfesten Gewächse aus den Garagen, Kellern und Dachböden zurück nach draußen. Man grub um, peppte den dünnen märkischen Sand mit Kompost und Mist auf, man säte, pflanzte und bastelte an den Häusern, Terrassen und Grillplätzen herum. Im Sommer pflegte und wässerte man und erntete das Obst und Gemüse. Im Herbst harkte man das Laub der Bäume von den Rasen, kümmerte sich um den Kompost, pflanzte die Gehölze, häufelte die Rosen an und brachte vor dem ersten Frost die Oleander und Schwertlilien zurück ins Warme. Im Winter hielt man die Wege vor und auf dem Grundstück schneefrei und erledigte die Arbeiten in den Häusern, die das Jahr über liegen geblieben waren.

Ich hatte keine Lust mehr, ständig zum Leichtathletiktraining zu fahren. Den Aufnahmetest für die Kinder- und Jugendsportschule schwänzte ich einfach. Meine Mutter musste sich dafür vor ihrem Parteisekretär rechtfertigen. Als man im darauffolgenden Sommer zum ersten Mal westdeutsches Privatfernsehen in Ostberlin empfangen konnte, waren die Strände der Baggerseen leer, weil die Kids den ganzen Nachmittag lang Serien guckten. Ich wusste nicht, dass Biesdorf zu Marzahn gehörte, bis ich im Jahr der Wiedervereinigung aufs Gymnasium wechseln wollte. Wäre unser Haus nur hundert Meter weiter östlich hinter der Wuhle gewesen, hätte ich in Mahlsdorf zur Schule gehen können. So musste ich für zwei lange Jahre das Albert-Einstein-Gymnasium in Marzahn besuchen. Diese Schule hasste ich von allen am meisten. Manchmal fuhr ich zusammen mit einem Mitschüler nachts mit dem Rad hin. Mit für den Straßenkampf konzipierten Katapulten schossen wir dann auf den weiß und rotbraun gekachelten Neubaublock. Die blanken Stahlkugeln machten fast kein Geräusch, wenn sie durch die Fenster schlugen. Nach der zehnten Klasse wechselte ich an eine mir völlig unbekannte Schule im Friedrichshain. Sie lag zwischen dem Volkspark und dem von russischen Zuckerbäckerbauten umgebenen Strausberger Platz und trug den Namen Erich Fried. Da hatte ich dann aber schon so viele Freunde in Marzahn, dass ich nach dem Unterricht regelmäßig hinfuhr, um mit ihnen im Jugendklub am Springpfuhl abzuhängen. Die Vorstadtkids hatten einfach mehr Drive als meine Mitschüler im Friedrichshain. Sie intellektualisierten nicht alles und hielten zusammen.

8.

Bis heute weiß ich nicht, wofür der Name KDM eigentlich stand. Der Klub befand sich an der Nordseite des Helene-Weigel-Platzes im oberen Geschoss eines sogenannten Dienstleistungswürfels, Standardinventar der DDR-Neubauarchitektur mit schicker Waschbetonfassade. Eine außen liegende Treppe führte auf eine Balustrade, von der aus man in den Klub gelangte und den gesamten Platz überblicken konnte. Im Takt der aus der Stadt kommenden S-Bahn-Züge quollen nachmittags Neubaubewohner aus dem Fußgängertunnel zur Rechten und liefen unter uns entlang zu ihren Komfortwohnungen mit Fernheizung und Nasszelle. Man sah das Kaufhaus aus Ostzeiten, den schmuddeligen Vietnamesenmarkt, das Marzahner Rathaus, die Kaufhalle, die jetzt ein Kaiser's Supermarkt war, und die Dönerbude am Eingang zum Tunnel.

Hinsichtlich Grundriss und Architektur hatte der Klub viele Brüder und Schwestern. Die Linse in Friedrichsfelde, das All in Köpenick und das Atelier 89 an der Greifswalder Straße waren identisch. Was den KDM hervorhob, war seine zentrale und erhöhte Lage mitten im Fußgängergebiet und Zentrum des südlichen Marzahns. Der Klub bestand aus einem großen Aufenthaltsraum mit abgerockten Couchen, einer Fensterfront zum Helene-Waigel-Platz und einer für Veranstaltungen gebauten Bar. Ein gleich großer Raum im hinteren Teil wurde als Tanzraum genutzt. Es gab außerdem ein Büro für die Sozialarbeiter direkt am Eingang und ein paar kleinere abgeschlossene Hobbyräume, in denen Bands probten und Leute ihre Schwarz-Weiß-Fotos entwickelten.

Bei schönem Wetter hingen alle auf der in der Sonne liegenden Balustrade ab und schauten dem sozialen Leben des langsam zum Vorstadtghetto verkommenden Wohngebiets zu. Fast jeder, der in 1140 und 1141 Marzahn nicht total angepasst und eingeschüchtert und außerdem kein Nazi oder Hooligan war, kam ab und zu in den Klub. Die Leute waren daher recht unterschiedlich. Es gab linksintellektuelle Abiturienten mit Nickelbrillen und Strickpullovern, Metallzecken mit Lederjacken und unappetitlichen Frisuren, Punker in allen Ausführungen, Hardcore-Fans, Sprüher und Skater, Gruftis und Gothic-Typen, Oi-Skins, ein paar Hippiemädchen, einen Raver und sämtliche Schattierungen zwischen den einzelnen Gruppierungen. Da im Klub viele verschiedene Geschmäcker aufeinandertrafen, wurde man oft mit Musik konfrontiert, die man nicht mochte oder kannte. Wollte man seine eigenen Sachen hören, musste man eine Kassette im Sozialarbeiterbüro abgeben und warten, bis sie an der Reihe war. Protestierte die Mehrheit der anwesenden Leute, wurde die Kassette wieder rausgenommen, zwei oder drei Songs lang lief sie aber immer. Das war pädagogisch durchgesetzte Demokratie, die keine Ausnahmen kannte. Im Laufe der Zeit entstand so eine für die Clique typische Mischung. Unsere Lieblingsbands waren Sepultura und Cypress Hill. Oft gespielt wurden außerdem Grunge-Sachen wie Nirvana und Soundgarden und punkiges deutschsprachiges Zeug wie Daily Terror und Ton Steine Scherben.

Auch optisch wuchs die Gruppe immer mehr zusammen und entwickelte so einen eigenen Stil. Die Jungs trugen in der Regel schwarze Martens oder Workers, alte Secondhand-Levi's, Kapuzenpullover aus dem Terror Shop in Kreuzberg in Dunkelgrün oder Schwarz und Bomberjacken. Die Haare waren bei den meisten lang und an den Seiten ausrasiert. Manche färbten sie sich auch schwarz. Grundsätzlich gab es die Tendenz, dieselben Sachen wie die Faschos und Hools zu tragen. Hoch im Kurs standen mit Domestos fleckig entfärbte Lonsdale-Kapuzis, New-Balance-Turnschuhe, Avirex-Jacken und Fred-Perry-Polos. Die Mädchen rasierten sich die Haare über den Ohren nicht ab, liefen aber so ziemlich in denselben Klamotten rum wie die Jungs. Wenn es warm genug war, stiegen sie manchmal auch auf den Courtney-Love-Look mit hellen Baumwollkleidchen und Doc Martens um.

Milan machte das alles nicht mit. Er hörte keine laute Gitarrenmusik und trug simple flache Turnschuhe, einfarbige Pullover und erdfarbene Cordhosen. Wenn er im Klub war, gab es oft was zu lachen. Entweder weil er sich stundenlang mit seinem Freund und Sprühercrew-Kollegen Tom balgte und neckte oder weil er kleine Comics zeichnete, in denen wir zusammen mit den Figuren aus seinem

Kopfkosmos skurrile Abenteuer erlebten. Da kam es schon mal vor, dass Björn beim Ladendiebstahl von Columbo persönlich erwischt wurde oder dass Tiffy aus der Sesamstraße unseren schwulen Sozialarbeiter Markus zum Sex zwang. Milan war auch der erste im KDM, mit dem ich regelmäßig kiffte. Die anderen rauchten zwar fast alle Kippen und tranken Bier, Haschisch war aber bei den meisten durch unsere noch nachklingende Ost-Drogenerziehung stark verpönt. Es galt als große Gefahr und Einstiegsdroge: das Tor zu Obdachlosigkeit, Würdeverlust und Aids. Wenn einer von uns beiden was zu rauchen hatte, suchten wir uns daher einen ruhigen Ort abseits des Klubs. Oft setzten wir uns an den Springpfuhl. Manchmal gingen wir auch bei Milans Wohnung im Murtzaner Ring vorbei, um uns Dosen zu holen, und dann weiter zum S-Bahnhof Poelchaustraße. Milan hatte es durch das Malen von Auftragsgraffitis geschafft, ein erhebliches Farbenlager anzusammeln, aus dem wir uns bedienen konnten. Am S-Bahnhof stiegen wir über die Gleise und setzten uns hinter einen Stromkasten, der neben dem stadteinwärts laufenden Strang stand. Der Bahnhof Poelchaustraße war nicht mit einem Wärter besetzt, sondern wurde vom Bahnhof Springpfuhl aus mit Kameras kontrolliert. Die Osttechnik schwächelte aber erheblich. Durch die Darstellung des immer selben Videobildes hatte sich der Bahnsteig in die Monitore der Anlage in Springpfuhl förmlich eingebrannt, sodass temporär auftretende Dinge wie wir nur als geisterhaft durchscheinende Silhouetten dargestellt wurden. Direkt hinter dem

Stromkasten war eine kleine Kuhle, an deren Rand wir saßen und in die wir unsere Beine stellten. So waren wir für die Fahrer und die Leute auf dem Bahnsteig und in den Zügen nicht zu sehen. Wir rauchten Joints mit ziemlich wenig Haschisch von zweifelhafter Qualität und redeten. Wenn die rot-gelben S-Bahnen im Zehnminutentakt vor uns stehen blieben, sprangen wir, jeder mit einer Dose Chromsilber bewaffnet, an den Zug und bombten ihn voll. Die unteren Farbeinlässe der Caps hatten wir vorher mit einem kleinen scharfen Messer erweitert. So kam mehr Farbe aus den Büchsen und die Striche wurden dicker. Wenn nach ungefähr zwei Stunden der erste Zug mit unseren Tags wieder vor uns hielt, gingen wir mit Händen und Jackenärmeln voller silbernem Farbnebel zurück in den KDM.

Ich kann mich nicht daran erinnern, mich je mit Milan über irgendetwas gestritten zu haben. Das soll nicht heißen, dass wir die besten Freunde waren. Es machte mir einfach Spaß, mit ihm rumzuhängen, weil er lustiger und inspirierter als die meisten anderen im KDM war. Jeder im Klub hatte mal einen schlechten Tag, Stress in der Schule, zu Hause oder bei der Lehre und brach dann am Nachmittag einen mehr oder weniger unnützen Streit vom Zaun, der den anderen dann auch den Tag verdarb. So etwas machte Milan nicht. Ich glaube, dass er bei seinen Eltern genug davon mitbekam.

Marzahn

war bis in die 1970er-Jahre hinein ein Angerdorf mit einigen angeschlossenen Häusersiedlungen im Nordosten von Berlin. Es gehörte seit den 1920er-Jahren zu Groß-Berlin und zum Bezirk Lichtenberg und grenzte im Norden an das brandenburgische Ahrensfelde. Im Sommer 1936 öffnete nordwestlich des Dorfkerns Deutschlands erstes Lager für fremdrassige Menschen. Die Sinti und Roma störten während der Olympiade das Stadtbild. Am 21. April 1945 erreichte die Rote Armee Marzahn. Im Jahr 1971 beschloss die SED auf ihrem achten Parteitag das für das Dorf folgenreiche Wohnungsbauprogramm. Man hatte den Mangel an modernem Wohnraum als soziales Problem begriffen und plante den massiven Neubau in Plattenbauweise in allen Teilen der Republik. 1976 legte man sich dann im Politbüro fest, wie die Hauptstadt der DDR in Zukunft aussehen sollte. Man entschied sich gegen die nördliche Ausweitung der Stadt und für einen neuen, dicht bebauten Bezirk innerhalb der bestehenden Grenzen. 1977 begannen die Bauarbeiten südlich von Marzahn für etwas, das man Großsiedlung nannte. Zu dieser Zeit wurden die Felder der Dörfer Biesdorf, Marzahn, Ahrensfelde und Eiche von der Landwirtschaftlichen Produktionsgenossenschaft Edwin Hoernle bewirtschaftet. Noch im selben Jahr zogen die ersten Mieter in einen grauen elfgeschossigen Block in der Marchwitzastraße ein, der in 110 Tagen aus vorgefertigten Platten montiert worden war und nun direkt vor der Nase der Gartenbesitzer der ruhigen Siedlung Biesdorf Nord stand.

In den folgenden Jahren fraß sich der Beton dann Stück für Stück nach Norden und sog die Menschen aus den verfallenden Altbauten der Innenstadt Ostberlins und aus allen Teilen des Landes auf. Es waren die besten Menschen, die der Staat hatte, oft jung und gut gebildet, fleißig und meist verheiratet. Sie beseelten den Beton, der das kleine Angerdorf umspülte, die eiszeitliche Pfuhllandschaft ebnete und weiter zog, bis er am Ende der 1980er-Jahre die Südgrenze von Ahrensfelde erreicht hatte. In seiner ganzen Größe umfasste er über 60.000 Wohneinheiten und beherbergte über 170.000 Menschen. Seit 1977 bildete er den Bezirk Marzahn, von dem sich im Jahr 1986 wiederum die weiter östlich entstehende Großsiedlung Hellersdorf abspaltete. Die Grenze zwischen den beiden neuen Bezirken bildete die zur Spree in Köpenick hin fließende Wuhle mit ihren weiten Uferwiesen, die als Naherholungsgebiet erhalten worden waren. In dieser vom Beton umstellten Auenlandschaft fand man drei Erhebungen, die natürlichen Ursprungs waren und deren Höhe durch die Aufbringung von Müll und Schutt auf ungefähr hundert Meter verdoppelt worden war. Die Biesdorfer Höhe trug den Müll der preußischen Hauptstadt und den Bauschutt der Stalinallee sowie Reste des gesprengten Berliner Stadtschlosses in sich. Der Kienberg wuchs ebenfalls durch die Baumaßnahmen im nachkrieglichen Ostberlin. Zusätzlich lagerte auf ihm der Bodenaushub der Großsiedlung Marzahn. Die Ahrensfelder Berge enthielten den Bauschutt von Marzahn Nord, umgangssprachlich Ahrensfelde genannt, und Hellersdorf und überragten die anderen beiden Berge.

Marzahn wurde als ein eigenständiger Stadtbezirk geplant und gebaut. Er erhielt Kindergärten und Schulen, Einkaufsmöglichkeiten, Krankenhäuser, Kultur- und Sportstätten, Parks und sogar eine Kirche aus Beton. Die dominante bauliche Struktur Marzahns war der elfgeschossige Block vom Typ WBS 70. Er wurde aneinandergereiht oder auch im rechten Winkel zueinander aufgestellt, sodass er großzügige und ruhige Innenhöfe bildete. Zwischen den Elfgeschossern fand man achtzehngeschossige Hochhäuser vom Typ WHH GT 18. Sie entstanden an größeren Kreuzungen und Bahnhöfen und schufen optische Orientierungspunkte in der sonst durch ihre Gleichförmigkeit unübersichtlichen Kulturlandschaft. Neben diesen beiden Typen wurden auch fünf- und sechsgeschossige Blocks errichtet. Eine Besonderheit stellten die drei am Springpfuhl gebauten Doppelhochhäuser vom Typ WHH SK 65 dar. Sie fielen durch ihre angenehme Farbgebung in Weiß und Orange und die schicken durchgehenden horizontalen Fassadenelemente auf und gaben der Gegend um sie herum einen modernen Flair, den man sonst in Marzahn vermisste.

Das ganze Ausmaß der Siedlung zeigte sich in der von ihr eingenommenen Fläche, die genauso groß war wie die der Innenstadtbezirke Friedrichshain, Mitte und Prenzlauer Berg zusammen. Um die Menschen nach Marzahn und in die Stadt zu bringen, verlängerte man entlang der Westgrenze der Siedlung die S-Bahn-Strecke von Friedrichsfelde-Ost nach Ahrensfelde, baute ein Hauptstraßennetz und ließ Straßenbahnen entlang dieses Netzes verkehren.

Zur Wende war Marzahn fertig und in seinen ältesten Bereichen bereits zwölf Jahre alt. Es wurde von arbeitenden Bürgern eines zu kultureller, sozialer und ethnischer Homogenität tendierenden Staates bewohnt, die durch die Homogenität ihres Wohnumfeldes eventuell wirklich neue Menschen im Sinne eines sozialistischen Gesellschaftskonzeptes waren. Der Anschluss der DDR an den Geltungsbereich des Grundgesetzes brachte viele neue Dinge nach Marzahn. Die Diversifikation betraf nicht nur Konsumprodukte und politische Entscheidungsmöglichkeiten, sondern auch die persönlichen Perspektiven und sozialen Entwicklungen der Bewohner. Das bestimmende Gefühl angesichts eines massiven Abbaus von Arbeitsplätzen, der viele Marzahner traf, und der neuen komplexen Anforderungen des Alltags war Unsicherheit. Gleichzeitig konnte man mit der kollektiven Herabwürdigung durch Menschen, die man allgemein als Brüder und Schwestern betrachtet hatte, nicht wirklich umgehen. Warum wurde man für seine Frisur, seine Brille, seine Jeans, sein Leben und seine Art zu reden von den Westlern ausgelacht? Und warum musste man sich mit den türkischen Einwanderern darum streiten, wer Vorletzter in der sozialen Hierarchie war?

Auf dem Boden dieser Verunsicherung und Herabwürdigung blühten die neuen Blumen der Gewalt. Das Vakuum an Staatsmacht und ihrer moralischen Legitimation tat sein Übriges. Die Jugend malte Hakenkreuze auf den Beton und trat den Menschen, die sie als Feinde für sich ausmachen konnte, die Knochen kaputt. Feinde waren zunächst Menschen, die nach Marzahn kamen, um trotz ihrer dunkleren

Hautfarbe unter den 170.000 weißen Ostdeutschen zu arbeiten oder zu wohnen. Danach kamen all diejenigen jungen Menschen, die sich der neuen Homogenität der Kurzhaarfrisuren und der ordentlichen Kleidung nicht beugten. Im neuen deutschen Outfit gab es die akzeptierten Abstufungen: Skinhead – mit hohen Stahlkappenstiefeln, Bomberjacke, blauen oder weißen Jeans und Glatze; Nazi – mit Scheitelfrisur oder Fassonschnitt, Bomberjacke, blauen, weißen oder schwarzen Jeans, Turnschuhen oder flachen Stahlkappenschuhen; Hooligan – mit kurzen Haaren, Markenklamotten und Adidas-Turnschuhen der ZX-Serie; Hilfsnazi – zumindest eine Bomberjacke oder Stahlkappenschuhe; Angepasster – mit kurzen Haaren und unauffälliger sauberer und nicht zu teurer Kleidung. Denn neben der Gewalt gegen Feinde gab es natürlich auch reichlich Gewalt, die der materiellen Bereicherung diente. Man nannte das Abziehen.

Um Gewalt ausüben zu können, musste man vorbereitet sein. Man schloss sich also zu Gruppen zusammen, trainierte wirksame Kampftechniken und legte sich einen Grundstock an Waffen zu. Die beliebtesten Waffen der Nachwendezeit waren: Klapp- und Springmesser, Schlagringe, Reizgas, Baseballkeulen, Schreckschusspistolen, Pyrostifte zum Abschießen von Leuchtspurmunition, Nunchakus, Teleskopschlagstöcke und Elektroschocker. Durch den verbreiteten täglichen Umgang mit diesen Gegenständen und vor dem Hintergrund der unerwarteten und umfassenden Erosion von Werten und Moral erlebte Marzahn in den Jahren 1990 bis 1994 wahre Exzesse der Gewalt, vor denen die zivile Gesellschaft kapitulierte. Die ehemaligen neuen Menschen hatten ihren Stolz und ihre Würde verloren und zeigten Furcht und Devotion. Und die, die Gewalt ausübten oder sich zumindest durch ihre Kleidung als Gewaltbereite ausgaben, strotzten vor Selbstbewusstsein und Macht. Sie besetzten die zentralen Plätze Marzahns – Bahnhöfe, Imbisse, Kneipen, Fußgängerpassagen, Kaufhallen und Diskos – und drängten die Menschen von den Straßen und vor die Fernseher und Computer. Das Klima zwischen Biesdorf und Ahrensfelde, zwischen Heinrich-Rau- und Otto-Buchwitz-Straße, war schlecht. Es wurde erst Mitte der 1990er-Jahre wieder besser. Die Menschen, junge und alte, gewöhnten sich langsam an das neue Leben. Die Häuser bekamen bunte Anstriche und verloren ihr stumpfes Grau und die »Ausländer raus«-Bemalungen. Die schlimmsten Gewalttäter wanderten ins Gefängnis, die Politik begann eine Debatte über Rechtsradikalismus in Ostdeutschland. Die in den 1980er-Jahren gepflanzten Bäume wuchsen weiter und ließen Marzahn in jedem Jahr grüner aussehen und die Hauptstraßen wurden in Märkische Allee und Blumberger Damm umbenannt.

9.

Nach dem Wochenende mit Katja und Michaela brauchte ich erst mal ein bisschen Zeit, um wieder zu mir zu kommen. Ich traf mich am Montag wie verabredet mit Jan und im Laufe der Woche fanden wir einen Job. Wir wurden Lagerarbeiter einer Ostberliner Klamottenhandelskette und sortierten und stapelten Kartons mit Jeans und T-Shirts in einer kleinen Halle im nördlichen Lichtenberg. Unsere Aufgabe bestand darin, neue Ware ins Lager aufzunehmen und die Lieferungen für die einzelnen Geschäfte zusammenzustellen. Obwohl wir die ganze Zeit über unter strenger Beobachtung standen, schafften wir es, ab und zu ein Kleidungsstück zu klauen. Bei einer Bezahlung von 13 Mark die Stunde fanden wir das okay. Ich deckte mich mit schicken G-Star-Jeans und Markenunterwäsche ein. Leider erwischten sie Jan dann beim Kiffen aufm Klo und schmissen ihn raus. Da ich meine Tage nicht ohne die Begleitung eines Freundes verbringen wollte und mir die fensterlose Halle auch auf den Keks ging, kündigte ich am selben Abend.

Wir hatten Glück und bekamen gleich am nächsten Tag wieder einen Job zusammen, der sogar besser bezahlt wurde. In den folgenden Wochen halfen wir der Deutschen

Waggon Union dabei, ihren Firmensitz vom Ostbahnhof nach Marzahn in ein entstehendes Gewerbegebiet an der Wolfener Straße zu verlegen. Die Firma zog aus einem beeindruckend düsteren Altbau in einen gesichtslosen Neubau mit hässlicher Fassade. Da unser Chef jede Menge Leute brauchte, überredeten wir ein paar unserer Kumpels, mit uns zu arbeiten und Kohle zu verdienen. Andreas nahm sich von der Uni frei und Anton ließ sich für den Zivildienst krankschreiben und machte zwei Wochen mit, um seinen Dispo auszugleichen. Die Arbeit bestand hauptsächlich darin, Büros im Friedrichshain abzubauen und diese dann in neuen Räumen in Marzahn wieder aufzubauen. Funktionstüchtige Fahrstühle gab es in beiden Häusern nicht. Zusätzlich richteten wir in dem Neubau zahlreiche Büros mit neuen Möbeln ein. Es war stupide, machte aber körperlich fit und brachte Geld. Da wir eine kleine Gruppe waren, ließen wir uns von den anderen auf der Baustelle nicht vollquatschen und machten unsere Ding. Das hieß: morgens pünktlich kommen, langsam anfangen und ab der Mittagspause kiffen. Für die Kombination aus körperlich schwerer Arbeit und Haschisch ist nicht jeder geboren.

Die Typen, die mit uns zusammenarbeiteten, sahen wie Bodybuilder aus und hatten die Kondition von Kettenrauchern. Wenn sie mit einem dreißig Kilo schweren Schrankteil im sechsten Stock ankamen, hatte man jedes Mal Angst, ihre rasierten und künstlich gebräunten Köpfe würden explodieren und ihre designten Körper gänzlich ohne geistige Führung zurücklassen. Reden musste man nicht mit ihnen. Sie verstanden uns und unsere Späße nicht und wir wollten nicht in ihren Kosmos aus Tuningteilen, Trainingsplänen und Diskoschnitten eintauchen.

Die Kohle gab es jeden Freitag nach der Arbeit cash auf die Hand und das war eigentlich auch das Beste an dem Job. Man ging fertig und verschwitzt nach 'ner Woche Arbeit nach Hause und hatte die Scheine in der rechten Hosentasche. Für mich war es komisch, jetzt ständig nach Marzahn zu fahren. Als Schüler des Einstein-Gymnasiums war ich immer mit der U-Bahn nach Lichtenberg gefahren und dort in die S-Bahn nach Ahrensfelde umgestiegen. Jetzt fuhren wir in fast leeren Zügen vom Ostkreuz bis kurz vor Ahrensfelde und ich sah meine alte Schule zwischen den Stationen Poelchaustraße und Marzahn an mir vorüberziehen. Während der arbeitende Teil der Marzahner Bevölkerung morgens fast ausnahmslos seinen Stadtbezirk verließ, krochen wir in der Frühe aus unseren maroden Altbauwohnungen im Friedrichshain, um in Marzahn zu arbeiten. Emotional war ich mit meiner Schulzeit noch nicht durch und es berührte mich auf unheimliche und fast angenehme Art, die Orte meiner Jugend zu sehen.

Die Freitage waren mit Abstand die schlimmsten Arbeitstage, denn da wir uns von unserem Job die Donnerstage im Acud nicht kaputt machen ließen, traten wir den letzten Werktag mit meist nicht viel mehr als drei Stunden Schlaf auf der Habenseite an. Nach der Geldausgabe holten wir uns an dem stinkenden China-Imbiss am S-Bahnhof

Mehrower Allee schlecht gekühlte Halbliterbüchsen Jubi und hingen dann in der Bahn durch. Das Working-Class-Feeling kroch so tief in unsere Knochen, dass Jan an einem Freitagabend einmal zu einem schnorrenden Punker am Ostkreuz meinte, er solle es doch mal mit Arbeit versuchen. An guten Tagen kauften wir Penner Peter, der immer an dem Imbiss auf der Brachfläche Sonntag- Ecke Neue Bahnhofstraße rumhing und für Ordnung sorgte, ein Bier. Das war so eine Art Ritual, eine Opfergabe. Manchmal schmetterte Jan auch ein Brecht'sches Lied, wenn wir zum Feierabend die Neue Bahnhofstraße runterschritten, und brachte die Skinheads vorm Bierexpress damit zum Johlen.

Und weil der Mensch ein Mensch ist,
Drum hat er Stiefel ins Gesicht nicht gern.
Er will unter sich keinen Sklaven sehn
Und über sich keinen Herrn.

Bei der Arbeit sorgte unser Vorarbeiter dafür, dass wir unseren Humor nicht verloren. Teddy war ein kauziger, klein gewachsener Mittvierziger aus Kreuzberg mit Hornbrille, der wahrscheinlich froh war, uns in seiner Brigade zu haben. Er machte keinen Hehl aus seiner Drogenvergangenheit und hatte immer einen guten Spruch auf Lager. Wenn er zum Beispiel auf der Laderampe eines vollen Zwölftonners stand und uns die Möbelteile zum Hochtragen anreichte, gab er uns mit jedem Teil einen mit, ohne jemals zweimal dasselbe zu sagen. Ich weiß nicht, ob er sie alle in seinem Kopf hatte oder jedes Mal neu generierte, es war auf jeden Fall verdammt lustig. Einmal lud er mich am Zahltag dazu ein, mit ihm und zwei Kreuzberger Ladys seiner Altersklasse Cocktails zu drücken, aber das war mir zu hart. Lieber chillte ich mit Jan und Anton im Friedrichshain und ging am Samstagabend zu einer fetten Jungleparty. Milan sah ich in dieser Zeit nicht mehr. Vielleicht kletterte er manchmal auf Jans Dach und traf uns dort nicht an. Es kann aber auch sein, dass er mich nicht mehr sehen wollte, weil er das mit Katja und mir scheiße fand.

10.

Der Frühling wurde mehr und mehr zum Sommer und die Milde des Wetters kehrte langsam auch in unser Leben ein. Mein Konto füllte sich, mein Körper straffte sich und ich lernte ein Mädchen kennen, das mir gefiel. Sie war die Freundin einer Freundin und hatte eine große gerade Nase, kurze dunkle Haare, einen breiten roten Mund, lange Arme und Beine und weiße Haut. Sie arbeitete nicht, lernte nicht und studierte nicht. Dabei war sie unglaublich entspannt und anziehend. Ihre Haut war weich und kühl, ihre Stimme klar und etwas distanziert. Ich warb um sie, wie ich lange um kein Mädchen geworben hatte, und nannte sie die Mondfrau, wenn ich mit den Jungs über sie sprach.

Ihre Tage verbrachte Marie mit ihren Freundinnen und Büchern über alternative Medizin und Tarot. Wir waren viel zusammen, ohne dabei etwas Bestimmtes zu machen. Sie legte uns oft die Karten und wir liefen mit ihrem Hund durch die Parks. Telefonieren mochte sie nicht und auf Anrufbeantworter sprach sie grundsätzlich nicht. Wenn ich sie sehen wollte, fuhr ich nachts einfach zu ihr und sie machte es andersherum genauso. Wir vertrauten einander und wussten, was der andere fühlte und wo er war. Wann immer wir konnten, verließen wir Berlin und gingen nackt in den Seen schwimmen. Ihre eigensinnige Schäferhündin liebte das Wasser. Maries Vater wohnte etwas außerhalb der Stadt und ließ uns, wann immer wir wollten, in seinem Haus schlafen. Aus seiner Badewanne konnte man über den Zeuthener See schauen und in seiner Küche war immer genug zu essen, um uns und den Hund satt zu bekommen.

Wir lebten in einer kindlichen Verbundenheit, die ich nicht als Leidenschaft bezeichnen kann, eher als vorbehaltlose Zuneigung und körperliche Harmonie. Wenn wir beieinander schliefen, umarmten wir uns fest und schliefen ein, um morgens in exakt derselben Umarmung wieder aufzuwachen. Manchmal hatten wir wochenlang keinen Sex, um dann wieder Tage miteinander im Bett zu verbringen und uns zu lieben. Einmal legte Marie in meinem Beisein eine Tarot-Session, die den Charakter unserer Beziehung ergründen sollte. Es lief alles auf die Karte der Sonne hinaus. Das ist im Crowley-Tarot eine Karte der Jugend und des Lichts. Die Sonne strahlt über einen kegelförmigen und grün bewachsenen Berg, an dessen Fuß im Vordergrund der Abbildung zwei nackte, geflügelte Kinder spielen. Die Kinder heben ihre Arme zur Sonne empor und tanzen gemeinsam zu Ehren des sie umgebenden Sonnenlichts. Das waren wir. Ich sah das ein, auch wenn ich sonst nicht viel von Esoterik hielt. Wir strebten nach Licht und Reinheit und hatten uns von den in den Kleidern steckenden Fesseln der korrumpierenden Gesellschaft frei gemacht. Doch zeigte uns die Karte auch die Begrenztheit unserer Gemeinschaft auf. Im Tanz strebten wir nebeneinander nach dem höheren Glück, welches auf der Karte durch den wunderschönen sonnennahen Gipfel des Berges dargestellt wird. Der Weg zum Gipfel ist für die Königskinder jedoch durch eine Mauer versperrt. Aus einem Buch las Marie eine uns beide hart treffende Interpretation der Situation vor. Diese sprach von temporärem Glück und einer bevorstehenden Trennung.

Im Juli bekam Maries Hündin Junge. Sie war schwanger geworden, nachdem sie, wie so oft, im Park abgehauen war, um die Grillpartys zu untersuchen. Maries Wohnung in der Kopenhagener Straße im Prenzlauer Berg roch jetzt nach jungen Hunden und war erfüllt von Scharren und Fiepsen. Ich fuhr ohne sie in den Sommerurlaub. Zusammen mit Björn wanderte ich von Kristiansand aus durch Südnorwegen. Björn hatte alles vorbereitet: Karten gekauft, Angelsachen präpariert, einen Plan gemacht und die Route festgelegt. Ich hängte mich einfach dran. Er war ein großer nordischer Typ mit Sommersprossen und langen blonden Haaren, für den Skandinavien die Heimat seiner Seele war. Um Geld zu sparen, borgten wir uns von Anton einen leeren pinkfarbenen Fahrkartenbezugsschein des Wehrkreisersatzamtes und machten ziemlich gute Farbkopien davon. Anton hatte ihn bekommen, um zu einer Schulung in Niedersachsen zu fahren. Wir füllten die Kopien aus und holten uns damit am Schalter Tickets bis nach Flensburg. Durch Dänemark trampten wir, wobei wir das größte Stück mit einem drögen deutschen Ehepaar in ihrem Hymer-Mobil zurücklegten. Sie erzählten die ganze Zeit von ihren vorbildlichen Kindern und waren sich nicht sicher, ob sie Angst vor uns haben sollten. Auf der Fähre von Hirtshals nach Kristiansand betranken wir uns noch einmal, bevor die Alkoholpreise das unmöglich machten. Es geht nichts über einen kleinen Rausch auf Deck.

In Norwegen angekommen, liefen wir dann einfach durch die Wälder. Wir schliefen an Seeufern und sahen manchmal tagelang keinen Menschen. Abends angelte Björn, während ich das Zelt aufbaute und auf dem Campingkocher Crêpes machte oder Tütensuppen kochte. Nach dem Essen saßen wir am Lagerfeuer und genossen die nicht enden wollende Dämmerung des nordischen Sommers und die Ruhe des Waldes. Es ist erstaunlich, wie glücklich und gelassen man als Stadtkind wird, wenn man ein paar Tage im Wald lebt. Ab und zu nahmen wir uns ein Ruderboot von einem Steg und fuhren damit den ganzen Tag übers Wasser. Abends machten wir das Boot dann an einer völlig anderen Stelle wieder fest. Wir schämten uns für diese Diebstähle ein bisschen, aber es war einfach ein zu großer Spaß, an der spektakulären Landschaft sanft vorbeizugleiten. Unseren müden Füßen taten die Ruhepausen auch ganz gut.

Am Ende unserer Wanderung besuchten wir ein paar Freunde, die ein Ferienhaus auf einer Insel in einem Fjord gemietet hatten. Nach den Tagen der Stille und inneren Einkehr auf eine Gruppe Marzahner zu treffen, war wie ein unerwarteter Schlag ins Gesicht. Die neun Leute hatten bereits bei ihrer Ankunft einen festen Plan gemacht, wie viel sie jeden Tag kiffen und trinken konnten, damit ihre Vorräte bis zum letzten Tag reichten und sie an keinem Abend nüchtern einschlafen mussten. Als Highlight gab es an zwei Tagen eine Portion Speed für jeden, der mochte. Sie meinten, dass die Natur sie voll flashte, und hingen die meiste Zeit in der rustikalen Hütte rum. Man kann den Menschen wohl aus Marzahn holen, Marzahn aber nicht aus dem Menschen.

Björn und ich schliefen auf einer Klippe am Rande der Insel, ungefähr hundert Meter vom Haus entfernt, und fühlten uns wohl – trotz des surrealen Settings, mit lauter Vorstadtkids in Norwegen zu sein. Abends kam immer die Jüngste der Gruppe vorbei und rauchte mit uns von meinem marokkanischen Haschisch, das wir vor den anderen geheim hielten. Wir genossen Gesas Gesellschaft und ich verstand bald, dass Björn unsere Wege ihretwegen zu der kleinen Insel gelenkt hatte. Ihre birkenhafte, blondlockige Erscheinung und ihre keusche und zurückhaltende Art hatten es ihm angetan. Die Tage verbrachten wir jetzt zu dritt auf ausgedehnten Wanderungen im Umkreis der Insel. Unser Lieblingsort war ein sich über mehrere Felsstufen hinziehender Wasserfall, der an einem der zum Fjord hin abfallenden Berghänge lag. Wir badeten in dem kristallklaren, kalten Wasser und wärmten uns danach in der Sonne. Björn sang viel und Gesa machte mit einer alten Spiegelreflexkamera Bilder von totem Holz, Steinen und unseren Gesichtern. Es war so schön, dass ich mir angewöhnte, mit den beiden Zigaretten zu rauchen.

Leider gab es aber auch hier Leidenschaft und Begierde. Als Björn nicht länger ignorieren konnte, dass Gesa seine Zuneigung nicht auf dieselbe Art erwiderte, schlug die Stimmung auf der Insel abrupt um. Er wurde aggressiv und unzufrieden und sie zog sich verschreckt zurück. Der Zerfall unserer kleinen Gemeinschaft machte mir mehr zu schaffen, als ich mir eingestehen wollte, und löste den alten Fluchtreflex in mir aus.

Ich verließ die Insel an einem frühen Morgen allein. Björn ruderte mich ans Ufer des Fjords, während die anderen noch schliefen. Gesa hatte mir am Abend zuvor einen Abschiedskuss auf den Mund gegeben, der nicht mehr wollte und doch voller Liebe war. Ich trampte in zwei Tagen zurück nach Berlin und war froh, wieder im Friedrichshain zu sein. Auf eine komische Art war ich hier bei Jan und Marie weiter von Marzahn entfernt, als ich es in Norwegen gewesen war. Marie hatte die zugegebenermaßen niedlichen Kinder ihrer Hündin verkauft und verfügte zum ersten Mal, seit ich sie kannte, über Geld. Samt Hund fuhren wir ein paar Tage an die Ostsee. Wir zelteten an der Ostküste Rügens, ließen das Salzwasser, die Sonne und den Sand an unsere Haut, unternahmen lange Wanderungen durch die magischen Buchenwälder der Granitz und feierten Maries Geburtstag. Ich verrichtete den traurigen Dienst und steckte Feldblumen an das hölzerne Kreuz, auf dem Davids Name stand. Das Auto war an einem Baum zwischen Baabe und Binz zerschellt.

Im Spätsommer ernteten Jan und ich das völlig versamte Dachgras und fingen an, Pläne für den Winter zu machen.

Wir wollten nach Indien, unbedingt. An einem Dienstagvormittag telefonierten wir unzählige Reisebüros ab und ließen uns Angebote für Flugtickets machen. Am Nachmittag desselben Tages fuhren wir dann zur Bülowstraße, um in dem kleinen Ladengeschäft eines Libanesen unsere Tickets anzuzahlen. Das euphorisierte uns für mehrere Tage. Wir gingen noch eine ganze Menge aus, die Zeit des Jungles war aber so gut wie vorbei. Die Musik war technischer, berechenbarer und kälter geworden. Voodoo, Dub, Dancehall und Anarchie wurde zurückgedrängt. Es hieß jetzt Drum and Bass und zog zunehmend Jungs an, die nicht tanzten, sondern über die Musik nachdachten.

Im Herbst machte dann auch noch das Acud zu, weil die Künstler, die das alte, zurückgesetzte Haus in der Veteranenstraße verwalteten, wegen ein paar Artikeln in der Lokalpresse das große Geld gewittert und die Miete für den ranzigen Keller verdoppelt hatten. So verloren wir unsere musikalische Heimat und entdeckten unsere vernachlässigte Liebe zum Tekkno wieder. Mittwochs gingen wir in den Tresor zum Bonito House Club, freitags, wenn wir reinkamen, ins E-Werk zur Dubmission und sonst manchmal in den Sensor, den Waterpool oder das WMF.

Meistens malten wir mit mitgebrachten Filzstiften die Einlassstempel auf einem Heftpflaster nach und drückten sie uns dann auf den Handrücken. Alles, was man dazu brauchte, war ein frischer Stempel auf einer anderen Hand, um mit dem Pflaster eine gute Vorlage abnehmen zu können, und einen Stift in der richtigen Farbe. Wenn es nicht klappte, wusste man es wenigstens gleich und nicht erst nach einer Stunde Anstehen. Erwischten einen die Türsteher, weil man zu schlampig gearbeitet oder in der Dunkelheit die Farben verwechselt hatte, waren sie komischerweise gar nicht sauer. Manchmal wurde man sogar mit einem breiten »Haste heute aber wieder schön gemalt« durch die Türschleuse geschoben. Oft gingen wir aber auch zu kleineren Partys von Freunden, die in irgendwelchen neuen oder illegalen Locations stattfanden, und bezahlten brav unseren Eintritt. Wir sahen das dann als so eine Art Kulturbeitrag. Legten Jan und Anton bei einer solchen Party auf, begleitete ich sie in alter Verbundenheit. Ich hörte mir die so häufig geübten Übergänge ihrer Platten gern in neuen Räumen und mit anderen Menschen an. So kam es auch, dass ich Katja wiedertraf.

11.

An einem der ersten kühlen Herbstabende fuhr ich allein und ziemlich stoned mit der S-Bahn vom Ostkreuz zum Hackeschen Markt. Ich lief am WMF vorbei, vor dem jetzt bei der Kälte niemand mehr rumsaß, zu zwei alten schmutzig-grauen Ostbaracken, die in Richtung der Dombrücke inmitten eines dichten ungepflegten Gebüschs standen und zur Humboldt-Uni gehörten. Die Leute hatten im Sommer angefangen, in einer der beiden Baracken Partys zu feiern, und nannten das Ding K-Club, ich glaube, weil es zu den Kulturwissenschaften gehörte.

Die Luft war feucht und diesig und hatte diesen nussig-modrigen Herbstgeruch. Jan und Anton waren schon am Nachmittag mit dem Taxi vorgefahren, weil sie die Anlage aufbauen mussten und noch an der Deko rumbasteln wollten. Während ich mich dem Club auf dem holprigen und nicht beleuchteten Plattenweg näherte, machte ich mir die Ärmel meiner roten Trainingsjacke an den Zweigen der Büsche nass. Auf der spärlich beleuchteten Fläche zwischen den beiden Baracken standen in mehreren kleinen Gruppen Menschen herum. Sie unterhielten sich leise und entsprachen damit der Grundstimmung der Jahreszeit. Schon aus einiger Entfernung konnte ich erkennen, dass eine der

Gruppen aus Marzahnern bestand. Ich sah Stoffel, daneben Milans kleinen Bruder, der sich mit Björn unterhielt, einige andere Leute, die ich kannte – und Katja. Sie trug einen beigen Mantel und hatte das Haar streng nach hinten gebunden. Ihr Gesicht wirkte dadurch sehr klar und symmetrisch.

Ich verlangsamte meine Schritte ein wenig und kostete die Momente aus, bevor sie mich entdeckte. Den ganzen Sommer über hatte ich immer mal wieder an sie gedacht. Sie war mir nah geblieben, obwohl wir uns nicht mehr gesehen hatten. Ihr unerwarteter Anblick versetzte mich in die Nacht unseres ersten Treffens zurück. Ich erinnerte mich an unser gegenseitiges Versprechen. Das Adrenalin ließ die Haarwurzeln auf meinem Kopf jucken und meine Knie weich werden. Wir sahen uns kurz in die Augen. Ich ging dann an ihr vorbei, ohne etwas zu sagen oder ihr weiter in die Augen zu schauen. Ein unbestimmtes Kopfnicken in Richtung des geometrischen Zentrums der Gruppe war alles, was ich hinbekam. Drinnen musste ich mich erst mal hinsetzen und ein bisschen runterkommen. Ich hatte keine Ahnung, wie ich mit ihr umgehen sollte. Meine Gefühle für sie waren völlig unabgenutzt wieder da. Ich wollte sie und wusste, dass einige Dinge zwischen uns standen.

Die Party war schon voll im Gange. Neben meinen Friedrichshainer Freunden sah ich auch hier hauptsächlich Marzahner. Anton klärte mich darüber auf, das Stoffel alles organisiert hatte und auch die an den Wänden hängenden Kästen mit lieblos aufgespießten einheimischen Insekten von ihm waren. Er hatte bei der Uni eine Ausstellung angemeldet, um die Party feiern zu können. Wir hingen im Flur rum. Anton genoss es, so viele Leute aus verschiedenen Teilen Ostberlins und verschiedenen Abschnitten seines Lebens um sich zu haben, und war ziemlich überschwänglich. Als Nordbiesdorfer machte er nicht nur ständig gegen mich als Südbiesdorfer Front, sondern hielt auch noch allen Marzahnern, die im Beton groß geworden waren, seine gespielte Verachtung entgegen. Dies alles tat er im Namen von Hardy Krüger, dem großen Sohn von Biesdorf Nord. Was sollte ich machen? Mit Maren Gilzer kontern? Ich merkte an, dass man die dreistöckigen Häuserblocks aus den 1950er-Jahren zwischen S-Bahnhof und Schlosspark, in denen er aufgewachsen war, nicht umsonst im Volksmund Sachsenviertel nannte, doch auch das konnte seine Stimmung nicht trüben. Er fing jetzt an, im breiten thüringischen Dialekt seiner Mutter zu reden und uns Berliner für die bevorzugte Versorgung mit Bananen und Apfelsinen zu verwünschen. Diese Form von Humor wurde irgendwann sehr physisch und bedurfte natürlich einer Menge Alkohol.

Nach einiger Zeit schaffte ich es, Katja in die Augen zu schauen und ihr Hallo zu sagen. Mehr war nicht drin. Ihr Blick sagte mir, dass auch sie unser Versprechen nicht vergessen hatte. Sie war mit einigen Freundinnen unterwegs, die mich neugierig musterten. Ich grüßte die Mädchen und ließ meine Augen auf Katjas Oberkörper ruhen. Ihre Brüste zeichneten sich deutlich in ihrem engen Oberteil ab. In dem größeren der beiden Räume legte Jan seine Platten auf. Ich entdeckte Marie in der Crowd und ging zu ihr. Sie freute sich, mich zu sehen, unterbrach ihren Tanz aber nicht. Die Leute feierten zu Shy FXs »Original Nuttah«, Remarcs »R.I.P.« und Uncle 22s »Six Million Ways To Die«. Das waren Platten, die ich in den letzten Monaten so oft gehört hatte, dass sie mir wahrlich in Fleisch und Blut übergegangen waren. Diesmal sprang der Funke aber nicht auf mich über und ich ging rüber in den kleineren Raum mit der Bar. Hier lief Musik von Kassette, weil Anton erst nicht angefangen hatte aufzulegen und jetzt viel zu weggeschossen dafür war. Ich schnappte mir seine Plattenkiste und spielte Dub- und Reggae-Sachen, die wahrscheinlich für die letzten Züge der Party am Morgen gedacht waren. Das King-Tubby- und Prince-Jammy-Zeug war Balsam für meine verwirrte Seele, für die Leute aber natürlich zu langsam. So hingen die meisten von ihnen an der Bar und auf den fleckigen Sofas rum, während ich mehr für mich selbst John Holts »Strange Things« und Horace Andys »Mr. Bassie« laufen ließ. Unter den paar Leuten, die ich auf die Tanzfläche bekam und dort halten konnte, war Katja. Wieder fiel mir die unglaubliche Eleganz ihrer sinnlichen und langsamen Bewegungen auf, die Zärtlichkeit in ihren Augen und wie anziehend ich ihren Körper fand.

Unfähig, etwas an der Situation zu ändern, den Raum zu verlassen oder mit ihr zu reden, spielte ich immer weiter Antons Platten und versteckte mich hinter den Plattenspielern. An einem Punkt, den ich zeitlich nicht mehr genau einordnen kann, stellte sie sich direkt vor mich. Wir sahen uns lange in die Augen, wie damals im Hof vorm Toaster. Obwohl Milan nicht da war, spürte ich seine Anwesenheit auch diesmal. Es war kompliziert. Katja wollte mir etwas sagen. Sie setzte mehrmals zum Sprechen an, brachte aber nichts über ihre Lippen. Ich verstand, dass Milan irgendwo auf sie wartete, und gab ihr das mit den Augen zu verstehen. Sie trat dann zu mir auf das kleine Podest hinter den Plattenspielern, nahm meine Hände in ihre, drückte sie fest und sah mich an, wie man sich nur ansieht, bevor man sich küsst. Nach einer halben Minute ließ sie meine Hände wieder los, drehte sich um und verließ den Raum und die Party. Ich ging ihr nicht hinterher.

Nachdem die Platte in ihre Endrille eingelaufen war, machte ich wieder ein Tape an und holte mir an der Bar etwas zu trinken. Ich war aufgeregt und erleichtert und hatte auf einmal Lust zu feiern. Darüber, wann und wo ich Katja wiedersehen würde, dachte ich nicht nach. Mein Leben war toll, auch ohne sie. Ich fühlte mich geborgen und geliebt, hatte eine hübsche Freundin, viele Kumpels, eine eigene Wohnung, Spaß am Ausgehen und war dabei, meinen großen Indientrip vorzubereiten. Katja bedrohte das alles, das wusste ich und ich war froh, meine Gefühle für sie im Moment unter Kontrolle zu haben. Ehrlich gesagt, hatte ich Angst vor dem, was zwischen uns war, weil es stärker war als all das, womit ich mich in meinem Leben eingerichtet hatte.

hatte nichts mit Heavy Metal oder Punk zu tun. Es war zwar auch Rockmusik, aber von einem völlig anderen Geist beseelt. Statt Posen der Verweigerung und des Aufstandes gab es den erlösenden Moment der Aufgabe. Man wandte sich nach innen und ließ sich fallen. Dabei wurde man von der Schönheit des völlig passiv erlebten Sturzes überwältigt. Die Welt zog in einer gewissen Geschwindigkeit an einem vorbei und entfernte sich gleichzeitig. Da man dabei meist auf den Boden vor sich schaute, nannte man die Musik in England auch Shoegaze.

Die Wurzel allen Gitarrenlärms war die recht elegische Endphase von Joy Division. Der Sound ihres Closer-Albums, der sich in einer Weiterführung auch auf dem ersten New-Order-Album Movement finden ließ, hatte bereits die richtige Geschwindigkeit und Grundstimmung. Er wurde von einem schweren Bass angetrieben und war mit synthetisch erzeugten Flächen durchsetzt. Dort, wo Joy Division allerdings Raum für die Stimme und das Nichts ließen, wurden später vielschichtige Wände elektrisch verzerrter Gitarren aufgestapelt.

Die erste Band, die wirklichen Lärm machte, ohne dabei wie die amerikanischen Hüsker Dü in Hysterie zu schwelgen, waren The Jesus and Mary Chain. Ihr Psychocandy-Album hangelte sich an wunderschönen Melodien entlang und brachte einen Gitarrensound ans Licht, der wie eine Befreiung wirkte. Er war laut und kratzig und nahm den Raum ein, anstatt ihn zu zerhacken. Dazu sang Jim Reid mit einer Stimme voll abgeklärter Coolness und Weltabgewandtheit, die einen neidisch werden ließ. Im selben Jahr brachten Dinosaur Jr. ihr erstes Album heraus, welches noch stark von ihrer Liebe zu The Cure und ihrem punkigen Umfeld geprägt war. Sie brauchten noch mal zwei Jahre, um eine Platte zu veröffentlichen, die völlig eigenständig war und es mit Psychocandy aufnehmen konnte. Das Schlagzeug auf You're Living All Over Me klang pappig und groovig, der Bass verspielt und druckvoll, die kehlige Stimme verlor sich zwischen den Instrumenten und die Gitarre pendelte zwischen langen Neil-Young-mäßigen Soli und pulsierenden, aufgerissenen Flächen hin und her. Die Songs des Albums lebten von ihren Breaks und Tempiwechseln und was einem an verzerrten Soundlandschaften ans Ohr drang, hatte man vorher in dieser Form noch nie gehört.

Eine langsamere und wesentlich drogenbezogenere Spielart des Shoegaze spielten Spacemen 3 auf ihrem zweiten Album The Perfect Prescription. Sie hatten sich von der Geschwindigkeit und der Wut verabschiedet und folgten wie The Jesus and Mary Chain den Songvisionen eines jungen Lou Reed. Den Lärm ihrer Gitarren nutzten die Spacemen, um ihrem morphinen Gospel Nachdruck zu verleihen.

Danach dauerte es noch einmal vier Jahre, bis eine Platte auf den Markt kam, welche den Klangfantasien eines J Mascis ebenbürtig war: Kevin Shields und seine Band My Bloody Valentine hoben Loveless in einem schier unendlichen Prozess der Studioarbeit an die Oberfläche und veränderten damit *alles. Während man bei Dinosaur Jr. noch situativ logische Songstrukturen erkennen konnte, die einer langen Tradition der Livemusik entsprangen, fand man bei My Bloody Valentine nur noch Perfektion, deren Ursprung in Komposition und Aufnahmetechnik lag. Der Rhythmus war ein Hin- und Herwiegen, die Gitarren oft nicht mehr als solche zu erkennen und die Stimmen drangen durch traumhafte Filter hindurch. Vor allem der Gesang von Bilinda Butcher zog einen fast schon beängstigend in den Bann. Ihre Wirkung auf den Hörer kann man nur als erotisierend beschreiben. Die Songs wurden von süchtig machenden Sound Loops getragen und waren von einer solchen Süße, dass man sie nur noch durch den teilweise ausbrechenden Krach ertragen konnte.* Loveless *markierte einen Endpunkt, das verstand man beim zweiten Hören. Und auch wenn Ride mit »Drive Blind« und »Leave Them All Behind« zwei der größten Songs des Lärm-Pops veröffentlichten, so gelang es ihnen doch nie, ein völlig konsistentes Album auf diesem Niveau einzuspielen.*

12.

Um das Geld für unsere Indienreise zu verdienen, waren Jan und ich Ende September wieder auf Jobsuche. Dabei verließen wir uns wie meistens auf die Zeitarbeitsvermittlung des Arbeitsamtes am Strausberger Platz. Ich hatte mich schon als Schüler in dem kleinen Büro im Erdgeschoss eines Stalinbaus angemeldet, um an Ferienjobs zu kommen. Jetzt riefen wir immer gegen halb neun Uhr morgens dort an und sprachen mit einer gesichtslosen, freundlichen ostdeutschen Frau, die sich an unsere Namen erinnerte und es gut mit uns meinte. Sie vermittelte Jobs für einen Tag oder eine Woche und manchmal auch für längere Zeiträume. Im Moment sah es schlecht aus mit Arbeit. Viele Leute brauchten wie wir Geld, um die Stadt für den Winter zu verlassen. Die Absagen klangen immer gleich: »Nee, tut mir leid, heute is leider nix, müsst ihr morgen noch mal probieren.« Wir gaben nicht auf. Unbeirrt trafen wir uns jeden Werktag bei Jan zum Frühstück und versuchten unser Glück, bis sie uns nach etwas mehr als einer Woche endlich ein Angebot machen konnte. Es war ein Job beim Tiefbau für 15 Mark die Stunde und wir nahmen, ohne zu zögern, an.

Am darauffolgenden Tag fuhren wir zu einer absolut unchristlichen Zeit auf Fahrrädern durch das noch nächtliche Berlin Richtung Neukölln. Ich hatte mir von Anton ein altes und klappriges Herrenrad ohne Licht geborgt, während Jan mit einem Damenrad von seiner Nachbarin unterwegs war. Pünktlich um sieben Uhr saßen wir dann zusammen mit einigen nicht zusammenpassenden Gestalten in einem Bauwagen am Rande einer riesigen im Abriss oder Umbau befindlichen Industrieruine in der Lahnstraße.

Der Chef war Mitte vierzig, rundlich, hatte kurzes, dunkles, fettiges Haar, trug Blaumann und war offensichtlich schon zu Ostzeiten aufm Bau gewesen. Dann gab's da einen langhaarigen Künstlerfreak, der so um die dreißig war und den Job wahrscheinlich aus demselben Grund machte wie wir. Er hatte wache Augen und Humor und quatschte zu der frühen Stunde mehr als alle anderen zusammen. Völlig humorlos schien ein Mittzwanziger mit schwerem rheinischen Dialekt zu sein, der wie der Chef Arbeitskleidung trug, allerdings in Rot, und eine hahnenhafte Körpersprache hatte. Zu den dreien gesellten sich zwei Studenten, die anscheinend schnell wieder weg wollten. Sie warfen sich vielsagende Blicke zu und fühlten sich fehl am Platz. Ihre zarten Hände waren an den Nagelbetten ramponiert und ihre Gesichter passten nicht auf eine Baustelle. Außerdem gab es noch ein paar Typen, die wie Arbeitsbeschaffungsmaßnahme-Kräfte aussahen und deutlich wahrnehmbar rochen. Ihre Gesichter zeugten von Alkoholmissbrauch und Hoffnungslosigkeit und ihre Kleider vom Trendbewusstsein vergangener Jahrzehnte. Sie sprachen kein einziges Wort und blickten auf ihre billigen Schuhe.

Der Filterkaffee mit Kaffeeweißer schmeckte grausam, die Mädels an den Wänden des Bauwagens hatten schicke Titten, das Monoradio plärrte das Morgenprogramm von Rias Zwei durch den Raum und ein Heizlüfter versaute zusammen mit den Golden-American-Kippen vom Chef die Luft. Unsere erste Aufgabe bestand darin, den Kellerboden eines großen Industriebaus mit Presslufthämmern aufzureißen und zu entfernen. Der Kölner fuhr währenddessen mit einem Minibagger die losen Betonbrocken ab. Ich konnte Jan wegen des Staubs kaum sehen. Nach einer Stunde stellten wir die Hämmer zur Seite, machten das lärmende Druckluftaggregat aus, setzten die Ohrenschützer ab und berieten uns. Der Job war zu anstrengend. Unsere Handgelenke, Ellbogen und Schultern taten weh und wir waren von oben bis unten voller Dreck und trotz der Kälte verschwitzt. Ich konnte das unmöglich acht Stunden lang durchhalten. Unser Stolz verbat es uns allerdings, vor der Frühstückspause hinzuschmeißen. Also beschlossen wir, noch eine Stunde zu bleiben. Der Kölner grinste. Er hatte offensichtlich gegen uns gewettet.

Zurück im Bauwagen spürten wir den prüfenden Blick des Chefs und ließen uns nichts anmerken. Wer angibt, hat mehr vom Leben, hat mein Opa immer gesagt. Der Chef gab uns dann für die Zeit bis zum Mittag eine andere Aufgabe. Wir fuhren jeder mit einem Weberverdichter über eine neu aufgeschüttete Sandfläche. Fahren ist dabei nicht das richtige Wort, wir liefen hinter den Maschinen her. In der Mittagspause konnte ich nicht scharf sehen, weil das Ding mit seinen Vibrationen meinen ganzen Körper durchgeschüttelt hatte. Ich merkte es, als ich versuchte, den *Kurier* vom Chef zu lesen. Als Stärkung holten wir uns Brötchen und Kräuterquark vom Aldi die Straße runter. Der Chef machte sich auf einem kleinen Elektrokocher Würstchen warm und spülte zum Nachtisch eine Packung Geleebananen mit einem halben Liter Filterkaffee runter. Danach gab er uns unsere nächste Aufgabe und verschwand mit vielsagendem Blick in der neben dem Bauwagen stehenden Chemietoilette. Wir blieben bis Feierabend und überlegten auf der Heimfahrt in den Friedrichshain, ob wir am nächsten Tag noch mal antreten sollten.

Nach und nach fingen wir an, den Job zu lieben. Er war so albern anstrengend, dass er uns an unsere körperlichen Grenzen brachte. Wir entkernten, bohrten, verdichteten, schleppten, schippten und zerstörten. An Kiffen vorm Feierabend war nicht zu denken und selbst dann hatte ich manchmal keine Lust dazu. Die Studenten kamen bald nicht mehr. Dafür erschienen fast täglich neue Leute vom Arbeitsamt, von denen die meisten auch schnell wieder hinwarfen. Nach einer Woche waren wir Altgestandene und bildeten unter dem Chef und dem fest angestellten Kölner zusammen mit dem Künstlerfreak die zweite Hierarchieebene im Bauwagen. Wir fuhren jetzt selbst mit den Minibaggern rum und überließen die Presslufthämmer und Verdichter den Eintagsfliegen. Unseren Einstand als Reguläre schmissen wir mit einer Packung Albrecht Kaffee und einem Glas Kaffeeweißer. In der dritten Woche fingen wir an, den Chef Blue Commander und die schweigsamen Alkis No Hope Crew zu nennen. Wir fühlten uns richtig wohl und arbeiteten jeden Tag zwölf Stunden, weil dann die Pausenzeiten mitbezahlt wurden. In einer Sieben-bis-sieben-Schicht verdienten wir jeder 180 Mark. Das war meine Miete. Sonst machten wir eigentlich nichts weiter außer abendessen und schlafen. Meistens kochten wir nach der Arbeit zusammen bei Jan. Um unseren Kalorienbedarf zu decken, schaufelten wir Unmengen Reis oder Nudeln mit Gemüse und Eiern in uns rein.

Marie sah ich nur an den Wochenenden. Die fehlende gemeinsame Zeit ließ unsere Gefühle füreinander schwächer werden. Manchmal stritten wir uns wegen Kleinigkeiten, weil wir sie als Persönlichkeitsmerkmale des anderen sahen und überbewerteten. Marie fand mich prollig und oberflächlich und ich sie faul und esoterisch. Die Tage wurden deutlich kürzer und kälter. Wenn wir morgens auf unseren klapprigen Rädern über die Spree fuhren, war uns manchmal trotz Handschuhen und Mütze schon richtig kalt. Nach der dritten Woche hatten wir das Geld für den Winter zusammen. Weil es so gut lief, blieben wir aber noch eine Woche länger. Der Blue Commander reagierte bestürzt, als wir ihm am Ende der vierten Woche sagten, dass wir Montag nicht mehr kommen würden. Er war richtig emotional und meinte, dass er uns bei seinem Chef für eine Festanstellung vorgeschlagen hatte. Zum Abschied tranken wir zum ersten Mal gemeinsam Bier.

Zurück in meinem alten Leben fühlte ich mich nicht wie erwartet wohl. Der Sommer und der schönere Teil des Herbsts waren vorbei und mit all der freien Zeit konnten wir nicht viel mehr anfangen, als in meiner, Jans oder Antons Wohnung rumzuhängen und zu kiffen. Zuerst mussten wir noch ein paar Dinge unternehmen, um an unseren Lohn zu kommen, dann fiel uns die Decke auf den Kopf. Unsere Hinterhauswohnungen kühlten außerdem spürbar aus. Da wir vor der Indienreise kein Geld für Kohlen verschwenden wollten, suchten wir in der *Zweiten Hand* und in der *Berliner Zeitung* nach Leuten, die ihre Heizung modernisiert hatten und ihre restlichen Kohlen verschenkten. Ein Rentnerehepaar aus Friedrichshagen verkaufte uns schließlich eine Tonne Schüttkohle und eine erhebliche Menge Brennholz für hundert Mark. Wir holten das Zeug mit einem geborgten VW-Pritschenwagen ab und verteilten es auf unsere Keller.

An einem der schöneren Tage räumten wir die Sachen von Jans Dach auf den Boden und schauten noch einmal über den Friedrichshain. Der war jetzt, zu Beginn des Novembers, hässlich und ungastlich, kalt, dunkel und feucht. Der Zauber war verschwunden und die Luft hatte kein Leben mehr in sich. Den Leuten auf der Straße stand ihr Seelenzustand ins Gesicht geschrieben und sie vermieden Blickkontakt. Manch einer sprach mit sich selbst, während er auf den Bus wartete oder in der Straßenbahn saß. Der Alkoholkonsum im Kiez stieg deutlich und in den Kneipen hockten fast nur Männer.

Jan zog sich in die Welt von Saint Exupérys *Stadt in der Wüste* zurück und blieb meistens zu Hause. Ich begann an einer Geschichte zu schreiben, die halb Science-Fiction und halb Parabel war. Sie handelte von einem Typen, der in einem Kontrollraum am Rande des Himmels arbeitete. Der Typ wusste, dass das Blau, das die Menschen Himmelsblau nannten, eine Farbe auf einer Stahlwand war. Und er wusste auch, dass es wichtig war, dass die Menschen das nicht wussten. Was ihn fertigmachte, war, dass er keine Ahnung hatte, was sich hinter dem Stahl befand. Er reiste zwischen seinem Reihenhaus und seinem wortkargen Vorgesetzten hin und her und wurde durch den Druck in seinem Inneren halb wahnsinnig. Seiner Frau erzählte er Geschichten von einer Bohrinsel. Dann hatte er die Chance, in die Welt hinter der Täuschung zu blicken. Dieser Blick ließ ihn gewissenhaft und ernst und seine Arbeit zu einer religiösen Aufgabe werden. Die Geschichte sollte so enden, dass er den Job von seinem Vorgesetzten erbt und sich dann in einem komplizierten Auswahlverfahren einen jungen Mitarbeiter für den Kontrollraum sucht. Ich machte sie allerdings nie fertig.

Einmal in der Woche fuhren wir gemeinsam mit Anton nach Kreuzberg rüber und gingen im Soultrade in der Sanderstraße Platten kaufen. Die Jungs hörten sich die neusten Drum-and-Bass-Singles an und ich kramte in den alten

Jazz- und Soul-Sachen. Ich hatte angefangen, mich für Jazzgitarristen zu interessieren, und suchte nach den guten Platten von Grant Green, Wes Montgomery und Gábor Szabó. Danach holte ich manchmal Marie am Südstern ab, die dort seit Oktober eine Ausbildung zur Heilpraktikerin machte. Sie blühte durch den täglichen Umgang mit den anderen Hexen auf und probierte regelmäßig irgendwelche neu erlernten Behandlungsmethoden an mir aus.

Ich bekam Akupunkturnadeln in die Stirn gepikst, homöopathische Lösungen gegen meine trockene Haut und Fußreflexzonenmassagen. Es wirkte nicht, nur von den Fußmassagen wurde mir schwindelig und etwas übel. Marie meinte, es würde an mir liegen. Außerdem erzählte sie mir die ganze Zeit, wie schlimm und deformierend das Leben in der Stadt für sie sei. Innerlich bereitete sie sich auf ihren Umzug aufs Land vor. Ich verstand, dass ich ein Teil ihres Lebens in der Stadt war, und fragte mich, ob sie mich zusammen mit der schlechten Luft, den dunklen Wohnungen und den dreckigen Gehwegen zurücklassen würde. Sie machte nicht den Eindruck, als würde sie an irgendetwas besonders hängen. Wir hatten immer seltener Sex. Das stresste mich und ließ mich an den Gedanken hinter ihren Worten Anstoß nehmen. Ich fühlte mich nicht deformiert und nahm es wie immer persönlich, wenn ich hörte, dass jemand Berlin scheiße fand. Natürlich war die Stadt nicht gerade ein Kurort, aber in irgendeinem abgelegenen Dorf in Brandenburg oder Mecklenburg war es auf keinen Fall besser. Aufs Land fuhr man bei schönem Wetter, um Urlaub zu machen oder psychedelische Drogen zu nehmen. Wer kam denn auf die Idee, zwischen den ganzen Faschos und Dorfdeppen zu wohnen?

In mir begann sich eine unbestimmte Wut zu stauen. Dieses ganze Hippie-Esoterik-Ding kotzte mich zunehmend an. All die Abende, die wir mit irgendwelchen verständnisvollen Leuten in Zimmern mit Wandtüchern und orientalischen Sitzmöbeln verbrachten, Tee tranken und redeten, begannen nicht nur mich zu langweilen, sondern auch ein Gefühl der Zukunftslosigkeit und Verzweiflung in mir hervorzurufen. Diese Atmosphäre von Verständnis und Harmonie abseits einer bösen Welt, über die ständig geredet wurde, hatte etwas von Selbsthilfegruppen für mich. Ich fühlte mich aber nicht hilflos, ich hatte kein Problem damit, arbeiten zu gehen, ich hatte gegen meine Eltern rebelliert, als es Zeit dafür gewesen war, und ich hatte keine Angst davor, von unbestimmten dunklen Mächten kontrolliert und vergiftet zu werden. Ich wollte mehr vom Leben als Furcht und Orientierungslosigkeit, doch mit dem Fortschreiten des Novembers wurden die dunklen Gefühle auch in mir immer stärker.

Da ich fast jeden Abend ausging und dann lange schlief, bekam ich immer nur wenige Stunden Tageslicht mit. Wenn ich aufstand, war in meiner Wohnung schon Zwielicht. Ich heizte den Ofen und holte mir im Rewe an der Ecke etwas zu essen. Sobald ich mich gewaschen und gefrühstückt hatte, wurde es draußen schon wieder dunkel. Am liebsten hörte ich jetzt düstere und langsame Instrumentalmusik, wie die des Crooklyn Dub Consortiums: Unitone HiFi, Spectre und Uncle. Der Sound dieser Musik war von urbaner Traurigkeit, meditativer Leere und Wohlklang geprägt. Er zog mich an und lullte mich ein.

Ich saß den Nachmittag und frühen Abend über an meinem Schreibtisch, hörte Musik, malte und sah den Kids beim Fußballtraining unter Flutlicht zu. In so eine Stimmung der Melancholie und Konzentration hinein klingelte an einem Donnerstagabend das Telefon. Ich bückte mich, um es auf den Tisch zu stellen, und nahm den Hörer ab.

»Hallo?«

Meine Stimme klang fremd in meinen Ohren, da ich sie an diesem Tag noch nicht gehört hatte.

»Hi.«

Ich erkannte sie sofort. Sie klang schüchtern und kindlich.

»Hier ist Katja.«

Sie machte eine Pause und ich wusste nicht, was ich sagen sollte.

»Du, ich hab morgen Geburtstag und ich wollte dich zu meiner Feier einladen. Hast du schon was vor?«

»Nee, nicht wirklich.«

»Und hast du Lust, zu mir zu kommen?«

»Ja.«

»Schön. Ich wohne in Ahrensfelde, in der Eichhorster Straße 17. Du musst bei Drews klingeln.«

»Okay.«

»Du kannst ruhig auch einen Freund mitbringen, wenn du willst.«

»Ja, mal sehen.«

»Dann bis morgen.«

»Bis morgen.«

Das Telefonat riss mich augenblicklich aus meiner Trance der letzten Tage. Das Gefühl, mit Katja gesprochen zu haben, elektrisierte mich und ließ das Leben in meinen Körper zurückkehren. Sie war so unglaublich nah gewesen, ihre Stimme so liebevoll. Ich sprang auf und lief auf dem Teppich hin und her, mit der rechten Hand griff ich in meine kurzen Haare. Katja! Sie war noch immer in der Stadt und wartete auf mich. Wie hatte ich sie nur so aus meinen Gedanken sperren können? Warum hatte ich das getan? War ich so feige? Wusste sie um meine Feigheit und hatte deswegen gesagt, ich könne einen Freund mitbringen? Und woher hatte sie meine Telefonnummer? Milan hatte sie bestimmt nicht gefragt. Die Gedanken überschlugen sich in meinem Kopf. Morgen schon konnte ich sie sehen, nicht unverbindlich oder zufällig, sondern bei ihr zu Hause, an ihrem Geburtstag!

Sie hatte mich wahrlich überrumpelt. Ich machte mir Vorwürfe, weil ich so einsilbig am Telefon gewesen war, und mir wurde ein bisschen schlecht. Ich wusste nicht, ob ich für Veränderungen in meinem Leben bereit war. War ich bereit für Katja? Ich dachte an unsere gemeinsame Nacht im Frühling und zog mir meine Schuhe und eine Jacke an. Damals war ich frei gewesen und sie hatte mich weggeschoben. Sie war bei Milan geblieben und hatte mich in dem Hof sitzen lassen. Jetzt war sie vielleicht frei und ich nicht. Was sollte ich machen? Was erwartete sie von mir? Würde ich Milan bei ihr treffen?

Ich musste raus aus meiner Wohnung und unter Menschen, musste mich ablenken, damit mein Kopf in Ruhe arbeiten konnte. Draußen spürte ich weder die Kälte in meinem Gesicht noch den harten Boden unter meinen Füßen. Die grauen Gesichter der Menschen waren mir egal.

Drogen

Schon in der Unterstufe ertrug ich die Gleichförmigkeit der Tage nur schwer. Ich ging am Montagmorgen zur Schule und freute mich nur auf den Samstagmittag. Die Tage dazwischen waren sich so ähnlich, dass ich sie nicht auseinanderhalten konnte. Sie unterschieden sich nur durch das Fernsehprogramm und den Stundenplan. Die Erwachsenen lebten genauso. Die große Uhr tickte für alle gleich. Ich saß in der letzten Reihe in meiner Bank am Fenster und langweilte mich. Draußen vergingen die Tage. Auf dem Gehweg hinter unserem Schulhof sah man wegen der Vollbeschäftigung nur Rentner und junge Mütter. Ich wusste die Antworten auf fast alle Fragen und hörte bald auf, mich zu melden. Stattdessen bemalte ich die Löschblätter in meinen Schreibheften, die Umschläge meiner Hefter, die Ränder meiner Bücher, die Zeichnungen und Fotos in den Büchern, die Buchablagen unter den Schulbänken, meine Federtasche und alles andere. Meine Kopfnoten wurden schlechter und ich wurde von meinen Lehrern bald anders behandelt. Ihre Augen verloren die Offenheit und das Lob. Die ungerechtfertigte Ablehnung machte mich wütend und ich schlug mich regelmäßig mit anderen wütenden Kindern. Da war nichts Schlimmes dran. Wir maßen unsere Kräfte und vertrugen uns früher oder später wieder. Meine Klassenlehrerin legte den Eltern meiner Mitschüler trotzdem nahe, ihre Kinder von mir fernzuhalten. Wenn ich nachmittags an ihren Türen klingelte und fragte, ob sie zum Spielen runterkämen, sagten sie: »Darf nicht.«

Ich fühlte mich oft einsam und wusste ohne andere Kinder nichts mit mir anzufangen. Trotzdem fiel es mir schwer, ihnen zu zeigen, dass ich sie mochte. Manchmal saß ich nach der Schule allein vor dem Fernseher in unserem Wohnzimmer und sah mir Testsendungen an, bis um 16 Uhr endlich das Programm begann. Wenn ich den Schlüssel meiner Mutter in der Tür hörte und ihr müdes und verschlossenes Gesicht sah, fühlte ich tiefe Schuld. Manchmal hing ich auch mit den wütenden Kindern rum und wir erforschten die Welt der verbotenen Dinge. Das war aufregend und machte ein schlechtes Gewissen. Wir rauchten Mentholzigaretten, entfernten und sammelten Typenschilder von Westautos, bastelten kleine Brandsätze, brachen in Werkstätten und andere Gebäude ein, schauten uns Pornofotos an, beleidigten schwache Erwachsene, ließen Luft aus Reifen und schmissen Scheiben ein. Wir klauten Flaschen aus der Altstoffannahmestelle und gaben sie noch mal ab, beschossen mit selbst gebauten Katapulten vorbeifahrende S-Bahn-Züge, machten Klingel- und Telefonstreiche und redeten in einem harten Ton miteinander. Wenn wir ganz übermütig waren, gingen wir in eines der angrenzenden Viertel und suchten dort nach der Gang der wütenden Kinder.

Nachts konnte ich irgendwann nicht mehr schlafen und war deswegen verzweifelt. Ich wünschte mir ein anderes Leben, in dem ich eine richtige Familie hatte und alles in Ordnung war, auch in mir drin. Wenn ich manchmal gegen drei Uhr morgens total verheult vor meiner Mutter stand und sie anflehte, mir zu helfen, gab sie mir eine viertel Tablette

Faustan. Das Diazepam knockte meinen Körper und meinen ruhelosen Kopf innerhalb von Minuten aus. Meine nächste Erfahrung mit der erstaunlichen Wirkung von Medikamenten machte ich mit zwölf Jahren im Frühjahrstrainingslager an der Ostsee. Ich weiß nicht, was uns die Dynamotypen da ins Essen mischten, aber meine sportlichen Leistungen legten innerhalb der zwei Wochen um ein Fünftel zu und fielen danach langsam wieder ab. Meine Speerweite verbesserte sich um unglaubliche sechs Meter. Außerdem hatte ich solch einen Bewegungsdrang, dass ich alle Wege des Lageralltags freiwillig im Laufschritt zurücklegte. Wirklich.

Meinen ersten echten Drogenrausch erlebte ich dann in Biesdorf. Wir hatten mittwochs immer eine Freistunde vor dem PA-Unterricht, weil das Zentrum für die produktive Schülerarbeit der Stadtteile Biesdorf, Kaulsdorf und Mahlsdorf neben unserer Schule stand und wir daher keine Zeit für die Anreise benötigten. Meistens gingen wir zu Sandra, weil sie nicht weit entfernt wohnte und ihre Eltern ein Schwimmbad im Keller hatten. Einmal durchsuchten wir die Medikamente ihrer Mutter und fanden ein braunes Glasröhrchen mit Faustan-Tabletten. Ich nahm zwei und trank dazu ein großes Glas Weißwein. Die Wirkung war ziemlich stark und trippig. Die Geräusche der Umwelt drangen wie durch zentimeterdicke Watte an mein Ohr und mein Körper fühlte sich fremd, warm und schwer steuerbar an. Ich war müde und entspannt und die anderen verunsichert. Sie führten mich am Arm zur Schule zurück und setzten mich an meinen Platz in der Werkhalle. Irgendwie schaffte ich es, vier Stunden lang die Leiterplatten des Massagegerätes Massinet zu löten. Der Vorarbeiter des volkseigenen Betriebes Elektroprojekt und Anlagenbau Berlin ließ mich jedenfalls in Ruhe. Zu Hause fiel ich dann in tiefen Schlaf.

In meiner Pubertät war ich wie jeder andere Teenager. Ich trank ab und zu etwas Alkohol, wenn es zu viel war, musste ich kotzen. Spannender war da schon Kiffen. Dieses luftige lustige Gefühl, das mit neuer Sensibilität, Kreativität und Wahrnehmung einherging, fand ich toll. Trotzdem kiffte ich nicht oft, vielleicht dreimal im Monat. Es war eher so, dass ich in dem Gefühl lebte. Ich saß in meinem Zimmer mit den Dachschrägen und dem tollen Ausblick, hörte Led Zeppelin und Jane's Addiction, ließ mir die Haare lang wachsen und las Hermann Hesse. Ich wollte alles wissen und nicht warten. Die Schule fand ich noch immer langweilig. Es war nur logisch, dass ich mich nicht mit normalen Kids umgab, sondern an den extrovertierten, den kaputten, den schief gewachsenen und den gebrochenen festhielt. Sie lebten einfach mehr als die anderen.

Das entscheidende Erlebnis hatte ich dann in der zwölften Klasse. An einem Freitagabend im Mai packte ich meinen Rucksack mit meinem Schlafsack, einer Isomatte, ein paar Anziehsachen und etwas zu essen und traf mich mit Anton und Björn am S-Bahnhof Biesdorf. Zusammen fuhren wir zu Jan, den ich nur flüchtig kannte. Wir ließen unsere Sachen in seiner Wohnung und gingen zu einer Party im Prenzlauer Berg. Danach schliefen wir zu viert auf dem Dach seines Hauses in der Neuen Bahnhofstraße. Am nächsten Morgen standen wir sehr früh auf und nahmen in Lichtenberg den Zug nach Rügen. Gegen Mittag setzten wir uns am Ende der Binzer Seebrücke auf unsere Rucksäcke und legten uns die kleinen Papierschnipsel auf die Zungen. Anton ließ die Hände vom Acid und rauchte stattdessen einen Joint. Wir chillten kurz in der Sonne und wanderten anschließend die Steilküste am Fuße der Granitz entlang Richtung Sellin. Schwere Frühjahrsstürme hatten unzählige der majestätischen Buchen auf den schmalen, steinigen Strand stürzen lassen und zwangen uns zu waghalsigen Kletterpartien. Als wir den flacheren kap-artigen Vorsprung des Küstenstreifens zwischen Binz und Sellin erreicht hatten, zog ein Gewitter auf. Wir waren unschlüssig, was wir tun sollten, und berieten uns. Am Strand hinter Sellin gab es eine alte, leer stehende Diskothek aus Ostzeiten, in der man zur Not trocken schlafen konnte. Die Jungs hatten aber keine Lust, noch so weit zu laufen.

Als die ersten Regentropfen runterkamen, zog ich mich aus, weil ich nicht wollte, dass meine Sachen nass wurden. Ich verstaute alles in einem Müllsack und sprang splitterfasernackt am Strand herum. Das machte unglaublichen Spaß. Als der erste Blitz vor uns ins flache Wasser einschlug, fing ich an zu schreien und zu jubeln. Jan und Björn taten es mir gleich. Wir hüpften zu dritt durch den immer stärker werdenden Regen, sprangen durch das knietiefe Wasser und bejubelten die Blitze und den Donner wie Urmenschen während eines rituellen Tanzes. Der Himmel hatte fast dieselbe dunkle Färbung wie das Wasser und wurde von den zahlreichen Blitzen immer wieder für Sekundenbruchteile erhellt. Der Sound des Donners beeindruckte mich noch mehr als das unberechenbare Licht. Der Klang des tiefen grollenden Basses war unglaublich räumlich und laut und hielt sich lange in der Luft. Wir standen im Wasser und fühlten die mächtigen Schallwellen in unseren Körpern.

Anton verkroch sich währenddessen am Waldrand unter einer Armeeplane und schaute uns zu. Als der Regen wieder schwächer wurde und das Gewitter sich langsam entfernte, fing er an, aus dieser Plane und aufgetrennten Müllsäcken ein kleines Lager zu bauen. Nachdem der Unterschlupf fertig war, schickte er uns los, um halbwegs trockenes Holz zu sammeln. Jetzt drehten wir richtig durch. Wir rannten Urschreie ausstoßend durch den vom Regen glänzenden Wald und schleppten alte, tote Äste an den Strand. Obwohl es noch immer leicht regnete, schaffte es Anton, das Feuer in Gang zu bekommen. Die paramilitärische Ausbildung während der Jugend schien doch zu etwas gut zu sein. Als der Regen dann vollständig aufhörte, zogen wir unsere Sachen wieder an und tranken heißen Tee, den Anton für uns gekocht hatte. Während die Dunkelheit einsetzte, kamen wir langsam wieder runter. Ich starrte in das Feuer und lauschte dem Rauschen des Meeres und der Bäume. Eine große Kraft hatte sich mir offenbart. Wir schliefen eng beieinander in unseren Schlafsäcken und erwachten am nächsten Morgen bei strahlendem Sonnenschein. Nacktschnecken hatten wirre Spuren auf der Oberseite meines Schlafsackes hinterlassen. Wir frühstückten eine Kleinigkeit, bauten das Lager ab und packten unsere Sachen zusammen. Dabei redeten wir so gut wie gar nicht.

Björn suchte sich einen Stein als Andenken aus und gab mir auch einen. Dann wanderten wir langsam nach Binz zurück. Als ich am Abend bei meiner Mutter ankam, war ich noch immer schweigsam. Ich legte den Stein vom Strand in den Garten und saß lange im Dunkeln auf der Terrasse.

Während der nächsten Wochen spürte ich, dass mich der Trip verändert hatte. Ich war auf einmal ruhig, gelassen und selbstbewusst. Das Leben ging mir leicht von der Hand. Die Spiritualität des Rausches suchte ich immer wieder. Am leichtesten erreichte ich sie durch den tabaklosen Genuss von Haschisch. Manchmal kifften wir aber natürlich auch nur, um irgendetwas zu tun und die Gleichförmigkeit der Tage zu vergessen.

13.

Am nächsten Abend saß ich auf einem Drehhocker an dem alten hölzernen Tisch in Jans Küche. Ich lehnte mich an die kalkfleckige Duschkabine hinter mir und spielte mit einem Feuerzeug rum. Jan stand am Herd. Die Küche war rot gestrichen und die Farbe an den Wänden für einen Innenraum viel zu dunkel. Sie erzeugte bei dem spärlichen Licht der Reispapierlampe an der Decke eine drückende Stimmung. Die traurige Marihuanapflanze vor dem Fenster war, ohne je geerntet worden zu sein, in ihrem Farbeimer gestorben. Jan hatte sich nicht einmal die Mühe gemacht, sie von der klapprigen Fensterbrettkonstruktion zu holen und wegzuschmeißen.

Ich war mir noch nicht sicher, ob ich zu Katja fahren sollte oder nicht, und ließ die Entscheidung auf mich zukommen. Seitdem ich um die Mittagszeit herum aufgewacht war, dachte ich an nichts anderes und war furchtbar hibbelig, so als wäre draußen der erste warme Frühlingstag. Um mir die eventuell bevorstehende Nacht nicht zu verderben, kiffte ich nicht. Jan kochte leidenschaftslos. Wir aßen dünne Blumenkohlsuppe mit trockenem Graubrot. Nebenan im Zimmer dudelte irgendeine nichtssagende Musik vor sich hin. Die Suppe war eine mit frischem

Gemüse und ein paar Gewürzen angereicherte Tütensuppe und schmeckte nicht. Jans Stimmung war schlecht. Genau wie ich machte er nach unserem Ausflug in die Welt der wirklich männlichen Arbeit eine Krise durch. Man konnte nicht viel mehr unternehmen, als nachts in Clubs und tagsüber ins Museum zu gehen. Die Stadt zeigte sich von ihrer hässlichen Seite und wir taten nichts für unsere Zukunft, wenn man das Wort im Sinne unserer Eltern gebrauchte. Jetzt im November brannte einem das wieder auf den Nägeln.

Wir sprachen nicht. Ich dachte an Katja und scharrte mit meinen Füßen. In der Küche heizte ein Gamat-Gasbrenner mit offener Flamme auf höchster Stufe und verbrauchte die Luft. Jan hatte den Trick raus, wie man alle paar Wochen den Gaszähler umdrehte, und ließ das Ding Tag und Nacht laufen. Unmotiviert brach er schließlich das Schweigen.

»Und, fährste nachher nach Marzahn?«

»Wenn, dann nach Ahrensfelde.«

»Ahrensfelde? Ist das nicht auch Marzahn?«

»Ja, eigentlich schon, is aber noch schlimmer und noch weiter weg.«

»Faschos?«

»Ja, links vom Bahnhof Skins in der Wurzel und rechts Hooligans im Corny Island, im Ahrensfelder Krug haste dann beides zusammen.«

»Und? Kennste doch alles schon von früher und jetz haste außerdem auch kurze Haare.«

»Ja, das schon, ich mach mir auch keine Sorgen wegen der Faschos, die schmeißen mittlerweile am Wochenende auch Pillen und sind längst nicht mehr so krass drauf. Ich weiß einfach nicht, ob ich hinfahren soll oder nich.«

Ich blickte ihm in die Augen.

»Was würdest du denn machen?«

»Keine Ahnung, aber ich würd mich im Moment echt freuen, wenn in meinem Leben irgendwas passieren würde, auch wenn's in Ahrensfelde is.«

»Mh, wenn, fahr ich ja nicht hin, um 'ne Party zu feiern, sondern um Katja zu treffen. Also muss ich mir vorher überlegen, was ich von ihr will und was mit Marie ist und wie das alles ausgehen soll.«

»Na, wenn du dich so anstellst wie auf der Party im K-Club damals, dann passiert da gar nix mit Katja und du musst dir hinterher auch keine Vorwürfe machen.«

Er grinste. Ich nahm den Treffer hin.

»Mh.«

Er merkte, dass mir nicht zum Spaßen zumute war.

»Wie is es denn mit Marie und dir zurzeit?«

»War auf jeden Fall schon schöner. Sie quatscht mich die ganze Zeit voll, dass die Stadt scheiße is und sie aufs Land ziehen will. Die große romantische Liebe is es nich mehr und den Sex kannste auch vergessen.«

Jan blickte nachdenklich in seine Suppe.

»Mit mir und Anna war's auch schon schöner.«

»Und, biste trotzdem treu?«

»Ja, leider. Ich hab neulich auf der Insel ’ne echt schlaue Frau kennengelernt. Wir haben die halbe Nacht zusammen getanzt und gequatscht und dann war’s morgens irgendwann Thema, ob ich mit zu ihr gehe oder nich. Ich hab’s dann nich gemacht und seitdem denk ich, dass es ein Fehler war.«

»Warum? War sie so heiß?«

Er ließ den Löffel in seiner Hand ruhen und schaute mich an.

»Die war schon heiß, aber darum geht’s nich. Ich will einfach leben, Alter. Anna hat jetzt ihr Abitur und wird mich früher oder später hier sitzen lassen und ins Ausland gehen. Wie oft seh ich sie denn noch? Drei- oder viermal im Monat, wenn’s hochkommt, und dann bringt sie meistens noch irgendwelche von ihren Zehlendorfer Freundinnen mit. Ich würde lieber jemanden haben, der so is wie ich und auch mal für mich da is. Anna denkt nur noch über ihre eigene Zukunft nach und da spiel ich keine große Rolle mehr.«

»Mh, echt jetz?«

»Ja, echt. Unsere Beziehung is im Prinzip tot. Wir zögern das nur irgendwie alles raus, bis Anna weggeht.«

»Dann trenn dich doch von ihr.«

»Na, wenn das so einfach wäre, hätte ich das längst gemacht. Könntest du dich von Marie trennen?«

»Mh, ich hab keine Ahnung. Ich glaub, das wär echt scheiße für sie.«

»Siehste. Sitze in derselben Klemme. Du solltest da trotzdem heute hinfahren. Überleg mal, du hast das ganze Jahr von der Frau geredet und jetz hat sie dich zu ihrem

Geburtstag eingeladen. Müsstete ja doof sein, wenn du nicht hinfahren würdest. Hinterher musste halt den Arsch in der Hose haben und es Marie beibringen. Sie wird dich bestimmt dafür hassen.«

Er sah mich mit einem klugen Lächeln um die Augen herum an.

»Na, das is ja jetz 'ne tolle Aussicht. Mach's und sei ein Arschloch oder lass es und fühl dich hinterher scheiße.«

»So is nun mal grob umrissen die Lage. Glaub mir, wenn du es nicht machst, wirste danach die ganze Zeit darüber nachdenken und deinen Frust an Marie auslassen.«

»Also sollte ich hinfahren, meinst du?«

Er schob seinen halbvollen Teller weg und blickte auf den Tisch vor sich.

»Musst du wissen, is ja dein Leben.«

Eine Stunde später lief ich, ohne noch mal in meiner Wohnung gewesen zu sein, zum Ostkreuz. Es war schon nach zehn und die Straßen trotz des Freitagabends ziemlich leer. Die Kälte und die Dunkelheit fesselten die Leute an ihre Höhlen. Ich setzte die Kapuze meiner Daunenjacke auf und vergrub meine Hände in den Seitentaschen. Auf dem Bahnsteig standen ein paar Kids, die auf dem Weg in die Stadt waren. Ich stieg mal wieder in den Zug nach Marzahn. Im Waggon saßen wenige Menschen im unvorteilhaften Neonlicht. Ein paar Theaterbesucher auf dem Weg nach Hause waren zu gut angezogen und fühlten sich deswegen sichtbar unwohl. Zwei Teenager stritten um die Aufmerksamkeit eines Mädchens mit blond gefärbten Haaren und redeten zu laut. Ich blickte aus dem Fenster in die Nacht. Der Zug fuhr die so vertraute Strecke und doch fühlte ich mich wie auf einem nie zuvor gegangenen Weg. Das Kribbeln in meinem Bauch war noch stärker geworden.

Auf der Fahrt zum Nöldnerplatz sah man rechter Hand den Bahnhof Rummelsburg, der auf der Erknerstrecke lag. Ich hatte Lichtenberg immer gemocht. Die alten Häuser und Hinterhöfe mit ihren kleinen Gärten und Geheimgängen waren jahrelang mein Revier gewesen. Nicht weit vom Bahnhof, in Richtung unserer alten Wohnung, befand sich früher das von allen Kindern der Gegend geliebte Eiscafé Liliput. Dort hatte es Kugeleis in der Muschelwaffel und nicht das sonst übliche Softeis gegeben. Am Treppenabgang vom Bahnsteig standen jetzt aufgedonnerte Mädchen in knappen Röcken und kurzhaarige Typen mit Bomberjacken lärmend in Gruppen herum. Sie sammelten sich, um ins Elpro zu gehen. Die Disko lag im Niemandsland zwischen Friedrichshain und Lichtenberg und erfreute sich bei einer bestimmten Gruppe von Vorstadtmenschen größter Beliebtheit. Es waren keine wirklichen Faschos, eher alte BFC-Hooligans und Leute, die auf den Hooligan-Lifestyle standen: feiern, boxen, scharfe Bräute und teure Klamotten.

Lichtenberg. Ich musste noch immer auf das unscheinbare Gebäude kurz vorm Bahnhof schauen, in dem zu Ostzeiten der Intershop gewesen war. Unzählige Male waren wir als Kids mit unseren Rädern dorthin gefahren, um uns die Nasen an den Glasscheiben der Auslagen platt zu drücken. Matchbox-Autos, Rekorder mit Doppelkassettendeck, Ärzte-Platten, Quarzuhren, Adidas-Turnschuhe und alle Sorten Süßigkeiten und Spielsachen, die wir aus der Fernsehwerbung kannten, hatte es dort gegeben. Den Geruch dieses unerreichbaren Luxus hatte man umsonst bekommen. Eine Querstraße weiter befand sich früher der Fahrradladen vom Sachsen. Hier kauften wir uns von unserem Altstoffgeld so unsinniges Zeug wie Zweitklingeln, Rückspiegel, Katzenaugen und Nabenputzringe und motzten unsere Fahrräder damit auf.

Auf dem Bahnsteig standen ein paar Leute herum und ich beobachtete genau, wer ein- und ausstieg. Seitdem sich in der Kneipe im Untergeschoss des Bahnhofs täglich Parteinazis und Skinheads trafen, fühlte ich mich hier nachts allein nicht mehr wohl. Auf dem Weg nach Friedrichsfelde Ost fuhr der Zug an dem bei Sprühern sehr beliebten offenen S-Bahn-Depot vorbei. Der Bahnhof selbst war unglaublich hässlich; schmutziggrauer Beton und schmutzigblau gestrichene Stahlträger. Einzig der noch gut erhaltene »Razia«-Schriftzug in den für Razia typischen Blau- und Silbertönen schmückte ihn etwas. Die Leute stiegen zwischen den Zügen nach Marzahn und denen nach Strausberg um. Auch hier gab es wieder rauchende und grölende Jugendliche in Gruppen, nur dass sich die Mädchen nicht mehr die Mühe machten, sich hübsch anzuziehen.

Der Zug verließ den Bahnhof und legte sich in eine lang gezogene Linkskurve. Die Wände vor den Tunneln und unter den Brücken waren voller Graffitis der örtlichen Crews: Lords OF Doom, Ghost City Kids, Berlin MassacreS, East Side Krew. Der Fahrer hupte vor jedem Tunnel, um die Sprüher zu warnen und sich selbst ein Trauma zu ersparen. Im Dunkeln nahm ich die Bilder nur schemenhaft wahr. Einzig die im neuen Stil in Chromsilber und Hitzerot gebombten Sachen waren selbst in der Nacht deutlich zu erkennen. Der Zug bewegte sich aus der Kurve heraus und fuhr parallel zur Märkischen Allee geradeaus weiter nach Norden. Bis zu seiner Endstation blieb er jetzt neben der breiten Straße, die Marzahns westliche Grenze bildete. Auf der rechten Seite sah ich die ersten Elfgeschosser von Marzahn eins. Der Zug rollte unter der Allee der Kosmonauten hindurch und in den Bahnhof Springpfuhl ein.

Wenn Marzahn überhaupt so etwas wie eine Seele hatte, dann wohnte sie hier. In Reichweite der Station befanden sich das Kino Sojus, die Schwimmhalle, das Rathaus, der KDM und die Wiesen am Springpfuhl, auf denen man bei schönem Wetter in der Sonne rumhängen konnte. Fast alle Leute, die ich in Marzahn kannte, lebten hier. Selbst in den schlimmen Jahren Anfang der Neunziger hatte man sich hier zu jeder Tages- und Nachtzeit relativ angstfrei bewegen können. Mein Waggon leerte sich deutlich. Springpfuhl war die letzte Möglichkeit, in die Züge nach Wartenberg umzusteigen, und außerdem verkehrten auf der Allee der Kosmonauten die Straßenbahnen, die das östliche Marzahn an die S-Bahn anbanden.

Ich fuhr weiter Richtung Poelchaustraße. Der Weg vom Bahnhof zur ungeliebten Albert-Einstein-Schule hatte mich hier täglich an der Feuerwehr vorbei-, über die Märkische Allee und um das Polizeirevier herumgeführt. So viel Autorität musste einfach einschüchtern. Unsere Lehrer, die zum größten Teil schon vor der Wende an der Schule unterrichtet hatten, taten ihr Übriges. Sie hatten sich ein Jahr nach dem Mauerfall noch nicht an die Tatsache gewöhnt, dass wir uns jetzt selbst und nicht mehr dem Staat gehörten. Noch immer waren Disziplin und Gutgläubigkeit die beliebtesten Schülertugenden. Die Antwort der Jugendlichen auf die strenge Fortführung ihrer undemokratischen Erziehung war zu 95 Prozent Anpassung und Arschkriecherei und zu fünf Prozent Rebellion. In unserer Antireaktion beschimpften wir die Lehrer als Stasi-Schweine und Stalinisten, zerstörten die Schuluhr im Sekretariat, warfen unseren Müll über die Mauer ins benachbarte Bullenrevier, stahlen, was wir wollten, in der nahe gelegenen Kaufhalle oder dem Medimax am Bahnhof, zerschlugen Toiletten, besprühten nachts die Wände der Turnhalle und prügelten uns mit unseren Mitschülern, wenn sie sich unsere Provokationen nicht gefallen ließen. Das in eisernen Buchstaben im Foyer festgehaltene Zitat Einsteins war uns eine ständige Legitimation:

Der Mensch kann in seinem kurzen und gefahrenreichen Leben einen Sinn nur finden, wenn er sich dem Dienst an der Gesellschaft widmet.

Unser Dienst an der Gesellschaft war, dass wir unserer Umwelt den Aufstand gegen die staatliche und kulturelle Bevormundung und die faschistische und gleichmacherische Erziehung vorlebten. Wir hatten genug von den Uniformen. Unsere Mitschüler trugen jetzt alle knallrote und komisch-blaue Pash-Jeans, LA Gear-Turnschuhe und Billigcollegejacken der Marke Best Of America. Dazu hörten sie New Kids on the Block, Fine Young Cannibals und 2 Unlimited. Wir kauften getragene Kleidung in Kreuzberg, gingen nicht mehr zum Frisör und suchten Kraft für unser Anderssein bei Ian Curtis, Robert Smith und Morrissey. Unser Aussehen machte uns auf dem Weg zur Schule und zurück zur Zielscheibe stumpfer Gewalt. Ich verließ die Einstein nach zwei langen Jahren freiwillig, um mein Abitur zu retten und nicht länger am S-Bahnhof von Faschos aufs Maul zu bekommen.

Der Zug fuhr jetzt unter der Landsberger Allee hindurch. Am Bahnhof Marzahn fing endgültig Feindesland an. Hier gab es noch einmal so etwas wie Infrastruktur, ein Kaufhaus, ein neues Kino, eine Bowlingbahn und ein paar Geschäfte. Ich kannte hier niemanden und fuhr nicht freiwillig her. Aufmerksam beobachtete ich weiterhin, wer zu mir in den Zug stieg, und tat so, als wäre ich entspannt. Raoul-Wallenberg-Straße. Warum mussten solche Orte Namen tragen, die nichts mit ihnen zu tun hatten? Warum hießen sie nicht einfach »Hässlicher S-Bahnhof an der Ausfallstraße mit Wohnghetto für eine Arbeiterklasse, die nicht mehr arbeitet«?

Mehrower Allee. Außer dem neu entstehenden Gewerbegebiet gab es hier die Poliklinik zur medizinischen Versorgung der übrig gebliebenen hunderttausend Marzahner und die Kinder-Nazi-Disko Ringkolonnaden. Auf dem Weg nach Ahrensfelde riss die Bebauung mit Neubaublocks auf der rechten Seite zum ersten Mal seit fünf Stationen ab. Der Zug fuhr über den zur Wuhle hinführenden Kanal. Nördlich des Kanals erstreckten sich ausgedehnte, ungepflegte Wiesen, hinter denen Ahrensfelde mit seinen nur noch sechsgeschossigen Blocks anfing. Als Teenager hatte ich einmal einen Sommer lang eine Freundin gehabt, die genau dort in der Flämingstraße gewohnt hatte, wo die Blocks an die Freifläche grenzten. Seitdem waren fünf Jahre vergangen und ich konnte mich nicht daran erinnern, in der Zwischenzeit nachts zu Fuß in Ahrensfelde unterwegs gewesen zu sein.

Ich stellte mich früh an die Tür und öffnete sie, nachdem ein Klicken ihre Entriegelung angezeigt hatte. Mit dem Schwung des noch leicht rollenden Zuges ging ich den Bahnsteig in Fahrtrichtung entlang und ignorierte eine Gruppe kurzhaariger Typen, die um eine Bank herum lagerte und trank. Ich überquerte die Märkische Allee, ohne die Überführung zu benutzen, und lief in die Blocks hinein. Katjas Straße und ihren Aufgang fand ich ziemlich schnell. Ich war spät, hatte kein Geschenk, ich fühlte mich fremd und war aufgeregt.

Auf mein schüchternes Klingeln hin wurde die Haustür aufgemacht, ohne dass ich an der Wechselsprechanlage mit jemandem reden musste. Flur und Treppen zeugten von einer intakten Hausgemeinschaft. Sie waren sauber und die Wände frei von Tags oder Hakenkreuzen. Die Fußmatten lagen sorgsam ausgerichtet an den Schwellen und auf den Fensterbrettern der Zwischenetagen standen Pflanzen in Hydrotöpfen. Das alles erinnerte mich an unser Haus im Hans-Loch-Viertel. Nur der Aushang mit der Einteilung des Kehrdienstes fehlte. Katjas Wohnungstür im vierten Stock war weit geöffnet, sie wartete im dahinter liegenden Flur auf mich. Wir sahen uns vorsichtig und erwartungsvoll in die Augen.

»Schön, dass du gekommen bist.«

Sie sah glücklich aus.

»Alles Gute zum Geburtstag. Ich hab kein Geschenk dabei.«

»Macht nichts, Hauptsache du bist da.«

Das klang ehrlich. Ich nahm sie schüchtern in den Arm und küsste sie unverbindlich auf beide Wangen. Sie legte mir dabei ihre Hände auf den Rücken und gab mit ihrem Körper weich nach. Dann zog ich meine Schuhe aus und folgte ihr ins Zimmer, in dem ein kleines strohblondes Mädchen und ein bäriger Typ mit Bart auf dem Fußboden saßen.

In dem Raum stand ein schmales eisernes Bett, das mithilfe eines halbtransparenten Stoffes, der ein Moskitonetz gewesen sein konnte, zu einem Himmelbett umgebaut worden war. Neben dem Bett befand sich eine unscheinbare Kommode und darauf ein kleiner schwarzer Fernseher.

Einen Tisch gab es nicht, dafür zwei große Fenster mit aufgezogenen Vorhängen, die den Blick auf verschachtelt stehende Neubaublocks erlaubten. In den meisten Wohnungen flimmerten Bildschirme und man konnte an der Synchronizität der Lichtwechsel zwei oder drei hauptsächlich gesehene Programme ausmachen. Diese Aussicht erinnerte mich ebenfalls an Lichtenberg. Aus meinem Bett hatte ich nachts immer auf die drei Achtzehngeschosser an der Dolgenseestraße geblickt und die Muster der erleuchteten Fenster beobachtet.

Katja stellte mich den beiden anderen Gästen vor, die aus ihrer Schule waren. Wir gaben uns förmlich die Hand und saßen dann gemeinsam auf dem Boden rum. Der einfarbige, dunkle Textilbelag fühlte sich kratzig an. Ich suchte nach einer bequemen Sitzposition und lehnte mich schließlich an einen Heizkörper. Ein alter Rekorder stand unter einem der Fenster und spielte ein Dancehall-Tape. Er sah nach einem Jugendweihegeschenk aus. An der einen Seite war das Zimmer türlos mit einer kleinen Küche verbunden, die ebenfalls ein großes Fenster hatte. Zimmer und Kochnische trennte ein Holzperlenvorhang. An die Decke des Zimmers hatte Milan einen blauen Himmel mit weißen Wattewolken gesprüht, darunter hing eine einfache Leuchte mit Schirm.

Ich übte mich die nächste Stunde darin, normal mit Katja zu reden und ihr in die Augen zu sehen. Beides fiel mir schwer. Das Gespräch drehte sich um Bücher. Der große Typ stand auf Hemingway und Katja auf Boris Vian. Jetzt bei ihr zu Hause wirkte sie viel schüchterner und verletzlicher als sonst. Sie trug das schwarze Kleid, in dem ich sie kennengelernt hatte, war dezent geschminkt und schenkte uns dreien Rotwein nach. Sie selbst trank Wasser. Ich fragte mich, ob sie sich für mich so hübsch gemacht hatte. Ihre Blicke bejahten die Frage und machten mich nervös. Das Gespräch lief an mir vorbei. Ich beobachtete eine Strähne von Katjas rotem Haar, die auf ihrem ebenmäßigen Gesicht lag. Mir war nicht klar, wie wir den Abend verbringen würden, bis sie jedem von uns etwas MDMA gab. Das blonde Mädchen war deswegen sichtlich aufgeregt. Sie wurde feierlich und ernst. Drogen schienen weder für sie noch für den bärtigen Riesen Normalität zu sein. Er sah der neuen Erfahrung mit gespielter Coolness entgegen und ließ sich nichts anmerken. Ich hasste es, mit Leuten was zu nehmen, die das zum ersten Mal taten, und versuchte den rituellen Charakter der Situation aufzulösen, indem ich Witze erzählte. Wir lachten ein bisschen zusammen und schluckten dann jeder eine krümelige Pille.

Eine Viertelstunde später zogen wir uns an und verließen das Haus. Wir liefen Katjas Block entlang und dann nach Norden, an der Wendeschleife der Straßenbahn und dem Abenteuerspielplatz vorbei in das Dorf Ahrensfelde hinein. Wir überquerten die Dorfstraße bei der Kirche und folgten einige Hundert Meter weiter den Gleisen der Regionalbahn nach Tiefensee bis zum Eingang des alten Friedhofs. Über den parkähnlich angelegten Friedhof gelangten wir in den dahinter gelegenen Wald. Die Bäume dort erschienen mir elfenhaft, kleinwüchsig und seltsam gebogen. Zudem war der Boden ungewöhnlich wellig und das Netz der Wege sehr dicht. In den Senken sammelte sich Nebel, der im Mondlicht sonderbar leuchtete. Ich fühlte mich verzaubert und beglückt. Katja hielt mich an der Hand und zog mich ab und zu an sich heran. Das Küken und der Bär liefen in Rufnähe vor uns. Wir küssten uns vorsichtig. Ihre Lippen waren sanft und kühl. Ich ertastete ihren Körper unter den dicken Wintersachen. Wann immer wir an eine Grenze des Waldes gelangten, drehten wir um und begaben uns zurück in seine Obhut. Irgendwann fing Katja an zu singen und wir anderen stimmten stellenweise ein. Unsere Stimmen klangen in dem Wald gedämmt und lustig miteinander. Wir jagten uns dann alle vier gegenseitig, bewarfen uns mit Laub, badeten in den Nebelbecken und spielten Verstecken, bis wir durchgefroren waren. Auf dem Rückweg wurden Katja und ich beim Küssen leidenschaftlicher. Wir liefen jetzt Arm in Arm.

Als wir zurück in die Wohnung kamen, war es früher Morgen und wir waren erschöpft. Katja zündete Kerzen an, kochte Tee und las uns Märchen vor. Zwischen sechs und sieben brachen das Küken und der Bär auf. Wir löschten die Lichter und zogen uns, ohne zu reden, im Stehen aus. Ich berührte Katjas Brüste, ihren flachen Bauch und den niedlichen Po. Sie legte mich auf ihr Bett, zog mir ein Kondom über den Schwanz und setzte sich auf mich. Unser Sex war ziemlich ruppig und passte nicht zu dem verträumten Abend. Das eiserne Bett quietschte und wackelte und

Katjas Gesicht war von Leidenschaft verzerrt. Obwohl das MDMA meinen Orgasmus ziemlich lange hinauszögerte, ließ sie mich nicht auf ihr liegen. Draußen begann der Tag. Als es vorbei war, schlief ich etwas verwirrt und glücklich mit meinem Kopf an ihrer Brust ein.

Am Samstag erwachten wir um die Mittagszeit aus unserem leichten Drogenschlaf und wussten nicht, was wir einander sagen sollten. Der Tag war von einem helleren Grau. Wir lächelten uns an und ich genoss es, Katjas Haut auf meiner zu spüren. Sie drehte sich von mir weg und ich küsste ihren Nacken und atmete den Duft ihres Haares ein. Sie gab sich mir hin. Wir verbrachten den Rest des Tages im Bett und unsere Körper gewöhnten sich langsam aneinander. Spät abends kochten wir etwas zu essen und redeten ein bisschen über uns. Milan und Marie umschifften wir dabei.

Danach wollte Katja unbedingt in die Stadt fahren und zum Reggae tanzen. In der Kulturbrauerei war Deeroy's Urban Bass. Sie legte ein Tape ein und bewegte sich zur Musik. Ich hatte keine Lust. In dem kleinen Nest am Rande der Stadt fühlte ich mich wie im Urlaub. Die Clubs im Prenzlauer Berg waren eine ferne, emotional abgedroschene Welt und ich zu müde für die lange Reise. Ich wollte mit Katja im Bett bleiben. Wir stritten uns fast deswegen. Ich glaube, ich hatte auch Angst davor, jemanden zu treffen, dem ich die Sache mit Katja und mir hätte erklären müssen.

Am Ende ließ Katja mich einfach in ihrem Bett liegen und fuhr allein. Ich sah ein bisschen fern, was ich sonst nirgendwo konnte, rauchte ein Pfeifchen und schlief ein. Als sie zurückkehrte, legte sie sich nackt zu mir. Ihr Haar roch nach Rauch und ihre Arme umschlangen mich gierig. Sonntagabend bat sie mich zu gehen. Sie meinte, dass sie es am Montag sonst nicht in die Schule schaffen würde. Ich fuhr allein in die Stadt zurück. Der Zug war fast leer. Auf dem Weg nach Hause schaute ich aus Gewohnheit bei Jan vorbei, der nicht da war. An seiner Wohnungstür hing ein Zettel, der mir sagte: »Sind im Humanus.« Sonntags gingen wir manchmal in den billigen Italiener auf der Boxhagener und aßen Lasagne. Ich hatte keine Lust auf den vollen und verrauchten Raum und lief weiter zur Weser. In meiner ausgekühlten Wohnung wusste ich nichts mit mir anzufangen. Ich heizte den Ofen, legte mich ins Bett, dachte an Katjas Haut und schlief ein.

14.

In dem zweiten Albtraum, den ich als Kind immer wieder hatte, sitze ich mit meiner gesamten Familie in einem kleinen Haus, das aus nur einem einzigen Zimmer besteht und schlicht eingerichtet ist. Ich lasse meinen Blick in dem Raum umherwandern und sehe meine Großeltern Ingeborg und Friedrich, meine Mutter, meine Tante Ingrid und ihre beiden Töchter, die sie mit dem zu früh verstorbenen Bruder meiner Mutter bekommen hat. Meine Cousinen sind ein paar Jahre älter als ich, haben fast blondes, glattes Haar und verträumte mandelförmige, graublaue Augen.

Wir sitzen auf verschiedenartigen Stühlen um einen vom Gebrauch abgenutzten Tisch herum und blicken fest und unausweichlich auf die Tür, ohne uns gegenseitig viel Aufmerksamkeit zu schenken. Das Haus ist aus ungestrichenem Holz gebaut, hat einen abgelaufenen Dielenboden und an allen Seiten und in der Tür große Fenster. Es sind einfache Fenster, wie die in einer Gartenlaube oder in einem Schuppen. Sie lassen einen so viel von der Umgebung sehen, dass man das Gefühl hat, in einem Glashaus zu sitzen. Über dem Tisch brennt eine schwache Lampe. Sie hat einen schlichten Glaskörper und erzeugt ein gelbes Licht. Draußen ist tiefblaue Nacht. Man sieht weder Sterne noch den Mond. Das Haus steht auf einem Hügel oder kleinen Berg, der völlig baumlos und mit knöcheltiefem Gras bewachsen ist. Ein Weg führt die Anhöhe hinauf. Er ist leicht gewunden, um den steileren Stellen des Hügels auszuweichen, und endet direkt an der Tür des Hauses. Man kann nicht sehen, was jenseits der Erhebung ist. Es fühlt sich aber so an, als wäre der Hügel von einem dichten Nadelwald umgeben. Der Weg selbst ist mit kleinen, runden, unbehauenen Steinen gepflastert, die eher große Kiesel als Pflastersteine sind.

Durch die rechteckigen Glasflächen in der Eingangstür kann man ihn dann sehen. Zuerst zeichnet sich seine schwarze Kutte nur schwach gegen das tiefe Blau der Umgebung ab, doch je näher er mit seinen langsamen und bestimmten Schritten auf uns zukommt, desto deutlicher ist er zu erkennen. In seiner rechten Hand hält er einen Stab, der ihn fast überragt. Der Stab ist schmucklos und aus hellem und trockenem Holz, nicht verschnörkelt oder verziert, aber krumm genug, um sein Vorleben als Ast zu verraten. Mit jedem seiner Schritte wächst die Anspannung im Haus. Wir reden nicht miteinander. Auch berührt niemand den anderen. Ich blicke als Einziger nicht ununterbrochen auf die Tür, sondern beobachte zwischendurch die Gesichter meiner Familie. Sie sind von Angst und Ungewissheit verzerrt und werden mir im Rhythmus des trockenen Aufsetzgeräuschs seines Stabes fremder. Meine Großmutter umklammert mit all ihrer Kraft die Lehne ihres Stuhles, sodass die Adern auf ihren feingliedrigen und altersfleckigen Händen hervortreten. Dabei weint sie leise und murmelt weltlich abgeschliffene Gebete.

Auch die anderen Erwachsenen fangen jetzt nacheinander an zu weinen und teilweise unverständliche Dinge vor sich hin zu stammeln. Es ist allerdings kein Weinen der Trauer, sondern eines der stetig größer werdenden Angst, ein Wimmern der Verzweiflung, die keine Hoffnung auf Gnade lässt. Noch bemühen sie sich, nicht die Kontrolle über sich zu verlieren, und mein Großvater zeigt einen letzten Rest von Würde. Wir Kinder blicken uns ungläubig an und wissen nicht, bei wem wir Zuflucht suchen sollen. Jeder einzelne von uns scheint allein zu sein.

Wenn er nur noch wenige Schritte von der Tür entfernt ist, fangen die Ersten an, laut zu schreien und unter den Tisch zu krabbeln. Dort sind sie genauso gut zu sehen wie zuvor. Das Haus kennt keine Verstecke und der Hügel keine Flucht. Wir berühren uns jetzt, doch nicht wie Sorgende oder Liebende, sondern wie Ertrinkende. Große Finger graben sich schmerzhaft in das Fleisch meines Armes. Ich sehe deutlich, wie er vor der Tür stehen bleibt und seinen Stab an die Hauswand lehnt. Die nun freie rechte Hand legt er auf die Klinke. Sie ähnelt der eines Menschen, ist aber dunkler und kräftiger, wie die eines Tieres. So stehend verharrt er einige Augenblicke, in denen die Angst im Raum ein unvorstellbares Maß jenseits der Hysterie erreicht. In dem Moment, in dem das Wimmern und die Rufe dann wieder etwas abebben und sich meine Familie langsam in ihr Schicksal fügt, öffnet er die Tür und tritt zu uns ins

Haus. Er macht einige Schritte, bis er die Raummitte erreicht. Wir verstummen aus Furcht vor ihm vollständig und sitzen bewegungslos in unseren Posen der Qual. Niemand wagt es, den Blick auf ihn zu richten. An dieser Stelle erwachte ich stets aus dem Traum.

15.

Am Montagmittag hatte ich immer noch keine Lust, mir die Fragen zu stellen, die im Raum standen. Ich wollte nicht nachdenken und versuchte vergeblich, wieder einzuschlafen. Als es mir nicht länger gelang, meine Augen geschlossen zu halten, kletterte ich unwillig vom Hochbett runter, zog mir saubere Sachen an und ging in den Rewe-Markt an der Ecke, um einzukaufen. Der Sex und die Drogen hatten ein rock'n'rolliges Gefühl in meinen Knochen zurückgelassen.

Nach dem Frühstück putzte ich meine Küche und setzte mich dann an den Schreibtisch, um zu malen. Dabei konnte ich meine Gedanken am besten sortieren. Mit einem alten Bleistift zog ich die weichen, schwungvollen Outlines von Oldschool-Styles und malte sie dann, wenn sie perfekt saßen, dünn mit schwarzer Tusche nach. Anschließend gab ich dem Innenbereich der Buchstaben mithilfe von Copic-Stiften horizontal geschichtete Farbverläufe. Am liebsten hatte ich helles Blau, Gelb und Orange. Waren die Buchstaben fertig, zog ich mit einem dickeren Filzstift saubere Outlines um sie herum. Den Stift konnte man dabei nicht willkürlich an- und absetzen, weil das Spuren hinterließ. Zum Schluss malte ich angedeutete Hintergründe, die aus spacigen Bubbles, Sternen und Vierecken bestanden und nur dezent koloriert wurden. Das Ergebnis sah ein wenig nach Odem von '91 aus, war aber etwas runder und nicht ganz so kompakt. War ein Style fertig, fing ich mit dem nächsten an. Ich hörte Musik und wenn ich ab und zu vom Papier aufsah, blickte ich wie immer auf den Fußballplatz.

Sicher war, dass Marie die Sache mit Katja nicht einfach hinnehmen würde und dass ich es auch nicht vor ihr geheim halten konnte. Sie kannte mich einfach zu gut und ahnte wahrscheinlich schon, dass irgendetwas nicht stimmte. Dafür sprach auch das wortlose Atmen auf meinem Anrufbeantworter.

Ungewiss war, was zwischen Katja und mir sein würde. Wenn ich an sie dachte, spürte ich meinen Bauch heiß werden, ein Kribbeln zwischen den Beinen und ein leichtes Lächeln auf meinem Mund. Doch ich fühlte auch Schuld gegenüber Marie. Im Moment war ich mit zwei Frauen gleichzeitig zusammen und das gefiel mir nicht. Je länger ich am Tisch saß und Coltranes »Olé« hörte, desto mehr gewöhnte ich mich an die Unabänderlichkeit dieses Montags. Ich musste Marie wehtun, um mein Leben so zu leben, wie ich es wollte, um das zu behalten, was ich in den Armen gehalten hatte. Das war nicht schön. Sie war der letzte Mensch auf der Welt, den ich verletzen wollte, auch wenn sie mir mit ihrem Wagenburgökokräutergerede in den letzten Wochen etwas an den Nerven gezerrt hatte.

Ich schrak zusammen, als es an der Tür klingelte, und war dann erleichtert, Anton im Flur zu sehen.

»Na, wie geht's? Dich hab ich nich erwartet. Komm rein.«

Er fiel mir ins Wort:

»Ey, du musst sofort mit zu Jan kommen, dem geht's gar nich gut und ich weiß echt nich, was ich machen soll.«

Anton war aufgeregt und außer Atem und hatte Schweißperlen auf der Stirn. Trotzdem kamen die Wörter langsam und tief aus seinem großen Körper. Ich zog mich, ohne zu zögern, an und ging mit ihm die Treppen hinunter. Auf dem Weg erzählte er, dass Jan am späteren Freitagabend den Entschluss gefasst hatte, mit dem Kiffen aufzuhören, und sich seine Stimmung seitdem zuspitzte. Als wir in den dunklen Hof kamen, war er gerade dabei, mit voller Wucht gegen einen Müllcontainer zu treten und zu schreien.

»Is doch alles Kacke! Das ganze tolle Leben is fürn Arsch! Erst biste Kind und wirst von allen ins Hirn gefickt und dann sollste dein ganzes Leben in diesem Scheißstaat mit diesem Scheißwetter arbeiten gehen!«

Auf die letzte Silbe getaktet versetzte er dem Rollcontainer einen Tritt, der jeden Bullen in Demouniform von der einen Seite der O-Straße auf die andere geschossen hätte.

»Aaah!«

Er schüttelte seine Fäuste in der Luft. Anton versuchte es behutsam.

»Mann, Jan, was is denn los?«

Ohne Anton anzusehen, gab er zurück:

»Ick kann nich mehr!«

Er fing wieder an, auf den Müllcontainer einzutreten, diesmal mit kurzen Kicks auf Kniehöhe. Die Bewohner des

Hofes schauten aus ihren Fenstern, sagten aber nichts. Wir standen etwas dämlich daneben und Anton probierte es nach zwei Minuten erneut.

»Alter, entspann dich doch bitte erst mal ein bisschen, deine Nachbarn und der Müllcontainer können doch auch nix dafür, dass du scheiße drauf bist. Wir haben doch alle mal ein paar schlechte Tage und es ist doch auch bald Weihnachten und dann fliegt ihr nach Indien und da scheint dann die Sonne und alles is wieder gut.«

Jan blieb stehen und fing an zu heulen. Ich konnte gar nichts sagen.

»Und was ist danach? Hä? Dann komm ich wieder und hab dieselbe Scheiße wie jetz! Was soll ich denn mit meinem Leben machen? Ich hab keinen Bock mehr, zur Uni zu gehen, und ich hab auch keinen Bock, irgendeinen Scheißberuf zu lernen! Und diese ganzen Hiwi-Jobs bringen doch auf Dauer auch nix.«

Er trat noch einmal müde gegen den Container.

»Dann machste eben was anderes, Mann. Was is denn so schlimm daran, wenn du da erst im Frühling drüber nachdenkst und jetz mal runterkommst? Wolln wir nich zu dir hochgehen und erst mal 'nen Tee trinken?«

Die Kräfte kehrten in seinen Körper zurück. Er stellte sich breitbeinig hin, sah zu seinen Fenstern hinauf und schrie:

»Ich will nich mehr in dieser scheißkalten Hinterhauswohnung leben, in die niemals die Sonne scheint! Das ist doch ein Grab und keine Wohnung!«

Nach einigem Hin und Her gingen wir ins Übereck in der Sonntagstraße und tranken Tee. Jan beruhigte sich wieder und verfiel in eine gleichgültige Stimmung. Das Problem blieb natürlich bestehen. Er hatte keine Freude an seinem Leben. In den letzten zwei Jahren hatte er gefeiert und gearbeitet, Anna kennengelernt, Bücher gelesen, war viel gereist, hatte als Straßenmusiker Geld verdient und an der Uni genau einen Schein zur Geschichte Berlins gemacht. Dabei hatte er so viel Lebensfreude und Glück ausgestrahlt, dass ich immer gern in seiner Nähe gewesen war. Er hatte immer eine tolle Idee oder einen spannenden Plan gehabt und uns ständig in Bewegung gehalten. Er war wie ein guter Stern in meinem Leben gewesen, klar und hell und ohne Zweifel. Jetzt sah er keine Perspektive für sich und war ausgebrannt. Er freute sich auf nichts, nicht einmal auf unseren Indientrip, und zweifelte an all dem, woran er sonst fest und ohne darüber nachzudenken geglaubt hatte. Sein eigenes Leben zu leben, anders als unsere Eltern und anders als die Leute auf der Straße, war auf einmal wertlos für ihn. Es schnürte mir die Kehle zu, ihn so zu sehen. Zum ersten Mal seit Monaten saßen wir zusammen, ohne etwas zu kiffen, und fühlten uns schlecht.

Als ich gegen zehn nach Hause kam, legte ich mich direkt ins Bett. Eine halbe Stunde später klingelte es wieder an der Tür und ich wusste sofort, dass es Marie war. Ich kletterte vom Hochbett, zog mir eine Hose an und machte ihr die Tür auf. Sie sah hinreißend und traurig aus. Meiner Meinung nach wusste sie, was los war, nachdem wir uns in die

Augen gesehen hatten. Ich kochte Tee und erzählte ihr alles. Sie weinte und blieb in dieser Nacht zum letzten Mal bei mir. Wir kuschelten noch einmal miteinander, ohne uns ganz auszuziehen, und schliefen dann, wie so oft zuvor, eng umschlungen ein. Marie war dabei sehr ernst. Ihre Offenheit und die Wärme ihres Körpers berührten mich. Als wir am nächsten Morgen aufwachten, gab sie mir einen Kuss, löste sich aus meinen Armen und ging, ohne zu frühstücken oder noch etwas zu sagen. Ich blieb im Bett liegen und war aufgewühlt.

Später konnte ich nicht zeichnen. Die Linien hatten keine Spannung und sahen aus, als gehörten sie nicht zusammen. Ich saß am Schreibtisch und starrte auf den Fußballplatz. Dabei hörte ich das *Disintegration*-Album von The Cure in ohrenbetäubender Lautstärke. Ein paar Jugendliche wurden zum Schulsport durch das trübe Wetter gejagt. Die Sache mit Marie lag mir quer im Magen. Ich fühlte mich nackt und kalt und kratzte mit dem Stift über das Papier, um nicht in eine totale Starre zu verfallen. Gegen zwei rief Katja an.

»Krischan?«

»Ja.«

»Hi, ich bin's. Du, ich muss dich unbedingt heute noch sehen.«

Ich konnte hören, dass sie glücklich, überdreht und in einer Telefonzelle war.

»Gern. Willst du zu mir kommen?«

»Ja. Ich komme aber gleich. Was hältst du davon?«

»Ja, okay, von mir aus. Wo bist du denn jetzt?«

»Bei meiner Schule, in Biesdorf.«

»Dann hol ich dich am Ostkreuz ab. Ich geh gleich los.«

»Okay, bis gleich.«

Ihre Freude steckte mich ein wenig an und ich spürte eine unbestimmte Aufregung in meinem Bauch. Ohne den Stift noch einmal in die Hand zu nehmen, stand ich auf, zog mir Schuhe und Jacke an und ging zum Bahnhof. Die Stadt war warm genug, um schlecht zu riechen. An der Ecke vorm Grillo traf ich Anton.

»Warste bei Jan?«, fragte ich ihn.

»Ja, kurz, ich weiß aber auch nich, was mit ihm los ist. Er sitzt in seiner Wohnung und redet über die Sachen, die er nicht gemacht hat und für die es seiner Meinung nach jetzt zu spät ist. Ich kann ja aber die Uhr auch nicht rückwärts drehen und vernünftig mit ihm zu reden, bringt auch nix. Das Leben is nun mal, wie es ist.«

»Mh. Vielleicht sollte er einfach mal ein Pfeifchen rauchen, würde ihn bestimmt entspannen.«

»Hab ich ihm auch vorgeschlagen, aber er meint das voll ernst mit dem nich Kiffen.«

Wir sahen uns an. Jetzt, wo es ihm schlecht ging, hatten wir beide keinen Bock, mit Jan rumzuhängen, und irgendwie schämten wir uns dafür. Der Umschwung seiner Stimmung war aber auch ziemlich stark und hatte uns völlig unvorbereitet getroffen. Wir liefen zusammen zum Bahnhof und redeten über andere Sachen.

»Wo fährste eigentlich hin?«, fragte mich Anton, als wir die Treppen zum Bahnsteig runterstiegen.

»Ick fahr nirgendwo hin. Ick hol jemanden ab.«

»Wen holst du denn vom Bahnhof ab?«

»Katja.«

»Katja? Milans Freundin Katja? Die in Biesdorf zur Schule geht?«

»Ja.«

»Alter!«

Er sprach das letzte Wort ganz tief und lang gezogen und machte dazu ein komisches Gesicht, das, glaub ich, sagen sollte: Mann, Alter, Marie is so 'ne tolle Frau und Katja ist die Freundin deines Freundes Milan, das kannste doch echt nicht bringen!

Wir standen dann auf dem Bahnsteig nebeneinander und schwiegen, weil uns irgendwie die Themen ausgegangen waren. Anton rauchte dabei eine Zigarette. Katja war im nächsten Zug, der in Richtung Innenstadt fuhr, und sprang mir so stürmisch um den Hals, dass wir zusammen auf den Boden fielen. Sie blieb auf mir liegen und wir küssten uns. Ich spürte die harten und kühlen Steine im Rücken und ihren Körper auf meinem Bauch und widerstand dem Impuls, ihr auf den Po zu fassen. Anton sah uns eine Weile zu und wünschte uns dann ganz neutral viel Spaß, bevor er in den Zug Richtung Strausberg stieg. Wir gingen zu mir. In der kalten Wohnung wussten wir nicht so recht, worüber wir reden oder was wir machen sollten, und kletterten direkt ins Bett. Ich war unglaublich verliebt und ziemlich zärtlich zu Katja. Die Sache mit Marie hatte mich zusätzlich emotional aufgeladen. Als wir dann nackt waren und ich auf ihr lag, wurde ich mit der Zeit unsicher, weil sie überhaupt keine Reaktion auf meine Bemühungen zeigte. Stattdessen flüsterte sie mir irgendwann ins Ohr:

»Krischan, fick mich.«

Ich sah sie ungläubig an.

»Du musst mich richtig ficken.«

Das verunsicherte mich erst mal noch mehr, doch dann probierte ich es aus und es funktionierte eigentlich ganz gut. So etwas Unromantisches hatte ich mit noch keiner Frau gemacht.

Danach lagen wir nackt und verschwitzt auf unseren Rücken nebeneinander im Bett und redeten verliebtes Zeug. Dabei hielten wir uns an den Händen wie in der Nacht auf Milans Balkon. Das Hochbett war der einzig wirklich warme Ort in meiner Wohnung, weil sich unter der Decke die ganze warme Luft vom Ofen sammelte. Ich fickte Katja dann noch mal und am Abend gingen wir zusammen ins Intimes und sahen uns einen verqueren Film an. Sie schlief bei mir und stand am nächsten Morgen um sieben auf, um zur Schule zur fahren. Ich fand das irgendwie süß und machte ihr Kaffee und einen Toast. Danach legte ich mich wieder ins Bett und stellte sie mir an ihrer Schulbank vor. Der Geruch beider Frauen war in meinen Kissen.

16.

In den nächsten Tagen legte sich bitterer hellgrauer Frost auf die Stadt und machte das Leben langsam und ehrlich. Meine Wohnung wurde durch den Leerstand über und unter mir nicht mehr richtig warm und die Wasserrohre froren regelmäßig ein. Jan holte Penner Peter von der Straße und ließ ihn nachts in seinem elektrisch beheizten Außenklo schlafen. Wenn ich Katja sehen wollte, ging ich zu ihr. Ich gewöhnte mich an die abendlichen S-Bahn-Fahrten und die abgearbeiteten Betonzombies in den Zügen und in der Kaufhalle. In Ahrensfelde genoss ich die Fernheizung, die Badewanne mit dem unbegrenzt warmen Wasser und gelegentlich auch den Fernseher. Es passte alles sehr gut in die Jahreszeit.

Katja und ich lernten uns nach und nach wirklich kennen und entwickelten so etwas wie Alltag. Sie war verträumt und liebevoll, außer wenn es um Sex ging. Abends erzählte sie mir von ihrem Tag in der Schule, worüber sie so nachdachte und was sie machen würde, wenn sie keinerlei Verpflichtungen und genügend Geld hätte. Oft sprach sie auch über ihre Freundinnen und deren Liebesleben. Wir gingen ins Kino und sahen uns Mädchenfilme an und verbrachten viel Zeit mit Spaziergängen und kindlichen Spielen.

Manchmal saß einer von uns in ihrem kleinen dunklen Flur und der andere im Zimmer und wir schrieben uns bei Taschenlampenlicht Zettel, die wir unter der Tür hindurchschoben. Meistens antwortete Katja auf meine geschriebenen Nachrichten mit Bildern.

Zum Ende der Woche hin und an den Wochenenden waren wir oft Tanzen, wobei wir aufpassen mussten, dass Katja nicht zu oft beim Unterricht fehlte. Sie war nicht die Beste in der Schule und ihre häufig unentschuldigte Abwesenheit brachte die Lehrer noch mehr gegen sie auf. Wenn wir zum Jungle oder Dancehall gingen, nahmen wir keine Drogen, bei allem anderen halfen wir manchmal mit ein bisschen MDMA nach. Unsere Helden waren Sebel, Barney Millah und Phaser. Sebel war der erste Berliner DJ gewesen, der regelmäßig und auf wirklich hohem Niveau Jungle aufgelegt hatte. Auch jetzt spielte er noch immer schöne basslastige Tanzmusik und nicht dieses fiese und düstere Drum-and-Bass-Geballer, das sonst überall in der Stadt lief. Barney legte mit großer Leidenschaft und viel technischem Können Dancehall auf und wir liebten es, zu seinen flowenden und positiven Selections zu tanzen. Mit seiner Musik brachte er die Leute zum Lachen und wir lachten mit ihnen, warfen unsere Arme in die Luft und waren glücklich. Er spielte all die Sachen, die wir auch auf Katjas Rekorder hörten, wenn wir zusammen waren: Beenie Man, Buju Banton, Barrington Levy, General Degree und Bounty Killer. Phasers Sound war das, was ich unbedarft House nennen würde, schönste elektronische Musik, die, ähnlich wie die der beiden anderen, gute Laune verbreitete und unter bestimmten Umständen dieses typisch leere und gleichzeitig tiefe Gefühl beim Tanzen in einem hervorrufen konnte.

Wenn wir ausgehen wollten, nahmen wir uns einfach das kleine Heft, das es alle zwei Wochen umsonst in der Stadt gab, und schauten nach, ob einer der drei irgendwo Platten drehte. Der Ort und andere Menschen spielten eine untergeordnete Rolle. Wichtig war uns nur die Musik und dass wir zusammen waren. Da Katja überhaupt keinen Alkohol trank, trank ich auch keinen und fühlte mich dabei wohl. Meistens kifften wir nicht einmal. Wir tanzten, hatten unseren Spaß und wenn wir nach Hause kamen, schliefen wir miteinander.

Meine alte Feierclique reagierte geteilt auf Katja. Den Jungs war es egal, mit wem ich rumzog. Sie mochten Marie und fanden Katja heiß. Im Gegensatz dazu nahmen die Mädchen die ganze Sache doch ziemlich ernst. Sie sprachen weder mit mir noch mit Katja, weil sie sich solidarisch mit Marie zeigen wollten. Sie grüßten nicht mal. Die sozialen Events der Gang waren damit für mich tabu. Wenn ich Marie manchmal traf, sagten wir uns vorsichtig und reserviert Hallo und redeten kurz miteinander. Sie akzeptierte meine Entscheidung als Tatsache und machte mir deswegen keine Vorwürfe. Auch mir tat es weh, sie traurig und verletzt zu sehen. Trotzdem verstand ich nicht, warum die Frauen eine so starke Meinung zu den Dingen hatten, die zwischen ihr und mir passiert waren. Für mich war Liebe eine Sache, die zwei Menschen für sich hatten, wo ihnen niemand reinreden konnte und die auch niemand von außen wirklich verstand. Die Bräute sahen das natürlich anders und straften mich mit harten Blicken, wenn ich ihnen im Club oder auf der Straße über den Weg lief. Ich dachte nicht weiter darüber nach, denn ich war ja in Katja verliebt und sie allein war mir wirklich wichtig. Meine Schandmaske trug ich erhobenen Hauptes. Wenn man guten Sex hat, ist Moral ein ziemlich abstraktes Konstrukt.

An meinen freien Tagen, wenn Katja in der Schule war, las ich oft in dem dicken Indien-Reiseführer und begann, mir ein Bild von diesem riesigen verrückten Land zu machen. Ich suchte mir auch schon die ersten Orte raus, die ich unbedingt sehen wollte. Außerdem frischte ich mein ostdeutsches Schulenglisch ein bisschen auf und lernte mithilfe von Katjas Wörterbuch ein paar neue Vokabeln. Manchmal besuchte ich auch die Jungs vom Acud, die jetzt einen neuen Laden im nördlichen Prenzlauer Berg in der Cantianstraße ausbauten. Es war wieder ein Keller, diesmal aber erheblich größer und mit deutlich mehr Kopffreiheit. Anton hing da auch rum und verbreitete Gefahr, wenn er total bekifft mit elektrischen Geräten rumhantierte. Jan sah ich ab und zu, um mit ihm zusammen Sachen für unseren Trip zu organisieren. Wir holten unsere Pässe mit den indischen Visa in der Botschaft in Niederschönhausen ab, ließen uns beim Tropenamt gegen Hepatitis und Typhus impfen, kauften bei der Bank Travellerschecks und stellten uns eine kleine Reiseapotheke zusammen. Während dieser

Vorbereitungen beschlossen Andreas und ein anderer meiner Vorstadtfreunde spontan und unabhängig voneinander, uns auf unserer Reise zu begleiten. Mein vieles Gerede über asketische Hindus, alte Tempel, billiges Leben, legales Haschisch, Vollmond-Raves und lange Sandstrände hatte sie angefixt. Ich war ehrlich gesagt ziemlich froh, nicht allein mit Jan auf den großen unbekannten Kontinent fliegen zu müssen. Seine unverändert schlechte Stimmung zog mich mittlerweile extrem runter und ich hatte auch keinen Weg gefunden, ihn aufzumuntern. Vielleicht versuchte ich es auch nicht genug, weil ich mich die meiste Zeit um Katja und mein eigenes Glück kümmerte. Vor unserem bevorstehenden Abflug wollte ich jeden Abend und jede mögliche Stunde mit ihr verbringen, denn ich wusste, unsere Zeit lief ab. Je näher Weihnachten kam, desto mehr bestimmte dieses Gefühl unser Zusammensein. Wir hatten den ganzen Frühling, Sommer und Herbst übereinander nachgedacht und aufeinander gewartet und nun mussten wir uns direkt wieder für ein Vierteljahr trennen. Das belastete uns und verhinderte irgendwie auch eine Weiterentwicklung unserer Beziehung. Über die Zukunft sprachen wir zum Beispiel nie.

Für mich gab es aber auch keine Alternative zu dieser Trennung. Ich konnte unmöglich den Winter in Berlin verbringen. Sollte ich jeden Nachmittag darauf warten, dass Katja von der Schule nach Hause kam? Die viele freie Zeit in der kalten grauen Stadt würde mich höchstwahrscheinlich stark deprimieren und meine Stimmung der von Jan angleichen. Stoische Menschen mit unbeweglichen Gesichtern und düsteren Wolken über dem Gemüt gab es wahrlich genug im Friedrichshain. Ich musste einfach weg – raus aus dem Suppentopf Berlin, in dem jeder jeden kannte und alles seinen krumpeligen Gang ging, und rein in die große, weite, unbekannte Welt. Das war nicht zuletzt wichtig für mein Bild von mir selbst; für mich als Reisenden, als Wanderer, als Suchenden. Ich konnte mich nicht von einem Schulmädchen an Heim und Herd fesseln lassen. Mein großes Vorbild war Japhy Ryder, die Figur aus Kerouacs *The Dharma Bums*. Japhy verbrachte seine Sommer auf einsamen Berggipfeln und verdiente Geld, indem er nach Feuern Ausschau hielt. In den Wintern unternahm er dann ausgedehnte Reisen. Die von ihm gelebte Mischung aus Arbeit und Freiheit, aus Rohheit und Vergeistigung, aus Einsamkeit und Gemeinschaft faszinierte mich. Sie gab mir eine Idee davon, wie man seinen Platz innerhalb der Gesellschaft finden und glücklich sein konnte.

Katja hatte keinen Bezug dazu und fing irgendwann an, viel von Milan zu reden. Ich glaube, sie tat es nicht nur, um mich zu verletzen. Sie vermisste ihn und machte sich wahrscheinlich auch Gedanken, wie sie allein über den Winter kommen würde. Der Ausblick auf den dunklen, ungeteilten Alltag mit den täglichen Schulbesuchen schien sie zu ängstigen. Vielleicht schlug sie sich auch mit Schuldgefühlen herum, weil sie Milan ähnlich verletzt und verlassen hatte wie ich Marie. Vielleicht fragte sie sich, ob das Glück unserer gemeinsamen Wochen all das Leid und den Stress rechtfertigte und aufwog. Vielleicht plante sie schon die Zeit nach mir. Sie gab mir einige Male zu verstehen, dass sie noch nie auf jemanden gewartet hatte. Das machte mich wütend. Wir stritten uns jetzt manchmal richtig. Ich warf ihr vor, dass sie zu wenig aß oder sich den Finger in den Hals steckte, wenn es doch mal etwas mehr war. Sie meinte darauf zu mir, dass sie nicht aß, um dick zu werden, genauso wie sie nicht mit mir fickte, um ein Kind zu bekommen. Wir wären schließlich keine Höhlenmenschen und Herren über unsere Körper. Im Gegenzug machte sie mir Vorwürfe wegen meiner freien Lebensführung und meiner Einstellung zum Geld und zur Arbeit. Wohin sollte das führen? Wollte ich Eremit werden? Warum hielt ich nichts von einem festen Job, einer schönen Wohnung, teuren Klamotten und einem Auto? Ihr Wunschbild eines Mannes war ein selbstbeherrschter, blonder Typ wie Leonardo DiCaprio oder Brad Pitt, in Armani-Klamotten und mit dickem Bankkonto. Was sollte ich dazu sagen? Das war einfach nur oberflächlich und außerdem ein Angriff auf meine gesamte Lebensphilosophie, die Ian MacKaye von Fugazi mit den Worten »Du bist nicht, was du besitzt« auf den Punkt gebracht hatte.

Ich hörte auf, mich geliebt zu fühlen, und begann, an uns zu zweifeln. Dadurch wurde ich kühler und etwas gleichgültig. Katja spürte das und versuchte des Öfteren, wieder intensivere Emotionen zwischen uns zu erzeugen. Meistens tat sie dies, indem sie mich verbal angriff und die Energie meines Ärgers für unser Liebesspiel nutzte. Unser

Sex wurde dadurch immer wilder und aggressiver. Mein Körper war zerbissen und zerkratzt, meine Muskeln sauer und meine Schwanz wund. Wir steigerten uns in der gegenseitigen Provokation, bis wir es einmal übertrieben; Katja, die unter mir lag, riss mir die silberne Kette mit dem Anhänger des Heiligen Christophorus vom Hals. Das tat mir weh und beschädigte die Kette, die meine Großmutter meinem Vater geschenkt hatte, als er vom Dorf in die Stadt gezogen war, um zu studieren. Ich sah sie fragend an und las aus ihrem bösen Lachen, dass es Absicht und Kalkül gewesen war. Daraufhin hielt ich sie an den Armen fest und fickte sie gewalttätig. Sie fing an zu weinen und flehte mich an:

»Bitte, du darfst mir nicht wehtun.«

Ihre Worte trafen mich ins Mark. Ich ließ von ihr ab und schämte mich. Sie sprang aus dem Bett und zog sich im Bad an. Danach gingen wir vorsichtiger miteinander um und beschlossen, für ein paar Tage zu verreisen. Katja wollte nach London, um eine Freundin zu besuchen, sich die Stadt anzusehen und Weihnachtsgeschenke einzukaufen. Wir hatten nicht genug Geld für den teuren Flug, also studierte ich die Zugfahrpläne und besorgte uns dann mit den kopierten Fahrkartenbezugsscheinen des Wehrkreisersatzamtes Tickets bis nach Aachen. Von dort aus gab es eine preiswerte Verbindung mit Zug und Fähre. Katja ließ sich von der Hippieärztin in der Kreutzigerstraße krankschreiben und stopfte ihr weniges Gepäck in einen alten Rucksack.

Wir waren lange unterwegs und fuhren dann ziemlich übermüdet mit einem morgendlichen Pendlerzug in die Stadt ein. Bei der ersten Straßenüberquerung wurde ich leicht angefahren. *Look right!* In London wohnten wir bei Katjas Freundin in einem winzigen feuchten Zimmer in der nördlichen Vorstadt. Sie teilte sich das schmale, schmutzige Haus mit einer Gruppe Franzosen. Wir besuchten das Victoria & Albert Museum, kauften Platten und Klamotten und gingen raven. Die Stadt war riesig, kalt, schnell und teuer. Die Leute in der U-Bahn sahen einem nicht in die Augen und auf dem Gehweg wurde man die ganze Zeit überholt, weil man zu langsam lief. Dazu kam, dass wir keinen Sex haben konnten, weil wir zu dritt in dem muffigen Zimmer hausten.

Nach zwei Tagen hatten wir die Schnauze voll und kauften uns billige Fahrkarten für einen Nachtbus nach Amsterdam. Wir schliefen tief und fest in den unbequemen Sitzen und kamen an einem Freitagmorgen an. Danach geschah alles wie nach einem vorher einstudierten Plan. Wir nahmen uns ein billiges und relativ sauberes Hotelzimmer im Rotlichtviertel am Hauptbahnhof und kauften ein paar Lebensmittel, Wasser und Gras ein. Dann gingen wir los und besorgten uns alle Drogen, auf die wir Bock hatten. Das waren Koks, MDMA und LSD. Am ersten Abend zogen wir natürlich das Koks. Wir hingen in einer kleinen Bar rum und hatten beide einen ekelerregenden Egotrip. Katja flirtete neben mir sitzend mit dem australischen Barkeeper, während ich mich mit zwei unförmigen schwedischen Touristinnen unterhielt. Zurück in unserem Zimmer fickte ich sie von hinten. Sie war dabei halb angezogen und wurde nicht richtig feucht. Die Gier hielt uns wach, bis das kleine Briefchen leer war. Das durchgelegene Bett juckte auf meiner Haut. Morgens fing es an zu schneien.

Am zweiten Abend nahmen wir das MDMA und liefen durch das weiße Amsterdam, in dem es leider keine Tekkno-Clubs gab. Wir bestaunten die im Laternenlicht tausendfach funkelnden Schneekristalle und kamen uns wieder ein bisschen näher. Am Sonntag checkten wir am späten Vormittag aus dem Hotel aus und brachten unsere Rucksäcke in ein Schließfach am Bahnhof. Der Zug nach Berlin fuhr erst nachts. Wir hatten noch die Trips mit dem Abbild Albert Hofmanns darauf und den ganzen dritten Advent vor uns. Wir schmissen sie auf einer Grachtenrundfahrt zwischen mittelalten Menschen mit Brillen und gefütterten Freizeitjacken. Sie waren irgendwie viel größer als die Trips, die ich bis dahin genommen hatte, und zogen mir ordentlich den Boden unter den Füßen weg. Auf das am Ende der Rundfahrt zum Kauf angebotene Foto von Katja und mir spacete ich schon richtig ab. Ich war kurz in einer Zeitschleife gefangen und reiste die neunzig Minuten zwischen dem Moment auf dem Foto und dem Moment seines Betrachtens am Ende der Rundfahrt immer wieder hin und her.

Als ich zwanzig Stunden später bei Katja zu Hause endlich einschlief, hatte ich mehrere schwere Schlachten geschlagen. Zuerst war da der Kampf mit der Stadt gewesen. Acid schien mir immer eher eine Droge fürs Land und die Natur zu sein. Irgendwie brauchte man Platz und die Schönheit und Ursprünglichkeit der Schöpfung um sich herum, wenn die großen Stürme im Kopf anhoben. Amsterdam war klein, eng, komisch museal und voller anstrengender Menschen. Die Touristen waren laut und zahlreich, die Drogendealer penetrant, die schwarzafrikanischen Abzieherbanden gefährlich und die Einheimischen dröge und humorlos. Dann war da der Kampf mit der Kälte. Wie sollte man sich denn bitte im Schnee entspannen und gehen lassen? Zumal, wenn man kein wirkliches Temperaturempfinden hatte? Ich wollte mich bewegen, rumlaufen und Sachen entdecken, aber nach ungefähr fünf Stunden in der eisigen und feuchten Luft mussten wir uns in den Keller eines Coffeeshops zurückziehen und uns aufwärmen. Wir zitterten beide stark und meine Zähne schlugen unkontrolliert aufeinander. Die Haut an unseren Händen und in unseren Gesichtern hatte sich blau verfärbt. Wäre bloß diese schreckliche Musikmischung aus den Doors, Hendrix, Bob Marley und Janis Joplin nicht gewesen.

Und schließlich der Kampf, den ich mit Katja auszutragen hatte. Sie kam auf die riesigen Trips deutlich besser klar als ich und hörte die Stimmen der Leute um uns herum nicht rückwärts. Diesen strategischen Vorteil nutzte sie, um sich über mich lustig zu machen. Sie schickte mich zum Pinkeln in einen Laden voller tätowierter Lederschwuler, der, wie ich später sah, Iron Eagle hieß. Ich konnte ihn gerade noch rechtzeitig wieder verlassen. Danach lotste sie mich zum Aufwärmen ins Foltermuseum am Bahnhof, in dem ich augenblicklich Angstzustände bekam. Die martialischen eisernen Peinigungswerkzeuge und zweitklassigen Wachsfiguren wurden von stimmungsvollem Licht und von Tonband gespielten Schmerzensschreien in Szene gesetzt. Ich flüchtete. Auf der Straße fragte ich sie:

»Warum machst du das mit mir?«

Statt zu antworten, lachte sie mir frech und abgründig ins Gesicht. Sie verstand, wie hilflos ich war, und freute sich darüber. Ich verlor mein Vertrauen zu ihr und dachte über die Situation nach. Es gab keine Rückzugsmöglichkeiten für mich, allein war ich in der fremden Stadt noch beschissener dran. So blieb ich bei ihr und ertrug ihre Grausamkeiten mit Demut. Ich glaube, sie wollte mir zeigen, dass sie stärker war als ich, indem sie mir ins Hirn schiss.

Da mein Trip auch nach sechs bis acht Stunden kein bisschen an Intensität einbüßte, blieb mir nichts anderes übrig, als den Kampf mit ihr in meinem desolaten Zustand aufzunehmen. Ich akzeptierte sie als würdige Gegnerin und beobachtete jeden ihrer Schritte genau. Mein mentaler Zustand wurde der eines Indianerkriegers. Meinen Körper richtete ich auf und mein Kinn zog ich an die Brust. Ich war auf einem Kriegspfad und nicht sicher, ob ich gewinnen oder verlieren würde. Doch ich hatte keine Angst und ich fragte auch nicht nach dem Warum. Katja spürte das. Es trieb sie noch mehr dazu an, mich zu verwirren und Unheil in meiner bloß liegenden Seele zu stiften. Zu einem gewissen Grad beherrscht jede Frau die Kunst, das

Selbstbewusstsein ihres Mannes durch nadelstichartige Attacken auf sein Gemüt abschwellen zu lassen. Katja war eine Meisterin darin. Sie fragte mich mit ihrer zuckersüßen mädchenhaften Stimme nach meinem Befinden, meinen Gefühlen und meinen Wünschen und sezierte dann, wenn ich mich ihr ehrlich preisgab, meine Persönlichkeit mit ihrem fein gespitzten hobbypsychologischen Vokabular. Es kam nichts Neues dabei heraus: Ich war ein ängstliches, angeberisches, bindungsscheues und doch anhängliches, weinerliches, vorlautes, alles auf mich beziehendes, von meiner Mutter aufgezogenes und verwöhntes, nicht besonders breitschultriges und mit auf späteren Haarausfall hindeutenden Geheimratsecken versehenes Einzelkind. Das mit dem Einzelkind hob sie nicht extra hervor, da sie selbst eins war. Ich blieb ruhig und freundlich und behandelte sie, wenn mein Zustand es gerade erlaubte, wie ein in Rage gekommenes Kind. Das regte sie dann wirklich auf und sie schrie mich an.

Wir müssen ein tolles Bild abgegeben haben, zwei starrsinnige Ostberliner Kinder auf Trip, die an einem Adventsabend in Turnschuhen durch das verschneite und festlich beleuchtete Amsterdam liefen und ihre Selbstbeherrschung und ihr Artikulationsvermögen testeten. Katja schlief dann irgendwann im Zug ein, während ich die ganze Nacht aus dem Fenster schaute und einfach nicht runterkam. Es galt so viele Dinge zu durchdenken! Die temporäre übermäßige Klarheit im Kopf musste genutzt werden, um eine Richtung festzulegen. Ich saß im Dunkeln im Schneidersitz auf der stoffgepolsterten Bank und ließ die schlecht erkennbare, einförmige Landschaft Hollands und Norddeutschlands an mir vorüberziehen; Felder, immer wieder Felder, kleine Waldstücke, Einfamilienhäuser, schmale Straßen, Siedlungen mit zahllosen identischen Einfamilienhäusern, Felder, leere Bahnübergänge, leere Bahnsteige, Felder, helle Hallengebäude ländlicher und mittelständischer Industrie, Einfamilienhäuser, Felder. Ich erkannte den Geist hinter dieser Kulturlandschaft, den auf transparente Privatsphäre bedachten, schaffenden und rechtschaffenen Menschen, den Menschen mit Zeigefinger, Einbauküche und Auto, der alles über und unter sich ablehnte und vorsichtig war. Ich erkannte, dass dieser Mensch nicht mein Feind war. Der Indianer in mir fühlte Zufriedenheit und ließ seine Augen auf seiner schlafenden Gegnerin ruhen. Zum Glück hatten wir ein Abteil für uns allein und ich musste mit niemandem reden.

Als ich am Montagabend in Katjas Wohnung aufwachte, war ich fertig, leer, ausgebrannt, tot. Mein Körper fühlte sich wie der eines anderen Menschen an. Die Klarheit und der Kampfgeist hatten mich mehr als nur verlassen. Die Teile meiner Persönlichkeit hielten nicht mehr zusammen, ich war gebrochen. Die Stimme meiner schlechten Deutschlehrerin spukte in meinem Kopf herum: *Wer spricht von Siegen? Überstehen ist alles.* Dunkelheit hatte mich überspült und ich atmete die bekannte und lähmende Ruhe ein. Katjas Blicken wich ich aus. Sie stellte mich am Türrahmen zwischen Zimmer und Flur.

»Was ist mit dir? Hast du Angst?«

Ich horchte auf die schwarzen Schwaden in meinem Inneren.

»Nein, nicht wirklich.«

»Was ist dann mit dir?«

Die Fragerei war mir unangenehm. Ich schwieg. Sie gab nicht nach.

»Ich dachte, das wäre für immer vorbei.«

Sie verstand, dass ich das Licht verloren hatte, und lachte halb triumphierend und halb mitfühlend.

»Bist du naiv! Das wird niemals vorbei sein.«

Sie gab mich frei.

Da ich allein sein wollte, fuhr ich nach Hause in den Friedrichshain. Die grauen Häuser und Gehwege mit ihren rissigen, verrußten und aufgeplatzten Oberflächen schienen mir wie ein Abbild meiner selbst. In verstörenden Schüben kam das Acid dann und wann zurück. Es zwang sich meinen Gedanken auf und machte meinen Gang unsicher. Wenn es auf den Straßen um das Ostkreuz herum wirklich so etwas wie eine unsichtbare Trennlinie zwischen den Lebendigen und den Opfern gab, hatte ich sie überschritten. Ich schaute niemandem in die Augen und verschwand wie ein Schatten in meinem Haus. Meine Wohnung war stark ausgekühlt und mein Rücken tat mir weh. Am nächsten Tag musste ich deswegen zum Arzt. Es gab Untersuchungen, Urinproben, Blutproben und lange Wartezeiten. In der Kälte Amsterdams hatte ich mir das Nierenbecken entzündet. Ich konnte nichts Schweres mehr heben und mich auch sonst kaum bewegen und musste Antibiotika nehmen. Jan half mir, mich zu versorgen. Er holte Kohlen aus dem Keller hoch und ging für mich einkaufen. Am Tag nach meinem Arztbesuch waren dann wieder die Wasserrohre in meinem Haus eingefroren. So stand ich vor der Wahl, ob ich zu Katja oder zu meiner Mutter ziehen sollte. Ich hätte heulen können. Katja nahm mich gern bei sich auf und achtete darauf, dass ich wieder gesund wurde. Sie versuchte nicht mehr, mich fertigzumachen. Ich genoss es, von ihr umsorgt zu werden, und sie nahm es persönlich, dass wir wegen meiner Rückenschmerzen keinen sportlichen Sex haben konnten.

Am vierten Advent besuchten wir auf ihren Wunsch hin gemeinsam ihre Eltern in Mahlsdorf. Auf dem langen und dunklen Weg vom Bahnhof zu dem nach der Wende neu gebauten Haus ihrer Eltern war sie verkrampft. Sie hielt mich mit festem Griff an der Hand und sprach nicht. Ich begriff, dass sie das Licht hier zum ersten Mal verloren hatte.

Ihre Eltern wirkten bedrückt und waren oberflächlich freundlich zu uns. Sie hatten mit all ihrer Kraft ein Eigenheim gebaut und ihre Tochter verloren. Die schönen Möbel und geschmackvollen Teppiche konnten das nicht ungeschehen machen. Das Gespräch verlief schleppend und behandelte ein ernstes Thema, die Zukunft. Katja sagte wenig. Ihre Augen funkelten vor Stolz und ließen die Worte ihrer Eltern langsam fließen. Ich sah auf einmal ganz deutlich das Mädchen in ihr, wie damals, als wir die Pilze genommen hatten. Sie war ein langhaariges, verträumtes, etwas pummeliges Kind gewesen, das auf Hippiemusik und Pferde stand. Es war traurig. Man hatte ihr so wehgetan, dass sie nicht wieder dorthin zurückkonnte. Ihre offene und aggressive Sexualität war eine zur Schau gestellte Wunde. Ich wollte ihr abseits dieser nah sein und für sie da sein, doch nach dem Besuch bei ihren Eltern ließ sie mich nicht mehr wirklich an sich heran. Sie hatte sich schon von mir verabschiedet und auf eine komische Weise mit mir abgeschlossen. Der Kampf in Amsterdam blieb unsere letzte intime Berührung.

Wir feierten den Heiligen Abend getrennt voneinander bei unseren Familien und trafen uns danach. Katja schenkte mir einen schmalen silbernen Ring mit einem kleinen, ebenfalls silbernen Herzen. Das Herz wurde an beiden Seiten von zierlichen Händen festgehalten, zu denen der Ring die Arme bildete. Außerdem hatte sie mir etwas für meine Reise gebastelt. Es befand sich in einer Streichholzschachtel, die silbrig glänzend mit Folie bezogen und mit bunten Glassteinen beklebt war. Schob man die Schachtel auf, sah man ein Stillleben von Katja und mir. Wir saßen aus braunen Knete geformt einander gegenüber an einem Ufer im hohen Gras. Wir waren nackt und streckten die Arme zueinander aus, so als wären wir gerade im Begriff, uns zu umarmen und zu lieben. Die detailreich geformten Figuren sahen uns unwahrscheinlich ähnlich; Katja mit ihrer süßen Stupsnase, den in der Mitte gescheitelten Haaren und den von mir so geliebten kleinen Brüsten und ich, lang und schlank mit meinem ernsten Blick, dem runden Schädel und einem aufgestellten Schwanz. An die Rückwand der Schachtel hatte Katja einen Sonnenuntergang und das Wasser gemalt. Sie meinte, ich solle sie mit mir auf Reisen nehmen, damit wir einander immer nah sein könnten. Ich steckte den Ring an den vierten Finger meiner linken Hand und schenkte Katja ein Buch von Boris Vian und ein Dancehall-Mixtape aus Deeroy's Dubstore. Meine Geschenke kamen mir unpersönlich vor. Ich umarmte sie und spürte ihren Herzschlag.

Am ersten Feiertag sahen wir uns Märchen im Fernsehen an. Katjas Lieblingsfilm war *Drei Haselnüsse für Aschenbrödel*. Sie sprach die Dialoge mit, kündigte die bevorstehenden Szenen an und lachte über die böse Stiefmutter und ihre dicke Tochter. Ich empfand eine gewisse äußerliche Ähnlichkeit zwischen dem Aschenbrödel und Katja und genoss die schönen Stunden. Am zweiten Feiertag ging ich nicht, wie sonst üblich, zu meinem Vater und seiner Frau, um mir meine Plastiktüte mit Nüssen und Äpfeln abzuholen. Stattdessen blieb ich bei Katja. Wir verbrachten die letzten Tage des Jahres in ihrem Bett und in dem Wald hinter dem Dorf Ahrensfelde.

Silvester war ich auch bei ihr. Wie bei meinem allerersten Besuch in der kleinen Wohnung blieb ich auch diesmal im Bett liegen, während sie in die Stadt fuhr, um zu der großen Eröffnungsparty in dem neuen Club in der Cantianstraße zu gehen. Ich traute mich nicht zu feiern, weil ich noch immer Antibiotika nahm und mich auch noch ein bisschen krank fühlte. Katja fand das albern, aber ich hatte meinen Abreisetermin Anfang Januar fest im Blick und war entschlossen, meine Reise nicht durch eine weitere Leichtsinnigkeit zu gefährden. Als sie mich zum Jahreswechsel anrief, war ich in ihrem Himmelbett hinter den Tüllvorhängen eingeschlafen. In dem kleinen Fernseher lief irgendeine Galasendung, bei der die Moderatoren auf einer glitzernden Bühne im Konfettiregen standen, und die Fenster zeigten das wahnsinnige, von Donnerschlägen begleitete Feuerwerk über Marzahn. Ich nahm zum ersten und einzigen Mal das tannengrüne Telefon ab.

»Ja?«

»Krischan, ich wünsch dir alles Gute und ich will dir nur sagen, dass ich dich liebe.«

»Ich liebe dich auch, Katja.«

17.

An meinem letzten Abend in der Stadt gingen wir auf Katjas Wunsch dann doch noch einmal zusammen aus. Ich hatte meine Wohnung an eine achtzehnjährige Untermieterin übergeben und mich von meiner Mutter verabschiedet. Meine wertvolleren Sachen standen in Kartons verschnürt in Biesdorf auf dem Dachboden und mein Rucksack gepackt neben Katjas Bett. Ich war aufgeregt. Katja machte sich hübsch und zog in der S-Bahn die Blicke auf sich. Wir sprachen kaum miteinander und warteten lange vor dem Boogaloo in der Heinrich-Heine-Straße. Sie ließen uns nicht rein, weil der Laden voller Schichtis war. So nannten wir Leute, die nur am Wochenende ausgingen. Anton kam irgendwann mit der Clique vom Acud vorbei und wir quatschten in der Kälte, bis der Türsteher die Gruppe reinwinkte und uns draußen stehen ließ. Sie versuchten nicht mal, uns mit hineinzubringen.

Eine halbe Stunde später gaben wir auf und fuhren mit einem Taxi zurück zu Katja. Wir hatten Sex ohne Kondom, weil es sich besser anfühlte und wir uns nah sein wollten. Da ich nicht in Katja kommen konnte, war ich auf ihre Solidarität angewiesen. Sie ließ mich aber abblitzen und schlief einfach ein. Ich war wütend. Am nächsten Morgen wachte ich zu spät auf und zog mich schnell an. Katja blieb im Bett und hielt die Augen geschlossen. Sie lag auf der Seite mit dem Gesicht zur Wand. Bevor ich ging, beugte ich mich über sie.

»Katja?«

Sie drehte den Kopf und sah mich an.

»Tschüss. Ich ruf dich an.«

»Ja, is gut.«

Sie wirkte unglaublich traurig. Ich gab ihr einen Kuss und rannte los. Auf der Straße drehte ich mich noch einmal nach ihr um und sah sie mit verschränkten Armen am Fenster stehen. Ich winkte ihr zu und sie fuhr sich mit der Hand durch die Haare.

Die S-Bahn verkehrte wegen Bauarbeiten nur bis Lichtenberg. Ich eilte mit meinem Rucksack auf dem Rücken durch die zum Pendelbus laufenden Samstagvormittagfamilien, zählte mein letztes Bargeld und setzte mich an der Weitlingstraße in ein Taxi. In der Neuen Bahnhofstraße erwischte ich gerade noch Jan, der von seinem Vater zum Flughafen gefahren wurde. Jans Vater war dick und freundlich und machte sich ähnliche Sorgen um seinen Sohn wie meine Mutter um mich. Er gab mir die Hand und fragte mich ein paar praktische Dinge, wobei er sich den seitlichen Ansatz seiner lichten Haare massierte. Ich versuchte, ihm ein gutes Gefühl zu geben und ihn zu beruhigen. Das Gespräch hatte ich schon mit meiner Mutter trainiert.

Jan blieb währenddessen stumm. Seine unsteten Augen verrieten seine Unsicherheit. Er wusste nicht, ob es ein

Fehler war, nach Indien zu fliegen, und konnte nicht aufhören, darüber zu grübeln. Ich saß auf der Rückbank hinter ihm und dachte an Katja und daran, wie sie ohne mich in ihrem Bett lag; nackt, auf der rechten Seite, die Beine leicht angewinkelt, die Arme auf Brusthöhe übereinandergelegt oder zwischen den Oberschenkeln. Die bevorstehenden neunzig Tage türmten sich zu einer riesigen Zeitmenge auf. Ich blickte aus dem Seitenfenster und versuchte mich damit zu arrangieren. Die Stadt war noch immer voller Weihnachtsdekorationen und wirkte nüchtern. Matschige rote Knallerreste durchsetzten das Grau. Jans gelegentliche Äußerungen kommentierte ich nicht.

»Mann, ick weiß echt nich, ob das das Richtige für mich ist. Indien … Ich weiß eigentlich gar nicht, was wir da wollen … in Indien. Was machen wir denn da drei Monate lang? Was ist, wenn es uns gar nicht gefällt … Na, wird schon alles gut gehen … Is bestimmt auch schön da … Vielleicht bleib ich einfach hier! Is ja noch nich zu spät. Das Ticket kann ich doch bestimmt zurückgeben, oder? Mann, ick weiß einfach nich … Na ja, jetz fahren wir eben nach Indien … Wessen Idee war das eigentlich mit Indien?«

Sein Vater wurde durch dieses sporadische und an niemanden gerichtete Gemurmel nicht ruhiger. Er warf mir im Rückspiegel fragende Blicke zu, die ich ignorierte. Für mich war Jan noch immer der zwei Jahre ältere Typ, der alles im Griff hatte und sich im Leben auskannte. Auf den Gedanken, dass er wirklich Hilfe brauchte, kam ich nicht. Am Flughafen trafen wir Andreas und seine Familie. Die beiden Väter sprachen miteinander, während wir zu dritt zusammenstanden und unsere Rucksäcke betrachteten. Günther hatte für den Flug kein Ticket mehr bekommen und reiste ein paar Tage später. Zum Abschied weinte Andreas Mutter. Wir hingen zwei Stunden in Frankfurt rum und Jan beruhigte sich wieder etwas.

Mindestens die Hälfte der Leute, die dann mit uns im Flugzeug saßen, waren Inder und die waren wahnsinnig nett. Nach dem Start lösten sie ihre Gurte und wanderten auf der Suche nach bekannten Gesichtern die Gänge rauf und runter. Viele von ihnen sprachen uns an und gaben uns Ratschläge, wo wir in Indien hinfahren sollten. Meistens war es der Ort, aus dem die Familie des jeweiligen Inders kam. Einige hatten sogar Visitenkarten von Hotels und Travel Agencys parat. Nach der Landung in Delhi nahm uns ein alter holländischer Hippie unter seine Fittiche und brachte uns sicher und billig mit dem Bus vom Flughafen zu einem Guest House am Connaught Place. Er zeigte uns am ersten Tag ein bisschen die Stadt und wie wir unser Geld zusammenhalten konnten. Außerdem gab er uns ein paar wichtige Überlebenstipps. Wir lernten, dass man unter keinen Umständen Leitungswasser trinken durfte und dass man nur dort aß, wo die Inder auch aßen. Zudem bläute er uns immer wieder ein, dass wir bei allen Dienstleistungen zuerst nach dem Preis fragen mussten. Am Anfang kostete uns das ziemlich viel Kraft, weil man uns unsere Unerfahrenheit einfach ansah. Trotz der unglaublichen Schärfe vertrugen wir das Essen in Delhi erstaunlich gut, wahrscheinlich weil unsere Mägen durch das keimbelastete Fast Food im Friedrichshain abgehärtet waren.

Delhi selbst fand ich umwerfend. Ich hatte eine große Stadt erwartet, doch es war eher wie ein riesiges Dorf. Nur wenige Minuten vom Connaught Place entfernt fand man lehmige Gassen voller Vieh und wilder Hunde. Die meisten Männer trugen lumpig wirkende Wickelröcke und die Straßenhändler schliefen nachts auf ihren Verkaufswagen in den Straßen. Ich gewöhnte mich an den Anblick von nackten Füßen in Badelatschen. Architektonisch war die Stadt wie Ostberlin von einem etwas zurückliegenden Aufbruch in eine neue Zeit geprägt. Die hellen, ein wenig heruntergekommenen Neubauten und die großzügig angelegten innerstädtischen Ensembles erinnerten mich stark an den europäischen Sozialismus. Während aber in Mitte und im Friedrichshain hinter den modernen Bauten fünfstöckige Ziegelhäuser mit Einfachfenstern und Außenklos standen, fand man in Delhi jenseits der repräsentativen Gebäude schmutzige zweistöckige Häuschen, die nach Armut und ländlichem Leben aussahen. Nie werde ich den ersten Eindruck der indischen Luft vergessen. Sie war so dick, dass ich zuerst dachte, meine Augen könnten wegen des langen Fluges nicht mehr scharf sehen. Und sie roch nach allen schönen und allen hässlichen Dingen, die zum Leben dazugehören, und das nicht etwa dezent, nein, sondern so, dass man sich ins Gesicht geschlagen fühlte. Die Luft gab dem Leben etwas Unmittelbares, Reales, das ich in Europa nie erfahren hatte.

An unserem ersten Abend in dem großen unbekannten Land saßen wir zusammen mit dem Hippie und ein paar anderen Leuten auf der Dachterrasse unseres Hostels und tranken Kingfisher Bier, das wir in einem Wassereimer kühl hielten. Die Flut der Sinneseindrücke hatte uns überwältigt und wir wussten noch nicht, ob wir Indien mochten. Auf jeden Fall hatten wir nach den ersten paar Stunden schon genug Gesprächsstoff für zwei Abende. Wir redeten alle drei aufgeregt durcheinander und stellten dem Hippie unzählige Fragen. Der Alkohol gab mir irgendwann einen Knacks im Kopf und ließ den Stress der vergegangenen Tage von mir abfallen. Ich merkte, wie sich meine Muskeln in der warmen Nachtluft entspannten, und ging ein paar Schritte von der Gruppe weg. Während ich zu den Sternen hinaufsah, dachte ich an Katja. Ich rechnete die Zeit vorwärts und überlegte, was sie gerade machte. Dabei spielte ich mit dem Herzring an meinem Finger. Nach ein paar Minuten spürte ich, dass auch sie an mich dachte und wir verbunden waren. Ich bekam ein warmes, intensives Gefühl im Bauch und ein Lächeln legte sich auf meine Lippen. In diesem Moment wusste ich, dass ich sie liebte und es für mich völlig in Ordnung war, sie erst im Frühjahr wiederzusehen. Ich trug sie jetzt in mir.

Nach ein paar aufregenden Tagen in Delhi holten wir Günther an einem Morgen vom Flughafen ab und fuhren noch am selben Tag mit ihm zusammen weiter nach Rajasthan. Wir gaben unser gerade erst erworbenes Wissen an ihn weiter und erfreuten uns an seiner Verpeiltheit. In den ersten Wochen unserer Reise gurkten wir dann einfach mit dem Zug oder dem Bus durch die Gegend, von Ort zu Ort, und entspannten uns. Wir machten ein normales Touriprogramm und besichtigten alte Städte, Paläste und Tempel. Aus unserem Reiseführer suchten wir uns immer die billigsten Hotels und ursprünglichsten Restaurants raus. Wir schliefen ausschließlich in Vierbettzimmern oder Schlafsälen und trafen auf viele andere Traveller.

Auf den Busfahrten begriffen wir Stück für Stück die Größe des Landes und sahen und hörten gezwungenermaßen jede Menge indische Filme. Ich fand die dunkelhaarigen Frauen mit den großen Augen wunderschön, die Tanzchoreografien albern und die Musik schrill. Sie gehörte zum Leben dazu und umwebte die Menschen in den Städten und Dörfern, beim Arbeiten, beim Essen und beim Schlafen. Die zuckersüßen Gesänge der Frauen antworteten auf die etwas tieferen Stimmen der Männer und dazu erklangen synthetische Geigen, trunkene Saiteninstrumente und von Hand geschlagene Trommeln. Der Hit der Saison hieß »Raja Hindustani« und wir konnten ihn bald mitsummen.

Interessanter als die Filme, die Musik und die Sehenswürdigkeiten waren jedoch die Dinge, die wir nebenbei entdeckten: Da waren das Kastensystem und das damit verbundene soziale System, die völlig unverständliche Sprache und Schrift, Bettelmönche, die am Straßenrand hockten und auf den Stufen der Tempel wohlriechendes Haschisch in großen Chillums rauchten, heilige geschmückte Elefanten, die unzähligen herumstreunenden Kühe, die allgegenwärtigen Gottesbilder und natürlich auch die dazugehörigen Anhänger der verschiedenen hinduistischen Strömungen und asketischen Sekten. Der Alltag war von Magie und Schmutz durchdrungen und durch diese Mischung schwer zu verstehen. Wir lasen einiges über indische Geschichte und Kultur und redeten ausgiebig über alles, was wir sahen, aßen und dachten. Nach unserer modernen und sich auf nichts beziehenden Erziehung traf uns die archaische und tief religiöse Gesellschaft Indiens mit voller Wucht. Wir fühlten uns wie auf einer Zeitreise in eine vorrationale Welt. Komischerweise war das ein gutes und belebendes Gefühl. Es sprach Bereiche unserer Seelen an, die in Deutschland immer vernachlässigt worden waren.

Ich musste vorsichtig mit meinem Geld umgehen und leistete es mir, einmal in der Woche bei Katja anzurufen. Wir quatschten über belangloses Zeug, während ich den Sekundenzeiger der Gebührenuhr verfolgte. Mein Limit lag bei drei Minuten. Ich versuchte, sie nicht mit meinen Erlebnissen und Eindrücken zu überschütten, da ich ihr nicht das Gefühl geben wollte, ausgegrenzt zu sein. Meine Begeisterung bedrückte sie trotzdem. Sie erzählte mir mit leiser Stimme von ihren einsamen Abenden und Nächten in Berlin und von Ausflügen mit ihren Freundinnen. Außerdem hatte sie meistens irgendwelchen Stress in der Schule oder mit ihren Eltern. Ich kann nicht sagen, dass mich die

Telefonate mit ihr besonders aufmunterten. Sie waren wie Rufe aus der kalten und dunklen Heimat, die im indischen Sonnenlicht innerhalb weniger Stunden wieder verhallten. Trotzdem brauchte ich diese Rufe. Sie erinnerten mich daran, woher ich kam und wer auf mich wartete. Sie gaben mir Ruhe und taten mir weh. Mit den Jungs sprach ich nicht über Katja. Ich wollte sie für mich behalten und widmete ihr die einsamen Minuten vor dem Einschlafen, in denen ich nach dem Trubel des Tages wieder zu mir selbst fand. Meine Lippen formten ihren Namen, bis die Erinnerungen an ihren Körper und ihren Geruch mit voller Schärfe bei mir waren. Dann kostete ich den Schmerz unserer Trennung kurz aus und schlief ein.

Im Verlauf der Tage gewöhnten wir uns zunehmend an die neue Umgebung und die Anstrengungen des Reisens, ohne unsere anfängliche Euphorie zu verlieren. Nur Jan kam nicht so richtig auf die Situation klar. Nachdem er den ersten Kulturschock überwunden hatte, entwickelte er nicht wie wir anderen den typischen Humor der Indienreisenden. Stattdessen redete er die ganze Zeit darüber, dass alles Sinn machte und in seiner kosmischen Ordnung war oder dass es eben keinen Sinn machte und sich nicht in seiner vorherbestimmten Ordnung befand. Der Versuch eines Deutschen, seine anerzogenen Vorstellungen von Ordnung auf ein so vielschichtiges, kontinuierliches und sich ständig in Bewegung befindliches Land wie Indien anzuwenden, war dabei natürlich von Anfang an zum Scheitern verurteilt. Das war kein Ort, den man kontrollieren konnte, sondern ein Ort, dem man sich hingeben musste. Dazu fehlte es Jan jedoch an Vertrauen. Er hatte seine tiefe Verunsicherung aus Berlin mitgenommen und sie wurde unter dem Einfluss der fremden Umgebung stetig größer. Krampfhaft positive und klinisch negative Einstellungen der Umwelt und dem Leben gegenüber traten bei ihm in schnellem Wechsel auf. In abgeschnittenen Bundeswehrhosen und klobigen Baustellenschuhen lief er durch indische Städte und sprach von der Allgegenwärtigkeit und Größe Gottes, um nur wenige Stunden später in einem Hotelzimmer völlig in sich zusammenzubrechen und von der Wertlosigkeit seines Lebens überwältigt zu werden. Er suchte Antworten auf Fragen, die nie gestellt worden waren, und ging uns damit auf den Keks. Außerdem machte es ihm zu schaffen, dass er in den Augen der Inder reich war. Das griff seine Punker-Ehre an und zwängte ihm eine Rolle auf, die ihm nicht gefiel. Ich hörte ihm viel zu und versuchte ihm das Gefühl zu geben, dass alles in Ordnung war.

Das Ganze eskalierte nach ungefähr zwei Wochen. Wir verbrachten den Tag bei einem Yogi, der in einem Tempel auf einem Berg in der Wüste lebte. Der alte Mann mit den langen grauen Dreads erklärte uns die Zusammenhänge zwischen Leben, Karma und Wiedergeburt und gab uns Haschisch zu rauchen. Das erste High nach meiner Ankunft in Indien war bombastisch und schoss mich vollständig aus dem Orbit. Solche Tiefe, Reinheit und Schuldfreiheit im Rausch hatte ich vorher noch nicht erlebt. Die

Klarheit überwand alle vorgefertigten Meinungen und Empfindungsmuster und befreite mich von unnötigen Gedanken und Intentionen. Ich schwieg und blickte von dem Berg in die Wüste hinaus. Die Landschaft war zeitlos und weit. Eine vorbeiziehende Kamelkarawane zauberte ein Lächeln in mein Gesicht, das ich mehrere Stunden lang nicht mehr loswurde. Ich fühlte mich wie Marco Polo, beglückwünschte mich zu meiner Reise und genoss jede Minute des Tages. Jan stellte dem Yogi währenddessen eine Unmenge von Fragen. Er hatte nach wochenlanger Abstinenz zum ersten Mal wieder gekifft, war dadurch aber kein bisschen entspannter. Aus ihm sprachen Skepsis und Aggression. Der alte Mann blieb geduldig und sanft. Zum Abend hin kamen einige Inder auf den Berg, um ebenfalls bei dem Yogi Rat zu suchen und Abstand zu ihrem Leben in der Stadt zu gewinnen. Sie teilten ihren Tee und ihr Obst mit uns und sprachen bereitwillig von ihren Sorgen und ihren Ansichten. Das Haschisch und die Aussicht gaben ihren Augen den Glanz zurück und ließen auch sie lächeln. Auf dem Berggipfel herrschte eine friedliche und kameradschaftliche Stimmung. Unzählige Vögel zwitscherten und der Wind raschelte in den Blättern der um den Tempel wachsenden Büsche. Jan saß etwas abseits von uns anderen und machte ein Gesicht, das vor Traurigkeit hässlich war. Ich wurde müde. Eigentlich hätten wir uns spätestens eine Stunde vor Sonnenuntergang auf den Heimweg machen müssen, um heil und im Hellen wieder in unser Hotel zu kommen, doch dann hätten wir den Sonnenuntergang über der Wüste und das Abendritual des Yogis verpasst. Dieser ermutigte uns zu bleiben und meinte, wir würden unseren Weg zurück auch im Dunkeln finden. Ich glaubte ihm.

Der Tempel war so gebaut, dass man die untergehende Sonne auch aus dem Innenbereich sehen konnte und die Wände des Altarraumes durch sie in ein glühendes Rot gefärbt wurden. Der Yogi klingelte mit einer Glocke in seiner Hand die Ecken des Raumes aus und räucherte danach alles mit Weihrauch ein. Er sang mit schnarrender Stimme vedische Lieder und ließ uns vor dem Altar Savitris, der Frau Brahmas und Mutter der Menschheit, niederknien. Sein gutmütiges, gefurchtes und bärtiges Gesicht war jetzt ernst und andächtig. In meinem schweren Charas-Rausch verlor ich das Zeit- und Raumempfinden und konzentrierte mich vollends auf meine angenehmen Sinneseindrücke. Das laute, rhythmische Läuten und das monotone Singen betörten mich genauso wie der dichte, wohlriechende Rauch. Der Yogi bespritzte uns mit Rosenwasser, bewarf uns mit Blütenblättern und ließ uns aus seiner Hand ein süßes Gebäck essen, das nach Mandeln schmeckte.

Nachdem alles vorbei war, dankten wir ihm, spendeten etwas Geld und stolperten langsam und berauscht den steinigen Berg hinab in Richtung der Lichter des Ortes. Dabei sprachen wir nicht. Es war meine erste religiöse Weihe überhaupt gewesen und ich konnte wirklich einen Unterschied und eine geistige Erhöhung in mir spüren. Im Hotel setzten wir uns auf die Dachterrasse und tranken Tee. Beim

Schein der unverkleideten Glühbirnen sah ich den Jungs zum ersten Mal, seit die Sonne untergegangen war, wieder in die Augen. Andreas war total weggespaced und in seiner eigenen Welt unterwegs, Günther ein wenig kritisch und nicht sicher, was er von der Sache halten sollte, und Jan schaute, als wäre die Welt gerade untergegangen.

»Was is'n los mit dir?«, fragte ich ihn, weil ich mir Sorgen machte.

Er rollte mit den Augen. Die Arme hatte er vor dem Oberkörper verschränkt.

»Mann, das war doch voll scheiße, so 'n komisches Religionszeug. Wir wissen doch gar nicht, was der mit uns gemacht hat. Wir hätten echt früher gehen sollen, das war total doof.«

Ich wusste nicht, was ich sagen sollte, und schwieg eine Weile. Meine Geduld neigte sich dem Ende zu. Dann brach es aus mir raus:

»Was soll der schon mit uns gemacht haben, Jan? Der Typ sitzt sein ganzes Leben in 'nem weißen Umhang aufm Berg, füttert die Vögel, lebt selbst von Getreidekörnern, Obst und Tee und betet den halben Tag. Wie viel negative Energie kann der schon angesammelt haben?«

Er wurde passiv. Das Kräfteverhältnis in unserer Freundschaft war gekippt.

»Weiß nicht, Mann, ich meine nur, mir war das echt zu krass und zu intensiv. Ich fühle mich nicht gut.«

Ich schaffte es, Blickkontakt mit ihm herzustellen, und gab meiner Stimme wieder einen weicheren Klang.

»Jan, entspann dich doch bitte mal. Wir sind in Indien, wir sind total bekifft und wir haben gerade 'ne krasse, aber völlig ungefährliche Erfahrung gemacht. Lass uns doch einfach kurz zusammen runterkommen, was essen gehen und morgen ist dann alles wieder gut, okay?«

Er sah mich unverändert verstört an.

»Ich glaube, wir wären da besser nicht raufgegangen, Mann. Ich glaube, ich wäre hier besser gar nicht hergekommen. Ich weiß nicht, was ich hier soll, Mann. Ich glaube, ich gehör hier einfach nicht hin.«

Günther und Andreas warfen mir genervte Blicke zu. Sie hatten genug von dem Text. Ich probierte es noch mal.

»Alter, die Frage ist doch nicht, ob du hier hingehörst oder nicht, sondern was du zurzeit in Berlin willst. Is dir schon mal aufgefallen, dass hier 25 Grad sind und wir im T-Shirt rumlaufen? Klar ist es krass hier, aber die Leute sind doch voll nett. Hier ist niemand, der dir irgendwas Böses will, echt nich. Man muss sich halt ein bisschen an alles gewöhnen. Ich find's ziemlich schön.«

Es half nicht. Er konnte sich nicht mehr beruhigen und stellte alles infrage: sich selbst, unsere Reise nach Indien, die Inder und ihre Art zu leben und natürlich den Hinduismus. Er wollte kein Tourist sein und trauerte der vielen verschenkten Zeit der letzten Jahre hinterher. Alles Gute und Schöne um uns herum verschlechterte nur seine Laune und seine Meinung von sich selbst. Er sprach ständig davon, dass er nichts gelernt hatte und nichts konnte. Das ging mehrere Tage so weiter, bis Günther es nicht mehr aushielt.

Er schlug mir vor, mit Jan zu reden und sich für einen begrenzten Zeitraum zu trennen. Es wurde ein langes und schwieriges Gespräch, das etwas von einer entarteten Gruppenratssitzung hatte. Wir saßen wie Thälmannpioniere um einen quadratischen Tisch herum und trugen unsere Argumente vor.

Günther: »Ich hab ja nichts gegen dich, Jan, aber du verdirbst mir den Urlaub. Ich hab meinen Bassverstärker und mein Fahrrad verkauft, um hier sein zu können, und keine Lust, mir jeden Tag dein negatives Gerede anzuhören. Das zieht mich extrem runter.«

Andreas: »Wenn du nicht hier sein willst und du keinen Sinn darin siehst, wie ein Tourist durch die Gegend zu fahren, dann flieg doch einfach zurück nach Hause oder such dir hier einen Ort aus, an dem du längere Zeit bleiben willst. Ich kann dir echt nicht helfen.«

Ich: »So geht's nicht weiter. Du musst wieder zu dir kommen und aufhören, der Vergangenheit nachzutrauern. Früher war nicht alles schlecht. Überleg mal, was für geile Sachen wir gemacht haben. Die Portugalreise mit Anton? Der Trip an die Ostsee? Oder wie wir die Party auf dem Spreespeicher geschmissen haben? Und weißt du noch, wie die Typen in Karlshorst uns 'ne Woche lang bezahlt haben, obwohl wir immer nur morgens und zum Feierabend da waren? Komm, vieles war einfach lustig. Klar haben wir anderes nicht gemacht, aber dafür ist doch noch reichlich Zeit.«

Jan: »Ich weiß, versteh ich, ich weiß auch nicht.«

Er gierte nach Worten wie ein Ertrinkender nach der rettenden Hand, doch sie hatten überhaupt keinen Einfluss auf seinen Zustand. Sie prallten an seinem sorgenverzerrten Gesicht ab. Da er nicht nach Hause wollte und die Jungs eine Pause von ihm brauchten, folgten wir Günthers Vorschlag und gingen für zwei Wochen getrennte Wege. Ich reiste mit Andreas und Günther weiter und ließ Jan allein. Trotz des gut gemeinten stundenlangen Redens sah es am Ende irgendwie so aus, als wollten wir ihn einfach loswerden.

Ich war hin und her gerissen. Auf der einen Seite tat er mir leid und ich fühlte auch so etwas wie Verantwortung ihm gegenüber. Auf der anderen Seite war ich von seinem Verhalten echt genervt und hatte Lust auf eine unbeschwerte Reise. Er selbst sah ein, dass er uns die Tage versaute, und fügte sich der Entscheidung. An unserem Treffpunkt in Goa tauchte er dann aber nicht auf. Ich vermutete, dass er sauer auf uns war, und machte mir keine Sorgen um ihn. Meine innere Stimme sagte mir, dass es ihm gut ging. Wir hinterließen an einigen zentralen Anlaufstellen Nachrichten und reisten zu dritt weiter die Küste runter nach Gokarna, dann ins Landesinnere nach Hampi und anschließend den ganzen weiten Weg nach Nepal, wo wir eine ausgedehnte Bergtour unternahmen und uns in das kalte und dunkle Kathmandu verliebten. Fast zwei Monate, nachdem wir uns getrennt hatten, traf ich Jan dann zufällig auf einer mit Tausenden von Menschen vollgestopften Hauptstraße in Varanasi wieder. Er hatte sich die Haare am Hinterkopf abgeschnitten und wirkte ernst und gefasst.

Ich glaube, er hatte den Kampf mit seinen Dämonen angenommen. Wir zogen wieder zu viert zusammen und verbrachten schöne Tage im frauenlosen Altstadthaus einer brahmanischen Familie. Morgens gingen wir zum Yogaunterricht im Untergeschoss des Hauses und abends oft in die Stadt zu Konzerten mit klassischer indischer Musik. Manchmal schafften wir es sogar, die ersten Sonnenstrahlen des Tages gemeinsam mit unseren Gastgebern im Ganges badend zu erblicken.

Wir lasen nacheinander eine zerfledderte Ausgabe von Henry Millers *Tropic of Capricorn*, die Andreas in einem Book Shop gefunden hatte. Ich erkannte mich in Henrys Freund Ulric wieder, der überwältigt von der Schönheit Frankreichs und im Bewusstsein seiner Herkunft immer wieder »Just a Brooklyn Boy!« ausrief. Hier war ich, der Junge aus Ostberlin, den man in seiner Kindheit gedrillt und uniformiert hatte, im spirituellen und kulturellen Zentrum des shivaitischen Universums. Ich fühlte mich inmitten des Chaos der Stadt im totalen Einklang mit mir selbst und war glücklich. Der Gestank war mir Duft, der Lärm Musik, die Enge Nähe und der Schmutz Zier. Mit Jan unternahm ich eine Bootsfahrt auf dem Ganges. Wir ruderten den Fluss bis zur Brücke hinauf, rauchten etwas Opium und ließen uns dann in dem Holzkahn an der Stadt mit ihren wunderschönen Ghats und den rituellen Leichenverbrennungen vorbeitreiben. Dann machten wir das Boot an der der Stadt gegenüberliegenden Seite fest und wanderten durch den hellen Sand des Schwemmlandes. Wir wunderten uns über eine Gruppe kreisender Vögel und fanden eine Babyleiche, deren linker Fuß fehlte. Wir starrten den kleinen, leblosen Menschen eine Weile an und kehrten dann um, ohne ein Wort miteinander zu sprechen. Unsere Reise ging langsam zu Ende und wir waren endgültig in Indien angekommen. Wir hatten vieles nicht geschafft und nicht gesehen, aber das tat mir nicht leid. Das Taj Mahal lief ja nicht weg.

Gemeinsam mit den Hindus feierten wir das Holi-Fest zu Beginn des Frühlings, bei dem man sich gegenseitig ausgiebig mit Wasserfarbe bespritzt und Bhang Lassi aus großen Töpfen gereicht bekommt. Danach reisten wir mit einem »Om Namah Shivaya« auf den Lippen zurück nach Delhi. An unserem letzten Abend in Varanasi rief ich bei Katja an. Ich war aufgeregt und sie komisch reserviert. Sie gestand mir, dass sie sich in jemand anderen verliebt hatte. Ich konnte nichts dazu sagen und verabschiedete mich höflich von ihr. Betäubt lief ich aus dem kleinen Laden auf die Straße. Es fühlte sich an, als hätte ich plötzlich Steine in der Brust. Die Welt um mich herum blieb stehen. All die Wochen, in denen ich auf Reisen gewesen war, hatte ich Katja in meinem Herzen getragen. Sie war meine Heimat gewesen, mein Zuhause. Jede Nacht hatte ich an sie gedacht, ihr von meinem Tag berichtet, sie in meinen Schlafsack gewünscht. Ich hatte ihr Gesicht vor mir gesehen und ihre Stimme gehört, bevor ich einschlief. Was sollte ich in Berlin ohne sie? Warum passierte das jetzt, wo ich schon auf dem Weg zurück zu ihr war?

Ich ging ziellos durch die Gassen der Altstadt. Von einem auf der Straße arbeitenden Barbier ließ ich mir mit dem Messer den Kopf kahl scheren. An den Gaths traf ich danach Günther. Ich erzählte ihm, was passiert war, während wir Tee tranken und auf den Fluss schauten, der unabänderlich von links nach rechts an uns vorbeiströmte. Wir redeten beide darüber, was wir zurück in Berlin machen würden. Mir war klar, dass ich langsam damit anfangen musste, irgendetwas Sinnvolles zu tun. Ein paar Stunden später stiegen wir in den Nachtzug nach Delhi. Ich konnte nicht schlafen, weil ich an Katja und unsere Zugfahrt von Amsterdam nach Berlin denken musste. In dem Großraumabteil hörte man verschiedene Menschen schnarchen und reden. Ich rauchte Bidis und sah aus dem Fenster. Die Landschaft war nicht zu erkennen.

Wir kamen sehr früh in Delhi an und hatten Probleme, ein Zimmer zu bekommen. Ich schlief dann ein paar Stunden bis in den späten Vormittag hinein. Als ich wach wurde, fühlte ich mich dumpf. Ich setzte mich seitlich auf mein Bett und fasste mir an den frisch rasierten Schädel. Mit Katja an meiner Seite war Indien toll gewesen. Jetzt, wo ich allein war, hatte es keinen Glanz mehr. Günther sah mich vom benachbarten Bett aus an.

»Ich will nach Hause«, sagte ich zu ihm.

Er verstand nicht.

»Jetzt gleich.«

Er dachte kurz nach.

»Okay, ich komm mit.«

Wir standen auf und frühstückten, während Jan und Andreas noch schliefen. Danach klapperten wir die Reisebüros ab, bis wir jemanden fanden, der unsere Flüge umbuchen konnte. Das dauerte mehrere Stunden und verschlang unser letztes Geld. Zurück im Hostel trafen wir Jan und Andreas, die den Plan hatten, für die letzte Woche vorm Rückflug noch einmal in die Berge nach Rishikesh zu fahren. Wir packten unsere Sachen, aßen zum letzten Mal gemeinsam mit den anderen zu Abend und fuhren dann mit einer offenen Motorrikscha den ganzen weiten Weg zum Flughafen raus. Eigentlich nimmt man für die fast einstündige Fahrt ein Taxi, aber das konnten wir uns nicht mehr leisten. Gegen Mitternacht hoben wir mit dem restlos ausgebuchten Flieger ab. Es fühlte sich gut und richtig an.

18.

Wieder in Deutschland zu sein, war erst mal komisch. Wir hingen an einem Donnerstagmorgen auf dem Flughafen in Frankfurt zwischen lauter Krawattenträgern rum und warteten auf zwei freie Plätze nach Berlin. Ich borgte mir etwas Münzgeld bei jemandem und rief Katja an, obwohl ich mir fest vorgenommen hatte, mich nicht bei ihr zu melden. Meine Sehnsucht war stärker als die Vorsätze und der Stolz. Sie musste noch geschlafen haben, denn ihre Stimme war ganz kehlig und schwach. Trotzdem klang sie durch die deutsche Leitung viel näher als sonst. Das regte mich auf. Ich begrüßte sie überschwänglich und tanzte vor dem Telefon rum. Sie war kalt und abweisend zu mir, unverbindlich. Sie meinte, ich solle mich mal melden, wenn ich wieder zurück sei, und beendete das Gespräch schnell.

Während meiner Reise hatte ich mir immer wieder ausgemalt, wie sie mich am Flughafen abholen würde. In meiner Vorstellung hatte eine feste, minutenlange Umarmung unsere Trennung beendet. Das konnte ich mir jetzt endgültig abschminken. Sie wartete nicht auf mich und ich würde allein in Berlin sein. Das Gefühl drückte im Hals und machte mich wieder taub. Aus einem Reflex heraus rief ich bei Anton an, den ich auch weckte. Er war etwas verwirrt und wusste nicht so recht, was er mir morgens um halb acht sagen sollte. Ich rief dann auch noch bei Georg an, der ähnlich reagierte. Mir wurde klar, dass in den letzten Monaten in Berlin wesentlich weniger passiert war, als mit mir in Indien. Was hatten die Leute zu erzählen? Dass das neue Chronik von Mike echt der Hammer war und die letzte Peshay-Platte super fett? Dass ein neuer Club aufgemacht hatte?

Meine Heimkehreuphorie wurde deutlich schwächer. Katja war mit einem anderen Typen zusammen, der höchstwahrscheinlich gerade neben ihr lag, und meine Freunde hatten nach einem langen und harten Winter mit sich selbst zu kämpfen.

Teilnahmslos sah ich mir die Auslagen der Geschäfte im Flughafen an. So viele teure Sachen, die niemand brauchte. Eine Stunde später buchte uns die Lufthansa auf zwei Businessplätze nach Berlin und gab uns Kaffee und Brötchen. Da saßen wir in unseren stinkenden und abgerockten Klamotten, die wir seit Jahresbeginn mehr oder weniger jeden Tag angehabt hatten. Meine ursprünglich hellen Cordhosen waren erdfarben und bestanden an den Oberschenkeln nur noch aus blankem Stoff, weil die indischen Wäscher der unzähligen Laundry Services bei dem verzweifelten Versuch, die Hosen sauber zu bekommen, den ganzen Cord runtergebürstet hatten. Auch meine geliebten braunen Airwalks waren reif für die Mülltonne. Sie hatten mittlerweile leicht unterschiedliche Farben, weil ich mit dem rechten Fuß einmal bis zum Knöchel in einen Haufen Kuhscheiße versunken war, und rochen deutlich wahrnehmbar. Dem alten dunkelblauen Lacoste-Poloshirt, das ich als Schüler irgendwann gebraucht gekauft hatte, war es ähnlich wie der Hose ergangen. Die Bürsten der indischen Wäscher hatten dem altersschwachen Stoff deutlich zugesetzt und an den Schultern kleine Löcher hinterlassen. Zu allem Überfluss hingen meine Sachen auch noch schlaff an mir runter, weil ich während der Reise dank Amöbenruhr und einigen anderen unangenehmen Erfahrungen mit dem indischen Essen und Trinken mehr als zehn Kilo abgenommen hatte. Ich zog mein braunes Basecap tief ins Gesicht und ignorierte die fragenden, feindlichen Blicke der frisch gebadeten und gut genährten Wirtschaftselite um uns herum. Günther hatte den Fensterplatz neben mir und sah einfach in die Wolken hinaus.

In Tegel standen wir vor dem Problem, dass wir kein Geld für den Bus hatten und nicht wussten, wie wir in den Ostteil kommen sollten. Schwarzfahren war nicht drin, weil wir nach der langen Abwesenheit kein Feeling mehr für die Stadt hatten und auch nicht direkt mit sechzig Mark minus zu Hause ankommen wollten. In Indien hatte ich von sechzig Mark eine ganze Woche lang gelebt und es kam mir in dem Moment am Flughafen wie ein Vermögen vor.

Nach ein paar unentschlossenen Minuten schulterten wir einfach gewohnheitsmäßig unsere Rucksäcke und liefen in Richtung Südosten los. Es war kühl und windig und die Bäume waren noch nicht wieder grün. Die Stadt kam mir wahnsinnig aufgeräumt, leer und geradlinig vor.

In keiner indischen Stadt hatte ich so wenige Menschen gesehen wie an diesem Morgen in Berlin. Alles schien übermäßig strukturiert und lag wie gezeichnet in der kalten, klaren Luft, so als wäre es für die Betrachtung und nicht für den Gebrauch geschaffen worden. Irgendwo in Reinickendorf trafen wir dann auf einen Busfahrer, der an einer Endhaltestelle neben seinem Bus hin und her spazierte und rauchte. Auf der Anzeige des Doppeldeckers stand Eberswalder Straße. Das war auf jeden Fall schon mal die richtige Richtung. Wir redeten mit dem grau melierten und augenberingten Fahrer und erklärten unsere Lage. Der Typ blickte skeptisch und fühlte uns auf den Zahn, bevor er uns zu einer Freifahrt einlud. Es tat unglaublich gut, endlich wieder jemanden in diesem kurz angebundenen, knarzigen Berliner Tonfall reden zu hören, den Zugezogene und Touristen fälschlicherweise oft als Unfreundlichkeit verstehen. Wir setzten uns oben in die erste Reihe und schunkelten gemütlich in den Osten. Im Prenzlauer Berg sah die Stadt wieder wie Heimat aus: braune, unsanierte Häuser, aufgeplatzter Asphalt, holprige Gehwege, ungepflegte Grünflächen, beschmierte Fassaden, verkorkste Gestalten. Wir waren verpeilt, übermüdet, geflasht und hungrig und fingen an zu kichern und über Indien zu reden. Es war Günthers Idee, seine Großmutter in der Fehrbelliner Straße zu besuchen, und es war eine sehr gute. Die Frau freute sich, ihn zu sehen, und hatte auch keine Probleme damit, dass wir unangemeldet bei ihr reinplatzten. Ich glaube, die Idee entsprang unseren vielen Gesprächen über Truman

Capotes *Grasharfe,* die wir auf der Reise geführt hatten. *Ich war elf und später wurde ich sechzehn. Verdienste erwarb ich mir keine, aber das waren die wunderbaren Jahre.*

Wenn man als Junge in die Gesellschaft hineinwächst und von dieser zunehmend durch Sprache, Anforderungen und falsche Werte deformiert wird, tut es einfach gut, eine ältere Freundin zu haben, welche die wichtigen Dinge nicht so eng sieht und auf den angeblichen Ernst des Lebens etwas pfeift. Für Günther war seine Großmutter so eine Freundin gewesen. Sie machte uns Kaffee und Rühreier und ließ sich von unserer Albernheit und unserer Begeisterung anstecken. Nach dem Frühstück riefen wir auf ihren sanften Druck hin unsere Eltern an und meldeten uns zurück. Meine Mutter war ganz aufgeregt und freute sich, von mir zu hören. Ich borgte mir etwas Geld und verabschiedete mich am Alex von Günther. Es ist merkwürdig, sich zu trennen, wenn man sich drei Monate lang jeden Tag von morgens bis abends gesehen und immer in demselben Raum geschlafen hat. Man geht zurück in die Einsamkeit der Individualität und fühlt sich, als würde man ein bisschen sterben.

Ich holte meine Mutter kurz nach ihrer Mittagspause von der Arbeit ab und wir fuhren zusammen mit der U-Bahn nach Biesdorf. Sie bestand darauf, dass ich ein Bad nahm, und steckte meine Kleidung und die restlichen Sachen aus meinem Rucksack in die Waschmaschine. Danach kochte sie etwas, das nach dem ganzen indischen Essen wahnsinnig fade schmeckte. Bei Tisch trug ich alte

Sachen, die ich bei meinem Auszug zurückgelassen hatte, und kämpfte mit der Müdigkeit. Es fiel mir schwer, etwas von der Reise zu erzählen. Wir plauderten ein bisschen, bevor ich in meinem alten Zimmer, das jetzt das Gästezimmer war, in tiefen Schlaf fiel.

Als ich erwachte, war ich endgültig wieder in Berlin angekommen. In der weiß gestrichenen Dachschräge sammelte sich das blaue Licht des Abends und auf einem der angrenzenden Grundstücke bellte ein Hund einem Passanten hinterher. Ich blieb ein paar Minuten auf dem Rücken liegen und sortierte meine Gedanken. Die zwei durchgereisten Nächte steckten in meinen Knochen und die frische Bettwäsche fühlte sich hart auf der Haut an. Dann zog ich die alte 501 und das »And Justice for All«-T-Shirt über und stieg die hölzerne Treppe hinab.

Mein Stiefvater saß wie immer an seinem hellen, aufgeräumten Schreibtisch im Esszimmer und besah irgendwelche Papiere. Nach acht Stunden Büroarbeit hatte er noch nicht genug davon, auf dem Hintern zu sitzen und Ordnung in Unterlagen zu bringen. Er stand auf und gab mir seine feste, trockene Hand. Wir tauschten ein paar Floskeln aus. Ich schaute ihm in die Augen und ließ meinen Blick dann über den Schreibtisch und auf das Fenster dahinter wandern. In dem Vogelhaus auf der Terrasse lag trotz des schon zaghaft beginnenden Frühlings Futter für die zu dicken Amseln und die Koniferen hatten hässliche, braune Frostschäden. Jenseits davon strahlten mit Osterschmuck behangene Forsythien. Meine Mutter war mit dem ebenfalls zu dicken Kater im Wohnzimmer und die Tür zwischen den beiden Zimmern gewohnheitsmäßig geschlossen. Sie trank Wein und blätterte in einem Buch. Ich setzte mich zu ihr auf die Couch und fühlte mich komisch in meinen abgelegten Teenagerklamotten. Die bürgerliche Einrichtung des Zimmers schien mir absurd. Schrankwand, Polstermöbel, Stehlampe, Sekretär und Couchtisch beanspruchten so viel Platz, dass ich mich beengt fühlte und schlecht Luft bekam. Wir nahmen das Gespräch vom Mittag wieder auf und hörten dabei Leonard Cohen. Das Lieblingslied meiner Mutter war »Sisters of Mercy«. Sie mochte die Melodie und den Klang der mechanischen Spieluhren. Ich trank auch ein Glas Wein, weil mich die Musik dazu in Stimmung versetzte, und spürte die Wirkung sofort.

In den letzten Monaten hatte ich nur zweimal Alkohol getrunken, an unserem ersten Abend in Delhi und in einer denkwürdigen Nacht in einer Jazzbar in Kathmandu. Günther hatte den unfähigen nepalesischen Barmann dort abgelöst und den ganzen Laden mit Wodka Lime und Whiskey Sour abgefüllt. Dazu ließ er Coltrane-Tapes aus der umfangreichen Sammlung des Eigentümers laufen. Ich berichtete von unserer langen Wanderung durch die Täler und über die Pässe des Himalaja. Die Erlebniswelt der Berge konnte ich noch am besten in meinem müden und überladenen Kopf strukturieren und anhand von Angaben zu Ausgangs- und Ankunftsorten, Höhenmetern, Pflanzen- und Tierwelt, Berghütten, Tagesmärschen,

Hängebrücken und heißen Quellen wiedergeben. Meine Mutter hörte sich die Geschichte an und erzählte dann, dass Katja im Laufe des Nachmittags zweimal angerufen hatte. Sofort bekam ich einen flauen Magen und einen leichten Kopf. Ich war mir ganz sicher, dass sie mich genauso vermisste wie ich sie, ihr Widerstand und ihre Abweisung schüchterten mich jedoch ein. Ich wollte mich ihr nicht aufdrängen oder Ansprüche anmelden. Mutter stellte das Telefon irgendwann vor mich auf den Couchtisch und verließ das Zimmer. Die Nummer kannte ich aus dem Kopf.

»Hallo?«

Ihre Stimme war wieder offen und voll gespannter Erwartung.

»Ich bin's«, antwortete ich mit wenig Mut.

»Wo bist du denn? Warum bist du nicht zu mir gekommen?«

Sie klang besorgt und auch etwas vorwurfsvoll. Ich war verwirrt.

»Ich war mir nicht sicher, ob du das willst.«

Es war Stille in der Leitung, bis sie fragte:

»Willst du jetzt herkommen?«

»Ja, eigentlich gern, aber …«

»Aber was?«

»Willst du das?«

»Ja.«

»Okay, dann bis gleich.«

»Bis gleich.«

Ich legte den Hörer zurück auf den Apparat und atmete tief durch. Meine Mutter brachte mich wenig später mit dem Auto nach Ahrensfelde. Das war wirkliche Freundlichkeit und meiner langen Abwesenheit geschuldet. Sie machte so etwas sonst nicht. Wir fuhren in dem grünen Golf die Köpenicker Straße hoch, passierten am Elsterwerdaer Platz die hier überirdisch laufende U-Bahn-Linie, kreuzten danach die Bundesstraße, erklommen die Brücke über die Trasse der S-Bahn-Linie, blickten auf Marzahn und folgten dem Blumberger Damm weiter Richtung Norden bis zu seinem Ende. Je näher wir Katjas Wohnung kamen, desto aufgeregter wurde ich. Meine Mutter fand dieses Verliebtsein ihres Sohnes rührend und wünschte mir vor dem schmucklosen, grauen Neubaublock, in dessen Vorgarten zahllose Frühlingsblumen blühten, viel Glück.

Ich klingelte und lief die flachen, steinernen Treppen hinauf. Katja stand in schicken und etwas förmlichen Sachen in ihrer Tür und erwartete mich. Ihre Augen zeigten Befangenheit, doch auch Zärtlichkeit und Liebe. Wir umarmten uns kurz, ohne uns zu küssen, und wahrten danach für eine ganze Weile eine sichere körperliche Distanz. Während wir auf dem Boden unter dem Fenster sitzend langsam und leise miteinander sprachen, wich die Aufregung keinen Augenblick von uns. Ich freute mich riesig, wieder in dem kleinen Zimmer mit dem schmalen eisernen Bett und dem gemalten Himmel zu sein. In meinem Herzen hatte ich dieses Zimmer um die halbe Welt herumgetragen und nun war es, als würde alles wieder an seinem richtigen Platz sein. Nur lagen wir nicht nackt im Bett, sondern saßen angezogen davor. Katja hatte sich verändert, sie wirkte ernst und erwachsen und ihre Stimme hatte den kindlichen Klang verloren. Sie war nicht abweisend, aber auch nicht zugänglich. Ich spürte, dass sie noch nicht entschieden hatte, ob sie mich in ihr Bett lassen würde. Die Zeit spielte für mich. Ich blickte ihr oft in die Augen und bemerkte irgendwann, dass sie ihr Haar kürzer geschnitten hatte. Sie begann, ab und an zu lächeln.

Je tiefer wir uns in den Abend hineinredeten, desto mehr kamen das alte Vertrauen und die Vertrautheit zurück. Ich verstand, dass sie sich von mir verlassen gefühlt hatte. Der Urlaub mit meinen Freunden war mir wichtiger gewesen als sie. Daher hatte ich kein Recht, nach dem anderen Typen zu fragen oder ihr Vorwürfe zu machen. Er interessierte mich auch nicht. Eifersucht spürte ich keine. Alles, was ich wollte, war sie. Ich fing an, sie zu berühren, und sie erwiderte das schüchtern. Es dauerte sehr lange, bis wir uns küssten und langsam auszogen. Wir hatten Sex auf dem harten kratzigen Fußboden. Es war wunderschön und romantisch, eigentlich so, wie ich es mir für unser erstes Mal gewünscht hatte. Wir nahmen uns viel Zeit füreinander und hörten lange nicht auf, uns zu lieben. Danach legten wir uns ins Bett und schliefen Arm in Arm ein.

19.

Am nächsten Morgen klimperte der Regen auf den blechernen Fensterbrettern und der Himmel war grau. Ich hielt mich an Katja fest und ließ die Ereignisse der letzten Tage noch einmal an mir vorüberziehen. Sie wollte nicht mit mir kuscheln und verließ das Bett schnell. Probleme lagen in der Luft. Ich fühlte mich matt und beobachtete, wie sie in Unterhose durchs Zimmer lief und Frühstück machte. Meine ernsten Blicke erwiderte sie spielerisch und unverbindlich. Wir waren noch immer ineinander verliebt, doch sie hatte im Winter neue Pläne für ihr Leben geschmiedet und konnte sich jetzt nicht einfach über Nacht von ihnen verabschieden. Nachdem ich meinen Kaffee ausgetrunken hatte, spürte ich, dass es Zeit war zu gehen. Ich fuhr in den Friedrichshain und machte meine Runde. Die Leere und Geruchlosigkeit der Stadt verunsicherten mich nach wie vor und es fiel mir schwer, mehr als fünf Meter in gerader Linie zu gehen. In Indien war ich immer um andere Menschen und Tiere herumgelaufen und hatte dadurch einen gewundenen und weichen Schritt bekommen.

Zuerst besuchte ich Anton in der Jungstraße. Seine Wohnung war voll ungewaschener Anziehsachen und leerer Colaflaschen. Es roch nach Kohlenstaub und Grasjoints und seine Mitbewohnerin saß mit Besuch aus der Provinz in der Küche. Wir zogen zusammen weiter zu Georg in die westliche Boxhagener. Der Bass seiner Anlage drang bis in die Hofdurchfahrt. Wir hingen auf der gemütlichen alten Couch rum, tranken Kaffee und Bier, rauchten Zigaretten und Joints und redeten. Jede Stunde kamen ein oder zwei Leute dazu und die Wohnung füllte sich langsam. Es war nichts Besonderes passiert, nur so Sachen wie: Die ist jetzt mit dem zusammen und Dings wohnt jetzt da und da. Ich hatte ein Vierteljahr lang keine Clubmusik gehört und spielte alle neuen Platten, die ich bei Georg fand. Der Sound wurde immer düsterer. Mit dem zeitlichen Abstand, der Sonnenerinnerung auf der Haut und der übertrieben fröhlichen indischen Popmusik im Ohr hörten sich die neuen Drum-and-Bass-Sachen wie Ton gewordene Graspsychosen an. Ungroovige dröhnende Basslines lagen auf vorhersehbaren und technisch klingenden Beats, die einem wie Maschinen ins Hirn hackten. Tock pock, tockpock, tock pock, tockpock. Zwischendurch brachen düstere Soundlandschaften auf und verbreiteten Angst.

Abends ging ich auf gut Glück bei Günther in der Revaler Straße vorbei und kam gerade rechtzeitig zum Essen. Er hatte Indisch gekocht und die Bude voller Besuch aus Marzahn. Seine Wohnung war warm, aufgeräumt und sauber, stimmungsvoll beleuchtet und von einem schweren orientalischen Vibe durchdrungen. Er ließ eine alte Ravi-Shankar-Platte laufen und brannte reichlich Räucherstäbchen ab. Zusätzlich wurde die Luft durch eine kleine schwarze Bong mit Rauch angedickt. Sein Dal schmeckte fantastisch und die Sitarmusik entspannte meine Seele. Nach dem Essen erzählten wir den anderen von unserer Reise. Zu zweit war das viel einfacher, weil man sich gegenseitig die Stichworte steil legte. Wir lachten viel. Nachts rief ich bei Katja an, um zu checken, ob ich wieder bei ihr schlafen konnte. Ich wusste nicht so recht, wo ich sonst hätte hingehen sollen. Meine Wohnung war noch untervermietet und ich hatte eigentlich auch gar keine Lust, wieder in der Weserstraße einzuziehen. Gefühlsmäßig war ich mit der Bude durch und dadurch heimatlos. Ich hätte natürlich bei einem der Jungs ein paar Nächte auf dem Boden schlafen oder zu meiner Mutter zurückgehen können, doch das wollte ich auch nicht.

So fuhr ich in dieser Nacht zurück zu Katja und es war ziemlich schön zwischen uns. Wir schliefen einige Male miteinander und redeten viel. Am nächsten Morgen gab sie mir einen Schlüssel für ihre Wohnung. Sie hatte ihren Widerstand aufgegeben und ich fühlte mich zu Hause angekommen. In den darauffolgenden Tagen trieb ich mich in der Stadt herum, vermachte meiner Untermieterin meine Wohnung, ging in Clubs und suchte mir einen neuen Ort zum Schlafen. Nach einigem Hin und Her beschloss ich, bei Björn einzuziehen. Der hatte ein leer stehendes Zimmer und konnte das Geld für die Miete ganz gut gebrauchen. Seine Wohnung befand sich am östlichen Ende der Boxhagener, noch hinter der Kreuzung mit der Neuen Bahnhofstraße. Es war das letzte Haus vor der

S-Bahn-Brücke auf der linken Seite und die Wohnung lag im zweiten Hof im ersten Stock. In der geräumigen Küche beim Eingang stand ein Tisch, an dem man sitzen und essen konnte, und im Bad hing eine Gasetagenheizung, die für Wärme und warmes Wasser sorgte.

Mein neues Zimmer war nicht viel größer als zwölf Quadratmeter und direkt auf Höhe der Gleise. Es hatte hellblau gestrichene Dielen, einen kleinen Stuckkranz und weiße Wände. Es war genauso breit, dass ich meine alte Schaumstoffmatratze quer vor das undichte Holzfenster legen konnte. Ich verstand mich gut mit Björn, der in einem großen Zimmer neben meinem wohnte, und war froh, einen eigenen Ort zum Schlafen zu haben. Manchmal musste man eben doch für sich sein. Die S-Bahnen störten mich nicht. Zwischen halb zwei und vier Uhr früh stellten sie ihren Betrieb kurz ein, sonst ratterten sie im Abstand von drei bis sechs Minuten bei uns vorbei. Nachts konnte man die Menschen in den erleuchteten Zügen gut erkennen. Sie starrten in die Dunkelheit der Fenster und fühlten sich unbeobachtet.

Es war schon komisch, dass ich wieder so nah am Ostkreuz und direkt auf der Marschroute der Lemminge wohnte. Ich brauchte keine Minute zu Jan rüber und vielleicht drei zu meiner alten Wohnung. Nach zwei Tagen hatte ich mich an den neuen Nachhauseweg gewöhnt. Georg brachte mich an einem Nachmittag mit seinem beuligen Kleinwagen zu meiner Mutter raus und wir holten meine Anlage und meine Platten vom Dachboden. Die paar Sachen, die noch in der Weser waren, trug ich einfach rüber.

Mit Katja und mir wurde es in dieser Zeit leider immer schwieriger. Sie besuchte mich nicht in der Stadt und wenn ich bei ihr war, wirkte sie traurig und abwesend. Am Dienstag erzählte sie mir dann von ihrem neuen Freund. Sie hatten sich an einem Sonntag auf dem Flohmarkt kennengelernt. Sie meinte, er wäre hübsch, mit halblangen blonden Haaren und breiten Schultern, und würde eine Ausbildung bei der Polizei machen, nicht als Streifenpolizist, sondern was Höheres. Ich hatte nicht so richtig Lust, mir das anzuhören, und reagierte gereizt. Wir hatten keinen Sex an diesem Abend.

Als ich am nächsten Tag zurück in den Friedrichshain fuhr, war ich zornig, hilflos und verwirrt. Ich traf Björn in der Wohnung an und hing mit ihm in der Küche rum. Wir betranken uns tagsüber mit Wermut und hörten dabei norwegischen Black Metal. Das war Björns Musik. Langsame hymnische Gesänge lagen über irrwitzig schnellen Beats und schmutzig sägenden Gitarren. Ab und zu wechselte das Tempo und jemand kreischte besessen. Ich redete mir alles von der Seele. Je mehr ich erzählte, desto klarer wurde mir, dass die Sache mit Katja und mir keine Zukunft hatte. Abends kochten wir uns etwas zu essen und kauften neuen Alkohol. Björn knickte irgendwann ein und ging schlafen. Ich blieb eine Weile allein in der Küche sitzen und legte mich dann auch ins Bett. Mein Kopf kam aber nicht zur Ruhe. Nach einer Stunde stand ich wieder auf und fuhr, ohne ein Ziel zu haben, mit der Bahn in die Stadt. Ich war noch immer wütend und ziemlich aufgekratzt, als ich am Hackeschen Markt ausstieg und die Oranienburger Straße hochlief.

Da Mittwochnacht war, schaute ich bei dem kleinen Laden neben dem Zosch in der Tucholskystraße vorbei. Es gab in Mitte mehrere Läden, die nur einen Tag in der Woche geöffnet hatten, und der in der Tucho deckte den Mittwoch ab. In dem Keller lief etwas entschleunigte elektronische Musik und es mischten sich bekannte Ausgeh-Gesichter mit mittemäßigen Künstler- und Hausbesetzertypen. Ein paar Touristen hatten sich auch verirrt. Ich redete mit ein oder zwei Leuten, trank Wodka, zog an ein paar Joints und tanzte ein bisschen. Die langsame und laute Musik gefiel mir.

Der Laden leerte sich gegen drei oder vier Uhr. Da ich nicht ins Bett wollte, ging ich mit einigen anderen weiter Richtung Rosenthaler Straße und Neue Schönhauser. Ich lehnte das Angebot einer attraktiven Frau ab und trank, bis die Nacht fast zu Ende war und die Läden schlossen. Dann stand ich unschlüssig und frierend vor der Aktionsgalerie in der Nähe des Bahnhofs rum und lernte einen komischen Typen kennen, der mir erzählte, er hätte all sein Geld für die Mädchen von der Oranienburger ausgegeben, aber noch MDMA zu Hause. Wir stiegen in ein Taxi. Auf der Fahrt sang ich »Money can't buy me love« und lachte gleichzeitig darüber, weil ich Paul McCartney hasste. In einer kleinen, unbeheizten Vorderhauswohnung auf der unteren Greifswalder Straße schmiss ich etwas später eine alt aussehende Pille. Der Typ befingerte mich kurz und schlief dann in seiner Küche mit dem Kopf auf dem Tisch ein. Er schnarchte. Die Wohnung sah ranzig aus, nicht arm, aber verwahrlost. Es gab kaum Bücher und keine Schallplatten. Ich war nicht in der Stimmung, irgendetwas zu klauen, und haute einfach Richtung Alex ab.

Draußen fühlte sich die Kälte besser an. Ich steckte meine Hände in die Seitentaschen meiner Sportjacke und schaute ins Morgenlicht, das durch den bewölkten Himmel drang und sich schmutzig auf die Stadt legte. Die Motoren der zu schnell fahrenden Autos dröhnten. Auf drei Spuren rasten sie gen Zentrum und zerstörten die Stille. Ich bemerkte, dass Berlin nachts eigentlich schöner war, und kaufte mir einen Kaffee in einem Backshop. Hinter der Kreuzung Friedenstraße und Otto-Braun sah Mitte wegen der Elfgeschosser aus wie Marzahn. Ein paar Vögel sangen gegen den Lärm und das Grau an und ein Hund kackte sein Dosenfutter vom Vortag auf den Grünstreifen zwischen Gehweg und Neubaublock. Ich lachte den heruntergekommenen Halter an und begann auch wieder zu singen.

Anstatt dass,
Anstatt dass
Sie was täten, was 'nen Sinn hat und 'nen Zweck,
Machen sie Spaß,
Machen sie Spaß
Und verrecken dann natürlich glatt im Dreck.

Der Marschrhythmus brachte mich aus dem Tritt. Die anderen Menschen liefen schlaftrunken und mit toten Augen zu ihren Zügen und Bussen. Ihre Schritte waren schnell und lang. Am Bahnhof kam mir die Idee, bei Katja anzurufen, die schon aufgestanden sein musste, um sich für die Schule fertigzumachen. Es wurde ein quälendes Gespräch. Sie erzählte mir, dass sie die ganze Zeit über an ihren neuen Typen denken musste und unglücklich war. So konnte es nicht weitergehen. Die Wut kochte wieder in mir hoch und suchte ein Ventil. Ich fasste einen schnellen Entschluss. Meine rechte Hand spielte mit ihrem Schlüssel in der Hosentasche, während ich mit der linken den Hörer hielt.

»Okay«, unterbrach ich sie, »ich weiß jetzt auch nicht mehr weiter, aber das Geheule wegen dem Typen hör ich mir nicht länger an. Das sollteste vielleicht jemand anderem erzählen, jemandem, der nicht gerade in dich verliebt ist. Ich bring dir deinen Schlüssel nachher vorbei und dann kannst du machen, was du willst. Okay?«

Sie sagte nichts mehr und ich legte auf. Ich wollte noch immer mit ihr zusammen sein, doch für die Nummer hatte ich einfach keine Nerven. Es wäre für mich sogar denkbar gewesen, sie mit jemand anderem zu teilen, aber dieses Gerede über den blonden Bullen zermürbte mich. Warum musste das auch ausgerechnet mir passieren? Da kämpfte man jahrelang um persönliche Freiheit und Unabhängigkeit und die Frau, die man liebte, stand auf irgend so 'ne geföhnte Hohlbirne mit Beamtenlaufbahn! Die Sache hatte, genauer betrachtet, sogar einen komischen Aspekt. Ich musste kichern, während ich mich putzmunter und mit gehobener Stimmung durch das Gedränge des morgendlichen Berufsverkehrs bewegte. Ich fühlte mich gut wegen des jetzt offenen Bruchs mit Katja und spürte außerdem langsam die Wirkung des MDMA.

Auf dem vollen S-Bahnsteig des Bahnhofs Alexanderplatz besah ich mir meine Hände und blieb an dem Ring hängen, den Katja mir im Winter geschenkt hatte. Sie hielt mein Herz von beiden Seiten fest. So konnte es nicht leben. Ich drehte den Ring vom Finger und begann, das dünne Silber an den Stellen, wo die Hände zugriffen, vorsichtig hin und her zu biegen. Nach einigen Minuten hatte ich die Verbindung gelöst. Ich warf den jetzt offenen Ring mit den leeren, kaputten Händen ins schmutzig-braune Gleisbett und steckte mein versehrtes Herz in die Jackentasche. Es war Donnerstagmorgen und ich war seit genau einer Woche wieder in Berlin. Ich überschlug die Zeit, die ich zum Flughafen brauchen würde, und machte mich dann auf den Weg, um Andreas und Jan zu begrüßen. Vor dem Gate traf ich Andreas' ganze Familie und Jans Mutter. Während wir gemeinsam auf die Jungs warteten, beantwortete ich schon mal einige Fragen zu unserer Reise und fragte mich selbst, warum ich bloß früher zurückgekommen war. Ich hatte die Sonne gegen den Regen eingetauscht und eine Achterbahnfahrt der Gefühle mit Katja erlebt. Sie hatte mich weggestoßen, geliebt und wieder weggestoßen. Meine Seele und mein verwundetes Herz fühlten sich wie eine bei Nacht ausgebombte Stadt an, die im Morgengrauen vor sich hin brannte. Das Leben hatte sich in die Keller zurückgezogen und feierte ein morbides Fest.

In den Gesichtern der Jungs erkannte ich die geile Indienverpeiltheit und die entspannte Abwesenheit des Reisens. Sofort hatte ich Lust, wieder ins Flugzeug zu steigen und zurückzufliegen. Was sollte ich auch hier? Ein Zuhause hatte ich nicht.

Ich fuhr mit Jan und seiner Mutter in den Friedrichshain. Wir saßen beide hinten in ihrer schwarzen S-Tonne und ließen den Beifahrersitz leer. In dem riesigen neuen Auto fühlte ich mich klein und dreckig. Die Geräusche der Stadt drangen nur schwach durch die dicke Karosserie und die leicht abgetönten Scheiben. Jan redete kaum mit seiner streng wirkenden Mutter, die uns in der Neuen Bahnhofstraße absetzte und direkt zu ihrer Arbeit weiterfuhr. An seiner Wohnungstür hing ein Zettel, der Nachbarn und Freunden seit drei Monaten »Bin in Indien« sagte. Irgendjemand hatte »Spalter« darunter geschrieben. Die Luft in der Wohnung roch nach Tod. Jans Gesicht war starr vor Schock: die Stunde null, zurück im Hinterhof. Ich konnte ihm ansehen, dass er hier kein halbes Jahr mehr wohnen würde. Wir kauften Brot, Butter, Milch, Marmelade und Kaffee und redeten ein bisschen, während er frühstückte. In der Küche war es so dunkel, dass wir das Licht anmachen mussten. Der Gasbrenner verbrauchte die Luft. Es war wirklich kein Ort zum Leben. Jan erzählte, dass Rishikesh viel zu kommerziell und daher kein schöner letzter Stopp auf der Reise gewesen sei und Andreas auch gern früher zurückgeflogen wäre. Ich ließ ihn dann allein, damit er schlafen konnte.

Während ich vorm Grillo stand und darauf wartete, dass die Fußgängerampel grün wurde, spielte ich wieder mit Katjas Schlüssel in meiner Hosentasche. Der kleine eiserne Gegenstand band mich auf traurige Weise an sie. Er war ein gebrochenes Versprechen und wog schwer in der Tasche. Ich verwarf den Gedanken, schlafen zu gehen, und drehte mich neunzig Grad nach rechts, um stattdessen auf die Ampel über die Boxhagener zu warten und zum Bahnhof zu laufen. Die Sache musste jetzt beendet werden. Vom S-Bahnhof Biesdorf aus ging ich südlich der Gleise stadteinwärts und am sandigen Ende der kleinen Straße über die schmale Fußgängerbrücke. Die Brücke kreuzte das nach Köpenick laufende Fernbahngleis und führte zu der dahinter gelegenen Schule. Unter der Brücke war noch immer ein altes ungecrosstes Graffiti, das Andreas einmal für eine seiner Freundinnen gemacht hatte. Nadine. Ich erinnerte mich an den Sommertag, an dem er es gesprüht und ich daneben im Gras gelegen hatte. Wir hatten uns damals nach dem Mittagessen bei unseren Eltern getroffen und waren mit unseren Mountainbikes hoch nach Biesdorf Nord gefahren. Er hatte in aller Ruhe sein Bild auf die bereits am Vortag grundierte Wand gemalt, während ich auf neugierige Anwohner und die gelegentlich vorbeifahrenden Züge aufpasste. Wir waren jung, stolz und unbekümmert gewesen. Ich dachte darüber nach, wie mein Leben im Vergleich dazu jetzt war, und fühlte einen Stich im Herzen.

Hinter der Brücke lief ich durch ein Gebüsch und sprang über den Zaun des Schulhofs. Ich setzte mich auf eine Bank und wartete auf die nächste Hofpause. Das Schulgefühl machte mich noch melancholischer und ich hing wieder Erinnerungen aus meiner Kindheit und Jugend nach, bis das Klingeln ertönte und der Hof sich innerhalb weniger Minuten füllte und laut wurde. Die Kids standen in Gruppen herum und aßen Stullen und Süßigkeiten. Ich konnte Katja nicht finden, dafür aber das Küken und den Bären. Sie erzählten mir, dass sie mal wieder nicht zum Unterricht gekommen war. Durch das Gebäude verließ ich den Hof und lief zurück zur S-Bahn. Mein kindliches Gesicht war niemandem als schulfremd aufgefallen.

Ich ging zu den am nördlichen Bahnhofsausgang stehenden Telefonzellen und rief bei ihr an. Sie klang nicht so gut. Nachdem ich mich vergewissert hatte, dass sie allein war, machte ich mich auf den Weg. In Friedrichfelde Ost stieg ich in den Zug nach Ahrensfelde um. Während der Fahrt schaute ich wie immer auf die an mir vorbeiziehenden Neubauten in ihren verschiedenen Stadien der Sanierung. Durch die neuen Isolieroberflächen bekamen die ursprünglich uniformen Blocks unterschiedliche Farben und Muster. Komischerweise wurden sie dadurch noch hässlicher. War es mit uns nicht dasselbe?

Es fing an zu schneien. Ich lief vom Bahnhof zu Katjas Haus und sah den Flocken dabei zu, wie sie beim Berühren des Bodens zerschmolzen. Ohne viele Worte gab ich ihr den Schlüssel an der Wohnungstür und verabschiedete mich. Nach dem Warten auf dem Schulhof und der ernüchternden Bahnfahrt fühlte ich keine Wut mehr in mir. Wir waren beide unglücklich. Katjas Angebot, zu ihr reinzukommen, schlug ich aus. Auf dem Weg nach unten fing ich dann an zu weinen. Ich trat aus dem Haus und ging über den Parkplatz und an der Kaufhalle vorbei Richtung Bahnhof. Dabei spürte ich ihren Blick in meinem Rücken. Die Tränen liefen mir über das Gesicht und mischten sich dort mit den nassen Schneeflocken. Auch nachdem ich hinter einem der Sechsgeschosser abgebogen und damit aus ihrem Blickfeld verschwunden war, schaute ich nicht zurück. Ich musste die Sache hinter mir lassen, denn für noch eine Trennung von ihr würde meine Kraft nicht ausreichen.

Natürlich wollte ich mich wieder mit ihr versöhnen und in ihrem Bett schlafen, aber was würde danach kommen? Wieder ein Rauswurf? Wieder die Geschichte mit Blondie? Ich mobilisierte all meine Willensstärke und meinen Stolz und blickte starr geradeaus, ohne irgendeinen Punkt vor mir zu fokussieren. Mit diesen verheulten, unscharf gestellten Augen und einem hölzernen, verdrogten Gang steuerte ich zum Bahnhof und schwor mir in einer nicht abreißenden Litanei, nie wieder in meinem Leben nach Ahrensfelde zu fahren. Ich überquerte die sechsspurige Märkische Allee, indem ich mich auf mein Gehör und die Rücksicht der Autofahrer verließ. In der S-Bahn weinte ich die ganze Fahrt bis zum Ostkreuz still weiter. Dann stolperte ich die Neue Bahnhofstraße hinunter, legte mich in mein Bett und heulte mich in den Schlaf wie ein Kind.

20.

Als ich früh am Samstagmorgen erwachte, war zum ersten Mal seit meiner Rückkehr gutes Wetter. Ich fand in der Küche nichts zu essen und ging in den Rewe um die Ecke, um Sachen fürs Frühstück einzukaufen. Die Straßen waren fast leer und sahen im hellen Licht schmutzig aus. Da Björn noch schlief, aß ich allein am Küchentisch und ließ die vorbeifahrenden S-Bahn-Züge den geradlinigen Verlauf meiner trüben und monotonen Gedanken zerhacken. Dabei starrte ich auf die Muster, welche die durch den Baum im Hof fallende Sonne auf die Küchenwand warf. Der Liebeskummer saß im oberen Bauch und verdarb mir den Appetit.

Irgendwann riss ich mich aus meiner Apathie und beschloss, meine Großmutter zu besuchen, die ich nach meiner Rückkehr zwar schon kurz angerufen, aber noch nicht gesehen hatte. Ich zog mir halbwegs ordentliche Hosen und ein helles kariertes Hemd an. Bevor ich losging, putzte ich noch meine Airwalks, die dadurch nicht wirklich besser aussahen. In die Sonne blinzelnd lief ich zum S-Bahnhof und stieg in den Zug nach Erkner. Die Welt schien mir nach den fast anderthalb Tagen im Bett eine andere zu sein. Ab dem Bahnhof Friedrichshagen wurden die Stationen auf der waldigen Strecke so lang, dass man das Gefühl verlor, in der Stadtbahn zu sitzen. In Erkner wechselte ich den Bahnsteig und wartete auf den Vorortszug nach Frankfurt an der Oder. Der Zug fuhr nur jede Stunde und ich hatte vorher nicht nachgesehen, wann. So saß ich auf einer alten hölzernen Bank, die dick mit abblätternder Farbe bezogen war, und genoss die Wärme der Sonne auf dem heruntergekommenen, nicht überdachten Bahnsteig. Als der verdreckte grüne Zug endlich einfuhr, suchte ich mir einen Platz in Fahrtrichtung am Fenster und sah durch die bräunlich verfärbten Scheiben hinaus. Draußen wurde es jetzt noch ländlicher. Der Zug querte das Fließ zwischen Dämeritzsee und Flakensee, rollte aus dem kleinen Ort, bog nach links ab, passierte den Autobahnring und fuhr dann, ohne einen einzigen Höhenmeter zu bewältigen, immer geradeaus durch einen dichten Kiefernwald. Die beiden Stationen Fangschleuse und Hangelsberg waren nicht viel mehr als Schrankenwärterhäuser mit einer Bushaltestelle und einer Kneipe. Irgendwo dazwischen hatte Bahnwärter Thiel erst Frau und Sohn und dann seinen Verstand verloren. Bevor der Zug den Bahnhof Fürstenwalde erreichte, passierte er das große Kohlenlager, das jetzt am Ende des Winters fast leer war, und fuhr unter der in den Achtzigerjahren gebauten Umgehungsstraße hindurch. Ich stieg aus und machte mich zu Fuß auf den Weg, ohne auf den komplizierten und für mich unverständlichen Busfahrplan zu sehen.

Mein Weg führte mich kilometerweit immer geradeaus in Richtung des nördlich der Stadt gelegenen Dorfes

Trebus. Zuerst lief ich am Zaun des Güterbahnhofs entlang, der dann von dem Zaun des Rates des Kreises abgelöst wurde. In den roten Backsteinhäusern hatte mein Großvater all seine Kraft, die ihm der große Krieg übrig gelassen hatte, in den Aufbau eines gerechteren und friedlicheren Staates gesteckt. Er hatte mit den Bauern über die Bildung von Genossenschaften gestritten, die Schwerindustrie nach dem Abtransport der letzten brauchbaren Maschinen neu strukturiert und die Grundversorgung der Bevölkerung organisiert. Nach dem Zaun der Ratsgebäude folgte der Zaun der riesigen Industrieanlage von Gaselan. Hier hatte mein Urgroßvater gearbeitet, nachdem er aus dem früheren großen Krieg heimgekehrt war. Damals hieß das Werk noch Julius Pintsch. Mein Urgroßvater war jeden Tag mit seiner durchschossenen und verkrüppelten Hand auf die Kranbrücke geklettert, um seiner Frau und seiner Tochter ein besseres Leben zu sichern. Die Nazis hatten den dreien dann eine Doppelhaushälfte die Straße runter in den märkischen Sand gebaut, in der meine Großmutter noch immer lebte: Vaterlands Dank.

Als Kind hatte ich den langen und eintönigen Weg zu meinen Großeltern gehasst und gefürchtet. Jetzt sah ich mir teilnahmslos die neu erbaute katholische Schule an der Ecke zur Umgehungsstraße an und bog in die am Reißbrett angelegte Häusersiedlung ab. Statt Asphalt befand sich nun fester Sand unter meinen Füßen. Spätestens Mitte Juni würde er so trocken und weich sein, dass nur noch die geschicktesten Fahrradfahrer durch ihn hindurchsteuern konnten. Ich lief die Straße hinunter und betrachtete die Vorgärten und Gebäude, die wie in einer Ausstellung klar und einsehbar aneinandergereiht waren. Obwohl die Bewohner der Siedlung ihre Häuser seit sechzig Jahren strichen, umbauten und verbastelten, sahen sie dennoch irgendwie alle gleich aus, wie eineiige Zwillinge, wenn sie unterschiedliche Sachen tragen. Die Häuserhälfte meiner Großeltern befand sich nahezu im Originalzustand. Einzig der Putz war in den frühen Achtzigern erneuert worden und trug die damals modernen Kratzmuster. Der weitläufige Garten hatte einen alten Baumbestand und punktete mit einer an das Haus grenzenden hohen, geschlossenen Fliederlaube; die Mode der Dreißigerjahre. Hinter dem Flieder stand ein geteerter Schuppen und dahinter fingen die Gemüsebeete an.

Oma freute sich, mich zu sehen. Sie hatte den zweiten Winter nach Opas Tod allein im Haus verbracht und war froh, sich wieder im Garten nützlich machen zu können. Natürlich hielt sie nichts von meiner Reise nach Asien und wollte auch nichts darüber wissen. Ich war wieder da und das war das einzig Gute daran. Ihre grünen Augen betrachteten mich mit einem kritischen Funkeln. Ginge es nach ihr, würde jeder Mensch auf dem Flecken Erde aufwachsen, leben und sterben, auf dem er geboren wurde. Ich glaube, sie verband – so wie viele Menschen ihrer sozialen Klasse und Generation – Reisen und alles, was dazugehörte, mit den Erfahrungen des Krieges. Wir machten einen Gartenrundgang und sprachen kurz mit den Nachbarn, deren Grundstück nicht durch einen Zaun oder eine Hecke abgegrenzt war. Dann setzten wir uns unter die beiden alten Klarapfelbäume. Oma erzählte mir von unserer Familie, während sie Kartoffeln fürs Mittagessen schälte und Gemüse putzte. Die Vögel zwitscherten und in einiger Entfernung hörte man die Autos auf der Hauptstraße fahren.

Obwohl sie mir all die Geschichten schon oft erzählt hatte, hörte ich mir immer wieder gern an, wie sie Opa kennengelernt hatte, als sie gerade mal 14 Jahre alt gewesen war. Und wie er ihr zu ihrem sechzehnten Geburtstag gratuliert hatte, obwohl es doch erst der fünfzehnte gewesen war. Und dass sie eine Sondererlaubnis gebraucht hatte, um mit 17 heiraten zu können. Und dass Opa der erste Matrose gewesen war, den der Pfarrer in Fürstenwalde getraut hatte. Und wie sie ihn ein paar Jahre nach der Hochzeit in der Wochenschau gesehen hatte, den tapferen Obermaat, der auf dem kleinen Schiff in der Nordsee die großen und gefährlichen Seeminen entschärfte. Und wie sie damals aufgesprungen war und durchs Kino gerufen hatte: »Das ist mein Friedrich!«, und die Menschen daraufhin applaudiert hatten. Sie erzählte, wie es gewesen war, als die ersten Bomben auf die Pintsch-Werke gefallen waren. Und wie sie ’43 Omas Cousin Alfred versteckt hatten, der an der Ostfront desertiert war. Und wie er sich zwei Monate später im Schuppen hinterm Haus erhängt hatte. Und wie die ersten Leute aus dem Osten gekommen waren. Und dass Tante Meta hinten im Garten breitbeinig begraben war. Und wie die Russen aber dafür gesorgt hatten, dass die Kinder nach dem Krieg nicht verhungert waren.

Die dunklen Erinnerungen machten ihre alten Augen ungewöhnlich lebendig und ihre Stimme dünn. Tränen liefen über ihr Gesicht und sie wandte sich der Zeit nach dem Krieg zu. Sie sprach davon, wie Opa '48 aus der Gefangenschaft gekommen war und wie er geschworen hatte, nie wieder in seinem Leben eine Uniform anzuziehen. Und wie die Kinder groß geworden waren und das Haus verlassen hatten. Und wie sie in dem neuen Staat studiert und Karriere gemacht hatten. Wie ihre Schwiegertochter nach Ludwigs Tod zu schnell wieder geheiratet hatte und wie schwer das für die beiden Mädchen gewesen war. Wie meine Mutter meinen Vater zum ersten Mal mit nach Hause gebracht hatte. Und dass mein Vater kein schlechter Mensch war, dass er sich aber auch nicht fair meiner Mutter und mir gegenüber verhalten hatte. Dass meine Mutter daran aber auch selbst ein bisschen schuld war und sie mit Friedrich Glück gehabt hatte. Und wie schwer das Leben war, wenn man allein war.

Wir aßen dann drinnen, weil es doch noch zu kühl war, um längere Zeit draußen zu sitzen. Während Oma ihren Mittagsschlaf hielt, erledigte ich ein paar schwerere Arbeiten im Garten und kletterte auf die große Eiche an der hinteren Grundstücksgrenze, um zu sehen, ob ich noch rauf kam. Anschließend ging ich ins Haus zurück und stieg die schmale Treppe in den ersten Stock hinauf. Hier hatten meine Großeltern nach dem Krieg gewohnt. Da es zu eng für zwei Erwachsene und zwei Kinder gewesen war, hatten sie später mit Omas Eltern die Etagen getauscht. Nachdem diese gestorben waren, wurde es dann das Ferienquartier für meine Cousinen und mich. Ich setzte mich auf das Bett meiner Sommerbesuche und schaute aus dem Fenster an der Birke vorbei in die Weinberge. Die hier waldige Anhöhe war Teil des zwischen Warschau und Berlin verlaufenden Urstromtals. Die Steigung hinter den Kaulsdorfer Seen zur Bundesstraße eins hin, der auf der unteren Oberfeldstraße sichtbare Höhenunterschied zwischen Biesdorf Nord und Biesdorf Süd und auch der Anstieg des Weinbergsweges hinterm Rosenthaler Platz waren Manifestationen desselben lang gezogenen Hügels. Es war eine von Ost nach West verlaufende Erhebung, die in der sonst flachen Landschaft lag und für etwas Abwechslung sorgte. Die preußischen Siedler hatten sie vielerorts beschönigend Weinberge genannt. Man konnte mit dem Fahrrad hinauffahren und wieder herunterrollen oder von oben den Ausblick genießen. Mein Schicksal schien es allerdings zu sein, von unten nach oben zu schauen, vom Fürstenwalder Stadtrand nach Trebus und Molkenberg, von Biesdorf nach Marzahn und vom Friedrichshain auf den Prenzlauer Berg.

Nach dem Kaffeetrinken brach ich wieder auf. Wir verabschiedeten uns rituell an dem grünen, von Opa eigenhändig gebauten Lattenzaun und meine Großmutter ermahnte mich mit ihrer ruhigen und langsamen Stimme:

»Junge, mach deiner Mutter keinen Kummer, pass auf dich auf und denk dran, dass dein Vater morgen Geburtstag hat.«

Ich lief den sandigen Weg zur Hauptstraße vor, wobei ich mich alle paar Schritte umdrehte und meiner Großmutter zuwinkte, die am Gartentor stehen geblieben war und zurückwinkte, bis ich am Ende des Weges abbog und aus ihrem Blickfeld verschwand. Auch das war ein Ritual aus meinen Kindertagen. Die Strecke zum Bahnhof kam mir auf dem Rückweg dann doch wieder lang vor. Diesmal musste ich nicht auf den Zug warten, weil meine Großmutter in dem auf Zeitungspapier gedruckten Plan nach der Abfahrtszeit gesehen hatte. Sie fuhr nie mit der Bahn, kaufte aber immer den aktuellen Fahrplan, um unsere An- und Abreisen steuern zu können. Sie schickte mich mit dem Durchläufer zurück in die Stadt. Das war ein schnellerer und etwas saubererer Zug, der nicht an den kleinen Waldbahnhöfen und in Erkner hielt, sondern direkt bis Karlshorst fuhr. Dort musste ich dann für die letzten drei Stationen bis zum Ostkreuz wieder auf die S-Bahn wechseln. Als ich nach Hause kam, saß Björn in der Küche und lernte mithilfe von kleinen Pappkarten norwegische Vokabeln.

»Na, wie geht's?«

»Ganz gut, muss nur für den Sprachkurs lernen.«

»Warste mal draußen? Is echt schön heute.«

»Ja, ich war mit Günther und Gunnar in Wandlitz. Wir sind um den Liepnitzsee gewandert.«

»Und, hast du dabei aufm Walkman Burzum gehört?«

»Nee, nur auf der Fahrt. Im Wald hab ich den Vögeln gelauscht. Hör dir mal den Anrufbeantworter an, da sind ein paar Nachrichten für dich drauf.«

Ich ging in den Flur und spielte die rauschenden Bandaufnahmen ab. Zuerst hatte Katja angerufen.

»Krischan, hier ist Katja. Du, können wir nicht doch noch mal miteinander reden? Ich fühl mich schlecht, seit du da warst. Meld dich doch bitte mal und mach's gut.«

Die nächste Nachricht war von meinem Vater.

»Krischan? Hier ist Papa. Du, ich hab ja morgen Geburtstag und ich hoffe, du kommst zum Mittag zu uns. Die Oma ist auch da. Ich würde mich wirklich freuen, dich zu sehen. Ich musste übrigens deine Mutter anrufen, um deine neue Telefonnummer rauszubekommen, unter der alten ist ja gar kein Anschluss mehr. Na ja, du kannst mir ja morgen sagen, wo du jetzt wohnst. Tschüss.«

Danach hatte natürlich auch noch meine Mutter angerufen.

»Kristian? Hier ist die Mutter. Du, dein Vater hat mich ganz aufgeregt angerufen und wollte deine neue Telefonnummer wissen. Hattest du ihm die noch nicht gegeben? Er hat ja morgen Geburtstag und will dich bestimmt einladen, damit seine Mutter ihm nicht die Hölle heiß macht. Ich hab ihm nicht erzählt, dass du so lange im Urlaub warst, sonst regt er sich nur auf. Meld dich doch mal, wenn du beim Geburtstag warst, und erzähl mir dann, wie es war. Ach, und grüß doch bitte Hildegard von mir.«

Es war die volle Breitseite Kacke und schon zu spät, um noch in einen Buchladen zu gehen. Also würde ich meinem Vater Rotwein und einen Bahnhofsblumenstrauß zum Geburtstag schenken. Ich lief schnell noch mal los und kaufte zwei Flaschen. Danach machte ich mir mit Björn einen gemütlichen WG-Abend. Wir kochten zusammen und tranken die billigere Flasche. Diesmal hörten wir alte Mixtapes von mir. Ich versuchte, die ganze Scheiße, die um mich herum passierte, zu verdrängen und mich gut zu fühlen. Das war keine leichte Aufgabe. Bei dem David-Bowie-Song »Quicksand« brach dann der Damm. Unglaublich starke Gefühle der Einsamkeit und Trauer spülten mich aus der Gegenwart. Ich hörte Björn sprechen, konnte ihm aber nicht mehr antworten. Meine Freundin war weg und mein Leben hatte weder Ziel noch Mittelpunkt. Das mit Abstand Schlimmste war aber, dass meine Eltern sich, seit ich denken konnte, wie bockige Kinder aufführten und nicht miteinander redeten. Sie hatten sich als Studenten kennengelernt und schnell geheiratet, weil das die einzige Möglichkeit gewesen war, aus den Wehrmachtsbaracken mit den Sechsbettzimmern rauszukommen. Es hatte immerhin zehn Jahre gehalten. Ich glaube, sie gaben sich gegenseitig die Schuld für das Scheitern ihrer Ehe, wobei mein Vater mit seinem Fremdgehen den eigentlichen Grund geschaffen hatte.

Meine schlimmste Erinnerung an unsere Familie war ein gemeinsamer Termin beim Jugendamt in Marzahn zur Festsetzung der Unterhaltszahlungen meines Vaters. Das muss so 1991 gewesen sein. Die beiden hatten außer einem kurzen »Hallo« kein Wort miteinander gesprochen, nicht in dem ranzigen Flur vor dem Sachbearbeiterzimmer und auch nicht, als wir zu dritt vor dem Schreibtisch der sächselnden, dicklichen Frau saßen, die unsere Familiensituation in Form von gestempeltem gelbem Papier vor sich liegen hatte. Nach einer schnellen Einigung hatten sie sich vor dem unansehnlichen Gebäude verabschiedet, ohne sich anzusehen. Es war das letzte Mal gewesen, dass wir etwas zu dritt unternommen hatten, und ich fragte mich, ob sie sich auch nur annähernd bewusst waren, was sie mir damit angetan hatten. Nach dem Essen legte ich mich ins Bett und hörte auf meinen alten Kopfhörern Bowies *Hunky Dory*-Album, bis ich schlafen konnte.

Am Sonntag war wieder trübes Wetter. Ich blieb nach dem Aufwachen noch ziemlich lange auf dem Rücken im Bett liegen und schaute in den Himmel über unserem Hof. Die dicken Knospen der Kastanie waren noch nicht aufgeplatzt. Sie sahen aber so aus, als bräuchten sie nur noch ein oder zwei Sonnentage, um dem stumpfen Grau des Friedrichshains endlich Paroli zu bieten. Ich duschte mich dann und zog dieselben Sachen wie am Vortag an. Bei der Gartenarbeit war die Hose ein bisschen schmutzig geworden. Also rubbelte ich die Flecken vorm Losgehen mit einem Geschirrhandtuch raus. Am Ostkreuz nahm ich den Zug Richtung Grünau und stieg in Adlershof aus. Ich überquerte das sechsspurige Adlergestell und lief halbrechts in das Wohngebiet hinein. Mein Vater wohnte zusammen mit seiner zweiten Frau, ihrem Sohn aus erster Ehe und meiner Halbschwester in einem schönen, von Walter Gropius entworfenen Haus.

Als ich die Wohnung im Hochparterre betrat, war ich von der Anzahl der Besucher überrascht. Ich gratulierte meinem Vater zum Geburtstag und erfuhr, dass es sein fünfzigster war. In seinen Armen kam ich mir immer noch wie ein Kind vor. Er war deutlich größer und kräftiger als ich. Sonst sahen wir uns ziemlich ähnlich. Ich begrüßte seine Frau höflich, küsste meine Großmutter und sagte den beiden Kids Hallo. Thomas war ein Jahr jünger als ich und machte gerade seinen Zivildienst. Er hatte den dunklen Teint seiner Mutter geerbt und sah nach Kraftsport aus. Mareike war noch mal fünf oder sechs Jahre jünger und ging noch zur Schule. Auf eine komische Weise sah sie meiner Mutter ähnlich.

Die anderen Gäste kannte ich nicht, weil es Freunde und Kollegen meines Vaters oder Verwandte seiner Frau waren. Ich stellte mich den meisten von ihnen vor und setzte mich dann zu früh an die große Tafel, da ich nicht wusste, mit wem ich reden sollte. Mit meinem Untergewicht, den Straßenklamotten, dem rasierten Schädel und der gesunden braunen Hautfarbe passte ich nicht zwischen die blassen, vom Alkohol schwitzenden, vollgefressenen und geschmacklos festlich angezogenen Menschen. Meine Schwester betrachtete mich neugierig über den Tisch hinweg. Beim Essen ging dann das alte Frage- und Antwort-Spiel los.

»Ach, du isst kein Fleisch?«

»Nein.«

»Gar nicht?«

»Nein.«

»Warum denn aber nicht?«

»Aus ethischen Gründen.«

Da war mir schon die falsche Antwort rausgerutscht. Einfacher war es, wenn man sagte, wegen einer Lebensmittelunverträglichkeit, und sich bedauern ließ.

»Also, das versteh ich aber nicht, in Fleisch ist doch alles drin, was der Körper braucht. Was isst du denn dann, wenn du kein Fleisch isst?«

»Na, alles außer Fleisch: Obst, Brot, Gemüse, Reis, Nudeln und alles andere.«

»Und seit wann isst du kein Fleisch mehr?«

»Seit ich 17 bin.«

»Nein, das könnte ich nicht. Da würde mir was fehlen.«

Zwanzig Kilo Körpergewicht und Arterienverkalkung, dachte ich für mich und wartete darauf, dass das jetzt am ganzen Tisch fortgeführte Gespräch über die Vorzüge des Fleischessens wieder abebbte. Danach fragte meine Großmutter mich, was ich denn jetzt machte. Die nächste schlimme Frage. Ich sagte ihr, dass ich gerade erst von einer langen Reise nach Indien und Nepal zurückgekehrt war und dass ich noch nicht wusste, was ich als Nächstes tun würde. Mehr Ehrlichkeit ging nicht. Ich spürte, wie die Menschen am Tisch meinen Vater bemitleideten. Nach dem Essen sprach ich kurz mit ihm über meine Reise und warb ein wenig um sein Verständnis für mein Fernweh. Dann haute ich noch vor dem Kaffeetrinken wieder ab. Ich gehörte einfach nicht dort hin. Es ist eine Sache, ohne Vater aufzuwachsen, und eine andere, sich als Stiefkind zu fühlen. Ich glaube, niemand wäre gern ein nur zu Weihnachten, Ostern und zu Geburtstagen eingeladenes Familienmitglied, das immer fremd bleibt und sich zu den paar sozialen Gelegenheiten im Jahr nett zu benehmen hat, um den Schein der heilen Familie nicht zu stören.

Auf der Straße blickte ich in meine Hand, um zu sehen, was meine Großmutter mir beim Abschied zugesteckt hatte. Es war ein druckfrischer, leuchtend blauer Hundertmarkschein. Ich wusste nicht, ob das mein Preis fürs Stillsitzen war oder ob sie es einfach nett gemeint hatte, und fuhr zurück in den Friedrichshain.

Kafka

hat geschrieben, wir seien wie Bäume im Winterwald, die man dem Anschein nach einfach umwerfen und wegschieben kann. Diese Bäume sahen für ihn aus, als hätten sie keine Verbindung zu dem Boden unter sich und ständen wackelig auf einer glatten und zu kleinen Fläche auf dem Schnee. Dennoch dringen wir wie die Bäume mit unseren Wurzeln ins Erdreich und finden dort Halt und Kraft. Doch auch diese Verwurzelung war für ihn nur Schein.

Ich fühlte mich an diesem Sonntagabend wie der Schnee. Ich wollte schmelzen und in die Erde eindringen, unsichtbar und mit dem Boden eins werden. Und wenn ich doch ein Baum war, so wartete ich sehnsüchtig darauf, von jemandem umgestoßen zu werden. Ich stand zwar wurzellos mit meinem Stamm auf dem Schnee, mein Schicksal war es jedoch, dass ich mich aus eigener Kraft nicht hinwerfen konnte.

21.

Die nächsten Tage waren nicht schön. Da ich kaum noch Geld und reichlich Zeit hatte, suchte ich mir einen Job und wurde Bauhelfer auf der Großbaustelle für die neue Allianz-Zentrale an der Spree. Jan hatte keine Lust auf Arbeit und auch noch ein paar Reserven. Bei mir gab es 18 Mark die Stunde und nichts außer Arbeit: keine Freunde, keinen Spaß, keine Kameradschaft. Wenn ich mal was falsch machte oder mich kurz ausruhte, wurde ich sofort angeherrscht und weiter ging's mit Schippen, Schleppen, Bohren, Hämmern und Sägen. Die Festangestellten hackten die ganze Zeit auf mir rum und rissen Witze über mich. Mein Platz war ihrer Meinung nach nur kurz vor den Polen, Weißrussen und Ukrainern, die in großer Zahl und in allen Gewerken bei uns arbeiteten. Sie nannten mich den Studenten, nicht weil ich studierte, sondern weil ich abgemagert und schwach war und kein Bier bei der Arbeit trank. Blöde, rassistische und sexistische Sprüche sprudelten den ganzen Tag über nur so aus ihnen heraus: Was passiert 'ner Frau, wenn sie die Kellertreppe runterfällt? Nix, wenn sie 'n Bier mit nach oben bringt. Was kommt dabei heraus, wenn man 'nen Ossi mit 'nem Polen kreuzt? Ein Kind, das zu faul zum Klauen ist.

Weil ich keinen Sinn darin sah und auch keine Lust dazu hatte, sprach ich bei der Arbeit mit niemandem. Wenn ich gesagt bekam, was ich zu tun hatte, nickte ich, um zu zeigen, dass ich verstanden hatte. Fragte mich jemand etwas, antworte ich mit ein oder zwei Worten darauf. Meistens ging es eh nur darum, ob ich irgendetwas fertig gemacht hatte oder wo sich ein bestimmtes Werkzeug befand. In den Pausen setzte ich mich nicht in den Container unserer Firma, sondern aß meine Stullen an der frischen Luft. Als meine Kollegen nach ein oder zwei Wochen anfingen, mir etwas Respekt für meine Arbeit zu zollen, ließ ich sie abblitzen. Jetzt wollte ich auch nicht mehr mit ihnen reden. Es klingt vielleicht komisch, aber irgendwie tat mir ihre Zurückweisung sogar gut. Wenn ich morgens aus dem Haus ging, schaltete ich meine Gefühle ab. Ich machte meine Arbeit wie eine Maschine und steigerte mich jeden Tag mehr in meine Einsamkeit und meine Verachtung für die Welt hinein. Da gab es keinen Platz für einzelne Menschen und ihre Unfreundlichkeiten mir gegenüber. Es war etwas Umfassenderes. Die Welt war kalt und hässlich und ich allein und ohne Hoffnung.

Das Henry-Miller-Buch aus Varanasi wurde meine Bibel. Es lag neben meinem Bett und ich las jeden Tag einige Seiten darin. Miller beschrieb seine nicht lebenswerte Existenz ohne die Frau, die er liebte, mit Jobs, für die er überqualifiziert war, in einer Stadt, die ihn verrückt machte, und mit einer Familie im Rücken, die ihn erstickte. Das war meine Geschichte. Auf dem Weg zur Arbeit und zurück hörte ich auf meinem alten Walkman Musik. Meistens fuhr ich die eine Station zum Treptower Park mit der S-Bahn, ohne mir einen Fahrschein zu kaufen. Manchmal lief ich aber auch übers Ostkreuz und den Markgrafen Damm hinunter zur Elsenbrücke, von der aus ich unseren Tag um Tag in den Himmel wachsenden Turm am Treptower Ufer schon sehen konnte. Es war immer die gleiche Kassette. Ich hatte sie schon als Schüler auf meinen täglichen U-Bahn-Fahrten gehört, wenn die Jahreszeit dunkel und meine Stimmung mies gewesen war. Auf der einen Seite war das erste Album von Life of Agony und auf der anderen das zweite von Tool. Der schiefe Kirchturm von Stralau grüßte mich über die Spree, wenn ich von der Arbeit kam. Er erinnerte mich an den letzten Frühling und gab mir das unangenehme Gefühl, erwachsen zu sein.

Der Song, der mein ganzes Leben auf den Punkt brachte, war »Underground« von Life of Agony. Ich dröhnte ihn mir bestimmt zehnmal am Tag über den Kopfhörer in den Schädel. Er fing mit einem leise gesungenen Intro an: *If you don't walk with me – I will walk alone.* Danach wiederholte Keith Caputo die Worte sehr laut in seiner sakralen Singstimme. Man spürte die Wut in seinem Bauch und die Kraft der Band, die jetzt einsetzte und kurz darauf in einen schleppenden Beat fiel. Spätestens bei den nächsten Zeilen hatte ich jedes Mal am ganzen Körper Gänsehaut: *Hard enough to believe in myself, when I know they don't believe in me – unwilling to change for society, I'll be who I wanna be.* Im Laufe des Songs kamen mir dann oft die Tränen der

Wut und der Rührung. Das war das alte und gute Hardcore-Gefühl; der heilende Hass und die Einsicht, dass Einsamkeit die Folge von Selbstachtung ist. Nachdem ich drei Jahre lang auf dem Irie-Trip gewesen war und fast ausschließlich Partymusik gehört hatte, war dieses klare und direkte Gefühl auf einmal wieder da. Die trockenen Gitarrenriffs klangen wieder gut und der bollernde Bass berührte das Herz wie in früheren Tagen. Ich brauchte keine positiven Vibes mehr, sondern jemanden, der mich anschrie. Die Party war zu Ende.

Wenn ich nach Feierabend in die Wohnung kam, hatte ich keine Lust, mit Björn zu kiffen und fernzusehen. Meistens hatte ich auch keine Lust, andere Leute zu treffen. Bei Jan ging ich kaum noch vorbei. Seitdem wir uns in Indien getrennt hatten, war unser Verhältnis irgendwie beschädigt. Wir gaben das beide nicht zu, aber es war so. Wir konnten noch immer miteinander reden und Sachen zusammen unternehmen, aber das sinn- und ziellose Rumhängen machte einfach keinen Spaß mehr. Ich hatte nicht einmal mehr Lust, am Wochenende mit den Jungs wegzugehen. Stattdessen saß ich zu Hause, haderte mit der Welt und ließ das Gedankenkarussell in meinem Kopf Runde um Runde drehen. Ich vermisste Katja, ihre leise Stimme, ihre ruhigen Berührungen, ihren frechen Blick, den Sex mit ihr, das Gefühl, mit ihr zusammen zu sein. Es klingt vielleicht komisch, aber irgendwie vermisste ich mich auch selbst. In den paar Monaten mit Katja hatte ich nie an mir gezweifelt oder Schwäche gefühlt. Natürlich hatte es auch

Probleme gegeben, aber auf eine gute und sehr angenehme Art war ich immer ich selbst gewesen. Jetzt fühlte ich mich auseinandergerissen und nutzlos. Zwei minus eins ist nicht eins. Wenn ich gar nicht einschlafen konnte, nahm ich einen Schluck aus Björns Hustensaftflasche, die versteckt hinter irgendwelchen nie benutzten Backformen auf dem Küchenschrank stand. Sie war ein Geschenk seiner Mutter, die als Krankenschwester arbeitete und sich wegen des flachen Raucherhustens ihres Sohnes sorgte. Das warme, leere Gefühl des Codeins ließ die Gedanken in meinem Kopf zum Stehen kommen und machte meinen Körper wohlig und weich.

Weil ich neben meinem Job irgendetwas tun musste und mir Björns brummender Fernseher im Nachbarraum auf den Keks ging, fuhr ich eines Abends zu meiner Mutter raus und holte die Fahrradteile ab, die seit ein paar Jahren unbeachtet in der Garage lagen. Eine größere Freude hätte ich meinem Stiefvater nicht machen können. Mit einem Bekannten tauschte ich meinen alten, legalen Univega-Rahmen gegen einen geklauten von Cannondale. Der war sandgestrahlt und ziemlich schön, mattgraues, unlackiertes Aluminium mit den typischen verschliffenen Schweißnähten. Es fiel mir trotzdem nicht leicht, den Stahlrahmen wegzugeben, auf dem ich als Schüler lange Touren durch Deutschland, Schweden und Frankreich unternommen hatte. Ich machte die Nummer am Tretlagergehäuse des Cannondales unkenntlich und schlug eine neue hinein, die ich auf die Zahlen eins null acht enden ließ. Nach

Feierabend bastelte ich jetzt an dem neuen Fahrrad rum oder war unterwegs, um Teile zu tauschen oder irgendwo billig zu kaufen. Ich lief mit einem Rucksack voller Zeug, das ich übrig hatte oder das von den Maßen her nicht passte, durch die Stadt. Es waren alte Schaltwerke und Umwerfer, eine Syncros-Sattelstütze, ein paar Lenker, eloxierte Bremsen, verschiedene Bremshebel, ein Salsa-Vorbau, eine einzelne bunte Ringle-Vorderradnabe und Daumenschalter. Ich klapperte die kleinen Fahrradgeschäfte ab, die Secondhand-Teile verkauften, und besuchte die Leute, die mit geklauten Fahrrädern und Teilen handelten. So bekam ich innerhalb weniger Tage alles zusammen, was ich brauchte. Wenn ich beim Schrauben etwas nicht hinkriegte, ging ich in den kleinen Fahrradladen um die Ecke in der Neuen Bahnhofstraße und ließ mir helfen.

Nachdem das Rad fertig war, fuhr ich in meiner freien Zeit einfach durch das langsam grün werdende Berlin. Während ich rollte, konnte ich meinen Gedanken freien Lauf lassen. Ich fuhr nirgendwo hin und besuchte auch niemanden, sondern radelte einfach stundenlang herum, bis ich müde genug war, um schlafen zu können. Dabei passierte ich täglich die Strukturgrenzen der Stadt. Ich fuhr vom dicht besiedelten Zentrum in die etwas loser strukturierte Stadt außerhalb des S-Bahn-Rings; von der Stadt in die Industriegebiete von vor und nach dem Krieg; von den Industriegebieten in die mit Einfamilienhäusern bebaute Vorstadt; von der Vorstadt in die Neubaugebiete; von den Neubaugebieten ins waldige und vom Wasser durchzogene

Umland. Wenn ich überhaupt anhielt, dann suchte ich mir entlegene, unbesuchte Plätze mit Aussicht, an denen man allein war und sich selbst hören konnte.

Einmal wartete Katja auf mich, als ich gegen neun völlig ausgepumpt nach Hause kam. Björn hatte sie reingelassen und saß mit ihr zusammen in seinem Zimmer bei offener Tür. Ich erkannte ihre Stimme sofort beim Betreten der Wohnung und schaute kurz zu den beiden rein, um Hallo zu sagen. Dabei blieb ich im Türrahmen stehen. Von oben herab sah ich sie an und gab mich unbeeindruckt. Ihr Blick war zärtlich. Dann ging ich in mein Zimmer und legte mich mit meinen durchgeschwitzten Sachen ins Bett. Ich war so unglaublich wütend auf sie, dass ich kein Wort mit ihr reden wollte oder konnte. Sie sollte mich einfach in Ruhe lassen. Ich rollte mich in meine Decke ein und starrte aus einem Abstand von ungefähr zehn Zentimetern gegen die mit Raufaser tapezierte Wand. Die S-Bahnen ratterten vorbei und die kleinen Sägespanberge in der Tapete fingen an, vor meinen Augen zu tanzen. Nach einigen Minuten betrat Katja das Zimmer und setzte sich neben mich auf den Rand der Matratze. In ihrer kehlig-hohen Stimme sprach sie von Trauer, Sehnsucht und Liebe. Durch ihr leises Sprechen erzeugte sie dabei wie immer eine Stimmung der Nähe und Intimität. Ich wollte nichts mehr von Liebe wissen und blieb stumm.

Sie hörte irgendwann auch auf zu reden und legte sich zu mir ins Bett. Es war schön, die Wärme ihres Körpers zu spüren, und ich musste an Sex denken. Als sie es merkte, zog sie mir die Hose bis auf die Knie runter und fing an, mir einen zu blasen. Nicht einmal jetzt konnte sie dabei zärtlich sein. Sie bewegte ihren Kopf wie wild geworden auf und ab und tat mir mit ihren Zähnen weh. Als es vorbei war, spuckte sie auf den teppichlosen Fußboden aus und legte sich noch einmal zu mir. Ich ließ die Hose an den Knien und umarmte sie. Für eine halbe Stunde lagen wir nebeneinander wie Löffel und ich atmete mit jedem Zug den Geruch ihres Haars ein. Dann stand sie auf und ging wieder zu Björn rüber. Ich hörte nicht mehr, wie sie die Wohnung verließ, da mich der Schlaf übermannte.

22.

Die wiederkehrenden Albträume hatte ich, bis ich ungefähr zwölf Jahre alt war. Phasenweise kamen sie jede Woche und dann kehrten sie manchmal mehrere Monate lang nicht zurück. Die Träume variierten nicht sehr stark und ich hatte auch keine anderen dunklen Träume neben ihnen. Teilweise erlebte ich im Schlaf fantastische und märchenhafte Dinge, jedoch ohne Angst oder Grauen dabei zu empfinden.

Dann hatte ich eines Nachts die bekannten düsteren Gefühle, ohne in dem Flur des Tanzlokales oder dem gläsernen Haus zu sein. Stattdessen befand ich mich in einem geräumigen Keller, der auf der einen Seite unter der Decke relativ große Fenster hatte. Durch diese glaslosen Öffnungen sah ich auf einen mit Bäumen bewachsenen Hof hinaus. Es könnte ein Schulhof gewesen sein, doch es gab keine Bänke, Papierkörbe oder Tischtennisplatten. Das Gebäude, zu dem der Keller gehörte, war aus gelblich-orangen Klinkersteinen gebaut, das erkannte ich an den Einfassungen der Fenster, die Häuser gegenüber waren aus rotem Stein. Der Hof war geschlossen und hatte einen Boden aus dunklem, fast schwarzem Sand, auf dem trockenes, rötliches Laub lag. Es befanden sich keine

Menschen in der Nähe. Durch die Stille fühlte es sich wie Abend an und dazu passte auch die Lichtstimmung. Von der nicht mehr sehr hellen Dämmerung drang nur wenig zu mir hinunter. Ich bemerkte bald, dass ich bis übers Knie in eine dunkle und zähflüssige Masse eingesunken war. Der Morast roch nicht und fühlte sich nicht kalt an. Ich stand seitlich zu den Fenstern und blickte über meine rechte Schulter in das spürbar nachlassende Licht. Dann schaute ich mich in dem Keller um. Da sich meine Augen erst an die Dunkelheit gewöhnen mussten, sah ich zunächst nicht viel. Die Wände waren grau mit mineralischem Putz bezogen, der Raum leer und der Schlamm bräunlich. Ich drehte den Kopf weiter nach links und konnte nach einiger Zeit in der Wand gegenüber den Fenstern eine Tür erkennen. Sie war zur Hälfte in den dahinter liegenden Raum geöffnet, der in totaler Dunkelheit lag. Das Türblatt ragte als letzter sichtbarer Gegenstand in das Schwarz hinein und stand wie ich in dichtem Schlamm. Ich blickte in die Finsternis und wartete darauf, etwas zu sehen, denn ich wusste, dass er aus dieser Richtung zu mir kommen würde. Zeit verging. Ein leichter Lufthauch zog von den Fenstern her durch den Keller und brachte den würzigen Geruch des Laubes und eine leicht staubige Note mit sich. Unbeweglich verharrte ich im Zwielicht, auf der einen Seite das sonnenlose Licht des Abends und auf der anderen der Eingang zu einer in Dunkelheit liegenden, unbekannten Welt. Ebenso neu wie der Traum waren auch meine Gefühle. Ich spürte keine unkontrollierbare Angst, sondern war bei aller Aufregung und Furcht gefasst und fast ein wenig neugierig.

Als ich ihn dann durch die Tür schreiten sah, bekam ich doch wieder Panik. Er bewegte sich langsam und fast lautlos durch den Schlick, so als würde er schweben. Ich bezwang die Furcht und behielt die Augen offen. An der Ruhe und Würde seiner Bewegungen erkannte ich zum ersten Mal, dass er mir keine Angst machen oder mich einschüchtern wollte. Er kam auch nicht direkt auf mich zu, sondern steuerte die Wand hinter mir an. Im Abstand von mehr als einem Meter passierte er mich. Da ich durch meine Aufregung unfähig war, auch nur den Kopf zu drehen, verlor ich ihn aus dem Sichtfeld. Ich kann nicht sagen, ob ich es hörte oder fühlte, aber ich wusste, dass er hinter mir einen Halbkreis beschritt und sich zwischen mich und das Fenster brachte. In meinem Bauch sammelten sich Energie und Wärme und mir war es, als strahlte mein Körper so etwas Ähnliches wie Licht aus. Er blieb rechts neben mir stehen. Ich konnte ihn unscharf im äußersten Winkel meines Auges erkennen. Er war bestimmt zwei Köpfe größer als ich und schaute auf die Wand vor uns. Dann nahm er meine rechte Hand behutsam in seine linke und ich verlor vor Schreck fast das Bewusstsein. Die Berührung ließ die in mir angestaute Energie in meinem Körper zirkulieren und ich wurde ruhiger. Bevor ich mich an den Zustand gewöhnen konnte, ging er in Richtung der Tür los. Ich bewegte zum ersten Mal, seit ich mich in dem Keller wiedergefunden hatte, die Beine und es funktionierte trotz des Schlamms ganz gut.

Seine Hand war fest und verhornt. Zusammen durchquerten wir langsam den Raum und passierten die Tür. Die Gänge dahinter waren wie ein Labyrinth angeordnet. Wir schienen ein Ziel zu haben und behielten unsere Geschwindigkeit bei. Es war, als würden wir uns tiefer in etwas hineinbewegen, an dessen Rand ich mich lange befunden hatte. Ich fühlte mich geborgen und befreit. Mit diesem Gefühl wachte ich dann auf. Es war ein endgültiges Gefühl, so als hätte sich das Schicksal meines Lebens entschieden.

Danach hatte ich nie wieder einen Albtraum. Jahre später, wenn ich manchmal in einem schweren Haschischrausch einschlief, spürte ich, dass er sich noch immer um mich kümmerte. Ich sah dann, dass er riesenhaft war und mich in seiner geöffneten linken Hand vor seiner Brust durch einen Sturm trug, während er mit der gewölbten rechten den Regen von mir abhielt. Er ist meine Familie. Manchmal überlege ich, ob er mich geholt hat, weil mich sonst niemand wollte. Und manchmal frage ich mich, ob Katja ihn auch kennt.

23.

Ihr Besuch änderte nichts. Ich lebte weiter in meinem Rhythmus, ging morgens zur Baustelle und verbrachte die Abende allein auf meinem Fahrrad. Trotz der körperlich anstrengenden Arbeit und des vielen Sports wurde ich nicht breiter, da ich zu wenig aß. Björn versuchte manchmal, mich etwas aufzumuntern und aus meiner Abgestumpftheit zu reißen. Er legte alte Hip-Hop-Platten auf und tanzte im Stil der frühen 1990er durch die Wohnung oder machte Lehrer nach, die wir beide an der Einstein gehabt hatten. Seine Fürsorge tat gut, konnte das Eis in mir aber nicht brechen. Einmal schloss ich mich ihm und unserem Kumpel Tüte an und wir unternahmen einen ausgedehnten Spaziergang durch den Treptower Park und den Plänterwald. Ich spielte mit Tütes Hund, der eines der Kinder von Maries Hündin war, und ließ die beiden miteinander reden. Sie ereiferten sich über die schwachsinnigen Theorien von Robert Anton Wilson. Besser gesagt benutzten sie Bruchstücke seiner Theorien, um sich ein Weltbild zusammenzuspinnen, in dem sie über den anderen Menschen unserer Gesellschaft standen. Als wir wieder zu Hause ankamen, fühlte ich mich noch einsamer als sonst.

Björn probierte auch ein paarmal ohne Erfolg, mich zu irgendwelchen Partys mitzunehmen, bis er es schließlich schaffte. Es war der Geburtstag unseres gemeinsamen Freundes Pernd, den ich mir trotz meiner asozialen Stimmung nicht entgehen lassen konnte. Pernd war mit Andreas und mir auf die Dorfschule in Biesdorf gegangen und seit der siebten oder achten Klasse mein Freund. Zu Ostzeiten, als ich noch ein braver Junge gewesen war, hatte Pernd schon gegen das System rebelliert. Er rasierte sich im zarten Alter von zwölf oder dreizehn einen Iro und zog unförmige schwarze Bauarbeiterstiefel und eine wie eine Motorradjacke geschnittene schwarze Stoffjacke an. Hinten auf der Jacke stand in weißen keilförmigen Buchstaben »NO FUTURE« und »UK SUBS«. Damals wusste ich nicht, was das bedeutete. Seine Mutter ertrug ihn und die Gespräche mit seinen Lehrern mit Fassung. Später tauschte er die Ostklamotten gegen Doc Martens und eine richtige Lederjacke.

Lustigerweise war er der erste von uns, der regelmäßig arbeiten ging. Es fing damit an, dass wir uns am Abend des siebten Oktobers 1989 vor unserer Schule trafen, um anlässlich des vierzigsten Geburtstags der Deutschen Demokratischen Republik durch Biesdorf zu marschieren. Alle Schüler und Lehrer der zu Ehren des nicaraguanischen Revolutionsführers Carlos Fonseca genannten zwanzigsten Polytechnischen Oberschule Berlin-Marzahn stellten sich an diesem Samstagabend in Reih und Glied auf und liefen dann fackelschwenkend durch die bürgerliche Einfamilienhaussiedlung. Dabei sangen wir unter Anleitung unserer

Musiklehrerin die üblichen roten Lieder und waren uns trotz unseres noch jugendlichen Alters der faschistisch anmutenden Unappetitlichkeit der Veranstaltung durchaus bewusst. Sie hatten uns ja Geschichtsbücher mit Fotos vom dreißigsten Januar '33 gegeben, um uns Friedensliebe und Vernunft anzuerziehen; Fackeln vorm Brandenburger Tor, Auschwitz, Feuer in den Städten. Von deutschem Boden darf nie wieder ein Krieg ausgehen. Unsere Stimmen klangen unlustig und dünn.

Hammer und Zirkel im Ährenkranz,
Zeichen des Glücks an der Wiege,
Weit über die Grenzen des Vaterlands
Trägt es den Ruhm unsrer Siege.

Der Gespenstermarsch dauerte ungefähr eine Stunde und als wir wieder in die Straße einbogen, in der unsere Schule lag, waren alle Beteiligten des Singens müde und liefen schweigend nebeneinander durch die kühle Herbstnacht. Wenn man auf der Alberichstraße nach Süden ging, musste man eine leichte Steigung meistern, um zur Schule zu gelangen. Rechter Hand passierte man dabei eine Reihe von identischen weißen Fertigteilhäusern, die so um 1987 wie von Geisterhand entstanden waren. Ihre Errichtung war nicht von der sonst üblichen jahrelangen Jagd nach Baustoffen und Fachleistungen verzögert worden. Jeder im Viertel wusste, dass hier ranghohe Offiziere der neuen Stasizentrale in Friedrichsfelde wohnten. Als wir mit unseren brennenden Fackeln an den Häusern vorbeizogen, stimmte Pernd mit seiner kräftigen und schon sehr männlichen Stimme den Chor an:

»Sta – si – raus! Sta – si – raus! Sta – si – raus!«

Zuerst rief er es allein, doch bei jeder Wiederholung mehrten sich die Stimmen und die einfache Losung tönte lauter und lauter durch die Nacht. Unsere Lehrer wurden hektisch und liefen hilflos von einem Rufer zum nächsten. Sie konnten uns nicht stoppen, da sie uns zahlenmäßig zu sehr unterlegen waren. Ihre hervorgestoßenen Drohungen halfen auch nicht. Die meisten Schüler waren Kinder von Handwerkern, kleinen Angestellten oder reichen Selbstständigen und konnten sich des elterlichen Lobes für die von Pernd ins Rollen gebrachte Aktion gewiss sein. Das hysterische Gekreische unserer stellvertretenden Direktorin über das große Nachspiel und die sicheren Konsequenzen ließ uns nur noch lauter werden. Dabei blieben wir die ganze Zeit über in unserer Formation und in gleichförmiger Bewegung. Wir hörten erst wieder auf, nachdem wir den Eingang der Schule erreicht und die heruntergebrannten Fackeln in die dafür bereitgestellten Metalltonnen geworfen hatten. Dann herrschte Stille. Unsere Lehrer sahen uns ungläubig an. Wir unterdrückten das Lachen und boxten uns vor Übermut auf die Oberarme. Es war ein tolles Gefühl. Wir hatten sie gefickt. In diesem Moment wusste ich zum ersten Mal, dass die DDR zerfallen würde.

Pernd war am darauffolgenden Montag zum letzten Mal in der Schule. Sie warfen ihn raus, weil sie glaubten, damit den Sozialismus oder zumindest ihre eigenen Hälse retten zu können. Da sie ihn aufgrund der staatlichen Doktrin nicht in die Arbeitslosigkeit entlassen konnten, besorgten sie ihm eine Lehrstelle als Bäcker, die er noch in derselben Woche antreten musste. Während Andreas und ich also noch ein paar Jahre bis zum Abitur an verschiedenen Schulen rumgammelten und vor allem feierten und alle Sorten Scheiße bauten, war unser Punker-Freund Pernd fester Bestandteil der Arbeiterklasse. Er stand auf, wenn wir schlafen gingen, und hängte uns, wenn er Samstagfrüh nach Hause kam, Beutel mit frischen Brötchen an die Türklinken. Wahrscheinlich hätte er 1990 auch zurück zur Schule kommen können, doch da war er mit der ganzen Sache schon fertig und hatte keine Lust mehr, in einem Klassenzimmer zu sitzen und anderen Leuten beim Reden zuzuhören.

Björn und mich verband, dass wir Pernd seinen seltsamen Namen gegeben hatten. Zuerst nannte ich Pernd, für den seine Mutter den schönen Namen Jochen ausgesucht hatte, immer Bernd. Und weil er ja außerdem auch Punker war, nannte ich ihn manchmal Punker Bernd, woraus dann irgendwann Pernd wurde. Björn zog ihn dann wochenlang und bei jeder sich bietenden Gelegenheit mit diesem Namen auf, bis ihn schließlich alle in unserem Freundeskreis so nannten, irgendwann sogar seine Mutter.

Als Teenager waren Pernds Geburtstage immer ein Zeichen des Frühlingsanfangs für mich gewesen. Meistens schmiss er eine große Party im urigen Haus seiner Eltern, die dafür die gesamte untere Etage räumten und uns auch bei sich übernachten ließen. Wir tranken Bier, das mir noch gar nicht schmeckte, hörten Deutschpunk, ließen auf dem Fernseher Karatefilme ohne Ton laufen und probierten verzweifelt, mit einem der wenigen Mädchen rumzuknutschen.

24.

An all das musste ich denken, während ich mit Björn nach Lichtenberg lief. Pernd wohnte dort seit Kurzem zusammen mit seiner Freundin in der Archenholdstraße. In die Gegend hatte es mehrere Leute aus der KDM-Clique verschlagen, weil die Wohnungen schön und die Mieten günstig waren. Das Viertel um die Rummelsburger Straße und den Zachert-Sportplatz mit seinen viergeschossigen Häusern aus den 1920er-Jahren erinnerte mich an meine Kindheit. Meine erste Schule hatte genau an der Grenze zwischen den Neubauten und den Altbauten gelegen. Wir hatten fast alle in den neuen Häusern gewohnt und trotzdem das alte Lichtenberg als Spielplatz bevorzugt. Ich kannte daher jede Straße, jeden Hof und jede Grünanlage und genoss es, neben Björn durch die Nacht zu schlendern. Der war im Gegensatz zu mir nervös und machte sich Sorgen, weil Lichtenberg nach wie vor eine fiese Nazigegend und es außerdem Vorabend des Führergeburtstages war.

Wir gingen die Lückstraße hinunter und schauten uns die ehemals von Faschos besetzten Häuser an der Ecke zur Weitling an. Björn war immer einen halben Schritt vor mir und schaute sich regelmäßig um. Zwei Hundebesitzer drehten ihre Abendrunde und ein paar Kids wirbelten im

Hormonrausch durch die fast milde Nacht. Ich konnte mich noch gut an den ganzen Naziterror Anfang der Neunziger in Marzahn und Lichtenberg erinnern. Am zwanzigsten April waren wir teilweise nach der Schule nicht mehr vor die Tür gegangen. Sie hatten es die »Nacht der langen Messer« genannt. Jetzt ließ mich die Sache kalt und ich machte mir keine Sorgen. Die Indienreise hatte auch meine Gefühle für die zahlreichen Hakenkreuzschmierereien an den Häuserwänden verändert. Ich sah sie nun als Sonnenaufgangs- und Glückszeichen.

Etwas weiter die Straße runter bogen wir dann links in die Rummelsburger und bald wieder links in die Archenholdstraße ab. Ich hatte Lust, noch vor zum Sportplatz zu laufen, um zu sehen, wie es dort aussah. Als Schüler war ich teilweise dreimal die Woche für Dynamo über den roten Ascheplatz gerannt, hatte Hürden und Holzlatten übersprungen, Speerwurf und Kugelstoß gelernt. Björn fand die Idee, einen Sportplatz im Dunkeln anzusehen, aber doof und ich gab sie bereitwillig wieder auf.

Als wir bei Pernd ankamen, war ich erst mal platt, so viele bekannte Gesichter zu sehen. Es befanden sich bestimmt dreißig Leute aus dem KDM und noch ein paar andere in der großzügig geschnittenen Dreiraumwohnung. Ich redete kurz mit einigen von ihnen und schaute den Marzahnern dann dabei zu, wie sie sich abschossen. Erbse hatte seine berüchtigte Schlammbowle gemacht. Das war ein Wassereimer voller Vanilleeis und Wodka im Mischverhältnis eins zu eins, der großen Zuspruch fand.

Auf dem Couchtisch im Wohnzimmer stand außerdem eine hohe Plexiglas-Bong, die fast ohne Unterbrechung in Gang war. Die Jungs hatten in einem Suppenteller eine große Mische mit Gras und Platte angerichtet, von der sich jeder bedienen konnte. In der Küche schälte und kochte eine Gruppe um Fred irgendwelche Kakteen und würgte die offensichtlich eklig schmeckenden Dinger dann mit Sirup runter, um in den Genuss eines Meskalinrausches zu kommen. Einige der Mädchen schnupften Speed und redeten viel. Ich trank ein oder zwei Biere und schaute dem ganzen Treiben ungläubig zu, unsicher, ob das nun eine gute Alternative zum Alleinsein war oder nicht.

Mit Pernd hätte ich gern gesprochen, aber der klebte ziemlich wortkarg in seiner Couch. Andreas war nicht da. Drogen gaben ihm nichts. Wenn er konnte, ging er der alten Clique aus dem Weg. Ich verstand ihn auf einmal. Es hatte sich ziemlich verändert. Es ging nicht mehr so sehr um das Miteinander, sondern viel um das Plattmachen. Irgendwann tauchte Gesa auf und wir redeten zum ersten Mal seit dem Norwegenurlaub miteinander. Ich erzählte ihr viel von Indien und sie drehte sich Joints und berichtete von ihren Abiturprüfungen. Ihren vorsichtigen Fragen über Katja und mich entnahm ich, dass sie meine Telefonnummer damals weitergegeben hatte und sich jetzt deswegen Vorwürfe machte. Ich fragte mich, ob mein Liebeskummer schon Stadtgespräch war, und dachte an den Sommer und unsere Zeit auf der Insel. Gesa wirkte zunehmend abwesend. Die Unschuld in ihrem Gesicht hatte begonnen, etwas anderem Platz zu machen.

Gegen zwei Uhr waren die meisten Leute so breit, dass sie nur noch lahm rumlagen und vor sich hinstarrten oder irgendwelche kryptischen Halbgespräche miteinander führten. Björn knutschte mit einer alten Affäre rum und Pernds Freundin begann, ein wenig aufzuräumen. Eines der Speedmädchen textete mich zu. Ihr Freund hatte sie verlassen und sie fühlte sich einsam. Die Kakteen-Clique wollte noch zu einem Goa-Rave auf der Insel der Jugend in Treptow gehen und ich schloss mich ihnen, ohne groß darüber nachzudenken, an. Wahrscheinlich hatte der Anblick der freiwillig Gelähmten meinen Unternehmungsgeist geweckt.

Wir brauchten bestimmt zwanzig Minuten, um loszugehen, weil die Gruppe so unglaublich verpeilt war. Immer wenn der letzte von ihnen mit Schuhen an den Füßen und in der richtigen Jacke an der Tür stand, war der erste schon wieder in der Wohnung unterwegs, um schnell noch was mit jemandem zu besprechen oder irgendetwas zu suchen. Direkt vorm Haus liefen wir dann ein paar Skinheads in die Arme, die aus Richtung der Rummelsburger Straße kamen. Die Typen trugen faschomäßig weiße Schnürsenkel in ihren Martens und hatten die einschlägigen Aufnäher auf den Ärmeln ihrer Bomberjacken: flatternde Reichskriegsflaggen, Tatzenkreuze, das Bekenntnis »Ich bin stolz, ein Deutscher zu sein«, Keltenkreuze. Sie waren genauso alt wie wir und blieben stehen, um uns ein paar blöde Sprüche zu drücken. Es war das übliche:

»Kuck dir die Scheißpillenfresser an!«

»Wenn ich so ungewaschene Langhaarige sehe, wird mir immer ganz schlecht.«

»Die sollten sich schämen, als Deutsche so rumzulaufen.«

»Was denkste, wie viele Treffer der Lange braucht, um umzufallen?«

»Nich viele, und wenn er erst mal liegt, küsst er den Stiefel.«

Sie verzogen ihre Oberlippen in gespieltem Ekel. Der Kleinste von ihnen kam einen Schritt auf uns zu und fragte:

»Ey, ihr schwulen Wehrkraftzersetzer, habt ihr heute schon aufs Maul gekriegt?«

Wir antworteten nicht, denn sie wirkten müde und waren nicht wirklich aggressiv. Es gab die alte Vorstadtregel für Wochenendnächte, nach der sich für eine Gruppe von erlebnisorientierten Jungs immer irgendwann die Frage »Ficken oder Hauen?« stellte. Sex oder Gewalt waren nötig, um das die ganze Woche über im Blut angestaute Adrenalin abzubauen und die Langeweile und die Erniedrigungen des Alltags zu vergessen. Unsere Glatzen waren über diesen Punkt längst hinaus und wollten nur noch in ihr Bett. Das sah und hörte man. Nach ’ner halben Minute liefen sie einfach weiter die Archenholdstraße hoch und wir machten uns in die entgegengesetzte Richtung auf den Weg.

Was für mich nicht viel mehr als ein kurzer Schreck gewesen war, hatte bei Fred in seinem Meskalinrausch eine tiefe und anhaltende Paranoia ausgelöst. Er konnte nicht mehr neben uns gehen und schlich stattdessen durch die Büsche und Beete der Vorgärten, wobei er immer erst die Umgebung abscannte, bevor er von einem Busch zum nächsten hechtete. Dabei flehte er uns an, es genauso zu machen. Es war Angst in ihrer stärksten und reinsten Form und ich verstand, wo sie herkam. Unsere ganze Jugend lang waren Faschos immer ein Thema gewesen. Man traf sie in der Wendezeit überall in Marzahn und musste sich mit ihnen auseinandersetzen. Manchmal ignorierten wir sie und kamen damit durch, manchmal sprachen wir mit ihnen, manchmal schrien wir uns gegenseitig an, manchmal spielten wir mit ihnen Fußball, manchmal schlugen wir uns mit ihnen, manchmal liefen wir vor ihnen weg und manchmal kriegten sie uns auch. Schlimm war dabei nicht unbedingt die körperliche Gewalt, sondern dass sie einen zum Opfer machen wollten. Sie schlugen sich nicht gern Mann gegen Mann, sondern waren eher darauf aus, einen zu mehreren zum Krüppel zu treten. Aufklatschen nannte man das. Es waren sadistische Rituale der Unterwerfung, die uns tief verschreckten. »Wir Kriegen Euch Alle« stand an den Häuserwänden und Bushaltestellen. Man sah die Drohung jeden Tag. Geschichten von Leuten, denen die Knochen gebrochen und die aus fahrenden S-Bahn-Zügen geworfen worden waren, deren Gesichter auf Bordsteinkanten zertreten worden waren, die mit Baseballkeulen bis zur Unkenntlichkeit zerprügelt oder durch körpernah abgefeuerte Schreckschusswaffen verletzt, die abgestochen oder angezündet worden waren, machten die Runde und setzten sich im Unterbewusstsein fest.

Ich selbst hatte einmal einen ähnlichen Schock wie Fred erlitten, als ich mit einer kleinen Gruppe Marzahner total bekifft in eine Demonstration der Freiheitlichen Deutschen Arbeiterpartei geraten war. Das war auf dem Hexentanzplatz in Thale zur Walpurgisnacht gewesen. Wir wollten damals einfach nur feiern und mal nicht mit den Ökostudenten im Prenzlauer Berg rumhängen und hatten unsere Trommeln sowie Lampenöl und Fackeln zum Feuerspucken mitgebracht. Dann fanden wir uns mehr als zweihundert Kilometer von der großen Party auf dem Kollwitz Platz entfernt zwischen lauter Burschenschaftlern und Nazis im Wald wieder. Zuerst hatte Matze noch jedes FAP-Plakat am Wegesrand beschmiert, doch als es dann langsam dunkel wurde und Friedhelm Busse von einer kleinen Bühne aus eine Rede hielt, die über Lautsprecher in das ganze Waldstück übertragen wurde, wussten wir, dass wir total falsch am Platz waren. In der sporadisch erleuchteten Umgebung klang die elektrisch verstärkte Stimme des Hilfsführers bedrohlich nach seinen historischen Vorbildern. Ich stolperte orientierungslos umher und wurde irgendwann von derselben irrationalen und alles Denken lähmenden Angst um mein Leben gepackt, die Fred jetzt verzweifeln ließ.

An der Ecke Rummelsburger und Lückstraße hatte ich genug von dem grausamen Schauspiel und hielt ein Taxi an. Wir waren zu fünft und ich musste den anderen ein paarmal versichern, dass es für mich in Ordnung war, allein zur Insel zu laufen. Nachdem der Benz mit den Jungs weggefahren war, genoss ich die Stille des schlafenden Lichtenbergs und machte mich in aller Ruhe auf den Weg zum Nöldnerplatz. Die Lückstraße war jetzt menschenleer und Autos gab es auch nicht mehr viele. Ich lief durch den tagsüber von Alkoholikern bewohnten Tunnel am Bahnhof und folgte dem dunklen Fußweg, der an dem Fernbahndamm entlang vor zur Pfarrstraße und dann weiter zur Schreiberhauer Straße führte. Die Bundesversicherungsanstalt für Angestellte lag friedlich und gut bewacht in der Nacht. Ich kreuzte die verlängerte Boxhagener Straße, lief die Kynaststraße hinauf und über die Brücke, die die Hauptstraße überwand.

Von der Brücke aus konnte ich ein paar Hippie-Raver sehen, die keine fünfzig Meter von mir entfernt auf dem oberen Bahnsteig des Ostkreuzes auf den Zug nach Treptow warteten. Ich erinnerte mich daran, dass Goa der langweiligste Ort gewesen war, den ich in Indien gesehen hatte, und ging die lange Steigung hinter der Brücke hinab bis zur Ecke Alt Stralau, wo zwei in Lackleder gekleidete Nutten im Niemandsland rumstanden und mich ignorierten. Schon jetzt konnte ich leise die Musik auf der ungefähr zwei Kilometer weiter östlich liegenden Insel hören. Ich passierte die Dampferanlegestelle der Weißen Flotte und lief auf dem breiten Parkweg flussaufwärts. Die dicken Stämme der alten Eichen sahen in der Dunkelheit wie zu große Menschen aus. Minutenlang verfolgte ich dann das Gespräch einer Gruppe, die vor mir lief, und fühlte mich dabei wie ein Lauscher. Es ging um Geld und Drogen, natürlich. Als ich den vor der Insel liegenden Biergarten Zenner erreicht hatte, konnte ich das turmartige Gebäude des Jugendklubs sehen und die Musik der Party deutlich hören. Auf der in dem Klub endenden, bogenförmigen und schmalen Brücke zur Insel rüber standen ziemlich viele Leute rum und am Eingang zur Party war trotz der späten Stunde eine Schlange. Ich fühlte mich durch meinen Spaziergang ausgeruht und munter und stellte mich, ohne zu überlegen, an.

Während ich darauf wartete, reingelassen zu werden, kamen zwei meiner Freunde durch die dicke hölzerne Tür nach draußen. Vicky und Flo hatten wie ich den Winter in Asien verbracht und waren auch erst seit Kurzem wieder in Berlin. Ohne zu zögern, gab ich meinen Platz in der Schlange auf, um mit ihnen am Ufer der Spree einen Joint zu rauchen. Wir suchten uns ein gemütliches Fleckchen und redeten über die Sachen, die wir gesehen und erlebt hatten. Das superpotente Lampengras der beiden machte mich etwas schwindelig und wuschig. Im Gespräch stellten wir fest, dass unsere Freundinnen uns ausnahmslos verlassen hatten. Das überraschte mich, denn die beiden waren vor ihrem Trip in festen und seit Jahren bestehenden Beziehungen gewesen. Wie sie erzählten, hatten sie während ihrer Reise nichts Böses geahnt und dann am Tag ihrer Rückkehr ein böses Erwachen erlebt. Statt Wiedersehensfreude und Sex gab es den dicken Fuckfinger. Ähnlich wie Katja hatten sich ihre Frauen auch nicht von ihnen getrennt, sondern sich während des Winters neue Typen gesucht. Jetzt hatten sie dasselbe Theater wie ich, untreue und unglückliche Frauen, die den Kontakt aufrecht erhielten und sich nicht darüber im Klaren waren, was sie wollten.

Ich verfluchte die Ostbräute dafür, dass sie es nicht schafften, ein paar Wochen auf ihre Männer zu warten, ohne gleich armtief in die Dramakiste zu greifen. Wahrscheinlich war ihnen einfach langweilig gewesen. Vielleicht war es aber auch Rache für Nichtbeachtung und Abwesenheit. Ich fragte mich, ob Frauen überhaupt zu wirklicher Liebe fähig waren oder nur in ständig nach Befriedigung schreienden, kurzweiligen Bedürfnissen lebten.

Die Spree floss von rechts nach links an uns vorbei und die Schornsteine des Kraftwerks Klingenberg stießen weißen Rauch aus, der in der Nacht leicht rosa leuchtete. Vicky und Flo gingen dann zur Party zurück und ich stellte mich wieder in die jetzt etwas kürzere Schlange. Drinnen war ich erst mal geflasht von den ganzen Druffies und der lauten, schmierigen Trance-Musik. In meinem Grasrausch peilte ich durch die auf drei Etagen verteilten Dancefloors und Chill-out-Zones und suchte nach bekannten Gesichtern, bis plötzlich die kleine Teresa vor mir stand. Sie war als eine der wenigen der alten Gang nicht bei Pernds Party gewesen und von einem drogigen Schein umgeben. Ihre Familie hatte Mitte der 1980er-Jahre das große Kunststück fertiggebracht, von Chile nach Marzahn zu ziehen. Die Geschichte dahinter kannte ich nicht. Sie und ihr Bruder hatten dann aufgrund ihres dunklen indianischen Aussehens von allen Leuten im KDM mit Abstand am stärksten unter dem Faschostress nach der Wende gelitten. Jetzt war davon nichts mehr zu sehen. Sie grinste über das ganze Gesicht und ihre Wangen glühten, während sie versuchte, mir etwas zu sagen. Viel mehr als ein geglucksteѕ »Hallo« kam nicht aus ihr heraus. Sie gab mir zu verstehen, dass ich warten sollte, und kramte in einer Hosentasche. Dann hielt sie mir ihre geöffnete Hand hin, in der eine ganze getrocknete Pilzkappe lag. Ich zögerte, da ich mir nicht sicher war, wie ich auf Pilze reagieren würde. Wir sahen uns eine Weile in die Augen und ich konnte nur Schönes in ihren entdecken. Letztendlich nahm ich den Pilz aus ihrer Hand und schob ihn mir in den Mund. Ihr Lächeln hatte mich überzeugt. Zum Runterspülen gab sie mir einen Schluck Wasser aus einer großen Flasche. Dann tippte sie mir kurz auf die Schulter und verschwand wieder im Gedränge.

Ohne länger darüber nachzudenken, peilte ich weiter durch die Räume, die alle mit diesen Goa-typischen Leuchtfarbengemälden dekoriert waren und nach Räucherstäbchen rochen. Auf den auf schwarzen Stoff gemalten Bildern waren die immer gleichen idiotischen geometrischen Figuren und so Sachen wie Zauberer mit spitzen Hüten. Irgendjemand hatte sich außerdem die Mühe gemacht, unzählige kniehohe Fliegenpilze aus Bauschaum oder Styropor zu basteln, sie ebenfalls mit Neonfarben anzumalen und im ganzen Gebäude zu verteilen. Ich verfluchte die Hippies und entschied mich dann für den kleinsten Dancefloor ganz oben unterm Dach. Der Sound war hier am trockensten und die Beleuchtung am neutralsten. Ohne mich erst mal hinzusetzen, fing ich an zu tanzen. Ich hatte Angst, dass ich sonst auf die ganze Veranstaltung abtörnen würde.

Die Menschen um mich herum waren nett und rücksichtsvoll und mit der Zeit wurde die Musik auch ganz annehmbar. Ich begann, mich gut zu fühlen. Zum ersten Mal seit Ewigkeiten flirtete ich wieder mit den Mädchen und sie flirteten zurück. Nach und nach füllte sich der kleine Raum, wahrscheinlich weil einer der größeren Floors unten zugemacht hatte, und ich sah immer mehr Leute, die ich kannte. Wir grinsten uns ab und zu an und ließen uns gehen. Ich tanzte mittlerweile wie angeschaltet und spürte Euphorie in meinem Gesicht, meinem Bauch und meinen Beinen.

Beim Einsetzten der Dämmerung öffnete jemand die Tür zu der an den Raum grenzenden Terrasse und zog die Vorhänge an den Fenstern auf. Es war schön, den Tag kommen zu sehen. Das aufkommende Licht ließ die Energie im Raum ansteigen und die Tänzer miteinander verschmelzen. Kurz vor Sonnenaufgang schoben wir einen der Boxentürme an die Terrassentür und tanzten draußen weiter. Wir waren vielleicht 35 Leute und in einem kollektiven Rausch. Ich konnte die angeheizte Stimmung und die Bewegungen der anderen spüren und ging in der zunehmenden Ekstase der Gruppe auf. Als uns die ersten Sonnenstrahlen trafen, stießen wir laute Schreie des Glücks aus, die weit über das Wasser und durch die Bäume getragen wurden. Unsere

Energie stieg noch einmal deutlich an. Ich tanzte weiter, bis die Sonne hoch am Himmel stand und unten im Park Familien herumliefen, die ungläubig zu uns hochsahen. Meine Kraft ließ jetzt spürbar nach und die Euphorie der Gruppe ebbte ab. Irgendwann blieb ich erschöpft stehen und schaute mir die Menschen an, mit denen ich die letzten Stunden verbracht hatte. Sie sahen im hellen Tageslicht wie Geister aus und ihre Bewegungen hatten etwas Zombiehaftes an sich. Die Gesichter waren blass und von den Drogen versteinert und verzerrt. Die Frauen hatten ihren Reiz und ihre Anziehungskraft verloren. Um nichts in der Welt hätte ich sie anfassen oder küssen können. Meine Stimmung fiel in den Keller. Ich wusste, was jetzt kam: stundenlanges Rumliegen auf den Couchen und After-Hour-Abopfern bei Leuten, die man kaum kannte. Es war Zeit, nach Hause zu gehen. Ohne mich von jemandem zu verabschieden, lief ich einfach los.

Während ich durch den mit Spaziergängern gefüllten Park stolperte, merkte ich erst, wie stark die Pilze in meinem Bewusstsein wüteten. Ich fühlte mich nicht wirklich gut und hatte Angst, am helllichten Tage zwischen all den Familien zusammenzubrechen. Wenn ich in die ausgeruhten und fröhlichen Gesichter der Leute um mich herum schaute, schämte ich mich für meinen zugedrogten und liederlichen Zustand. Ich beneidete die normalen Menschen, die ihr Wochenende genossen, um ihr Leben. An einer der Imbissbuden bei den Dampfern kaufte ich mir einen Multivitaminsaft und ein Wasser, das ich auf meinem Weg über die Spree in kleinen Schlucken trank. Ich quälte mich die Kynaststraße hinauf und fragte mich, ob ich schlafen können würde. Vor unserem Haus überwältigte mich die Hässlichkeit der Ecke Boxhagener und Neue Bahnhofstraße. Nicht einmal jetzt im Sonnenlicht des Frühlings sah es hier nach einem Ort aus, an dem Menschen wohnen sollten.

Als ich endlich im Bett lag, hatte ich das Gefühl, die Welt bräche über und in mir zusammen. Irgendetwas stimmte nicht mehr. Ich hörte die Frau unter uns mit ihrem afrikanischen Freund streiten, einen Staubsauger, der irgendwo im Haus lief, und das Rattern der S-Bahnen. Die wie durch elektrischen Strom angetriebenen düstersten Gedanken in meinem Kopf ließen sich nicht wegschieben und durch nichts beschwichtigen. Alles in meinem Leben kam mir falsch und verrottet vor. Wozu ging ich auf dieser Baustelle arbeiten? Warum lebte ich in diesem Loch von Wohnung in diesem Ghetto von Stadtbezirk? Warum hatte ich kein richtiges Zuhause? Warum kannte ich nur Leute, die all ihre Energie dazu nutzten, sich selbst zu zerstören? Gab es nicht auch irgendwo nette, gesunde und erfolgreiche Menschen? Was sollte das mit den Drogen die ganze Zeit? War es denn so schwer, einmal einen Abend wegzugehen, ohne was einzuschmeißen? Was war aus dem groß gewachsenen und talentierten Jungen geworden, der gut in der Schule gewesen war und den seine Lehrer gemocht hatten? Und wo war der Mensch, dem ich meinen Kopf in den Schoß legen konnte und der mich hinterm Ohr kraulte?

Mein Körper schmerzte und ich wusste einfach nicht mehr, wofür ich am Leben bleiben sollte. Ich war hinter die Traurigkeit und in die Verzweiflung getreten und konnte die ganze heruntergekommene Dekadenz Berlins in mir spüren, die Arroganz gegenüber der Gesellschaft und die fehlende Verantwortung für mich selbst. Was war denn so falsch daran, einen Beruf zu erlernen, regelmäßig arbeiten zu gehen und eine Familie zu haben? War das nicht besser, als seine ganze freie Zeit der Abtötung der eigenen Empfindungen zu widmen? Ich hätte alles dafür gegeben, weinen zu können, aber es ging nicht. Nicht einmal die Gedanken an meinen Vater halfen. Er war der Ursprung und Kern aller Einsamkeit in der Mitte meines tauben Ichs und jetzt versagte er mir seinen einzigen und treusten Dienst.

Mein Herz raste und meine Atmung ging unregelmäßig und schwer. Anfallartig überkam mich ein krampfhaftes Gähnen. Ich wälzte mich auf dem schmalen schmutzigen Bett hin und her und stöhnte vor körperlichem und seelischem Unbehagen. Wenn ich die Augen schloss, sah ich amorphe ineinanderlaufende und explodierende Farbhaufen, die mich verängstigten. Meine Hände zitterten und mein Magen zog sich zusammen. Mit dem letzten Stück Verstand, über das ich noch verfügte, begriff ich, dass ich stark vergiftet war. Ich nahm meine Kraft zusammen und schleppte mich ins Bad, wo ich lauwarmes Wasser aus dem Hahn trank, bis ich kotzen konnte. Danach legte ich mich wieder ins Bett.

Mir war jetzt so kalt, dass ich am ganzen Körper zitterte. Mein Sichtfeld wurde immer kleiner und meine visuelle Wahrnehmung zerfiel in ein grobes Raster, sodass ich nur noch verschiedenfarbige viereckige Flächen sehen konnte. Tief in mir suchte ich nach etwas, woran ich mich festhalten konnte, und fand tröstende Erinnerungen an meine Mutter: Ich war drei oder vier Jahre alt und saß auf dem Kindersitz ihres schicken roten Fahrrades, während wir mit sportlichem Tempo über einen mit Kiefernnadeln bedeckten Waldweg fuhren. Mein Stoffeisbär Eisi lag zwischen meinen Armen über dem Lenker, sodass ich mich an ihn kuscheln konnte, und meine Füße standen auf kleinen grauen Rasten, die an der Gabel des Rades befestigt waren. Ich spürte den trockenen, sommerlichen Fahrtwind im Gesicht und den sich bewegenden und wohlriechenden Körper meiner Mutter hinter mir. Unsere vier Hände lagen nebeneinander auf dem verchromten Lenker, ihre großen außen und meine kleinen innen. Um mir eine Freude zu bereiten, betätigte meine Mutter mit ihrem linken Daumen ab und zu die runde Klingel mit der Kleeblattgravur. Ich liebte das helle, klare Geräusch und musste jedes Mal lachen, wenn ich es hörte. Dieses Gefühl hielt ich so fest, wie ich konnte, und schlief endlich ein.

Unsere Eltern

waren fast ausnahmslos Kinder der Deutschen Demokratischen Republik. Sie wurden in den entbehrungsreichen und unsicheren Jahren nach dem Zweiten Weltkrieg geboren und erlebten die Fortschritte des Sozialismus während ihrer Kindheit und Jugend am eigenen Leibe. Hunger, Zerstörung, Besatzung, Entnazifizierung, politische Zwänge, dezimierte Familien, verkrüppelte Körper, kulturelle Stagnation – der Krieg manifestierte sich ihnen als erste Lebensumwelt. Vater war aus ihm zurückgekehrt und Mutter hatte ihn überlebt.

Die Kraft und Jugend unserer Eltern gehörten dem Staat, der ihnen eine Zukunft in Aussicht stellte, die sich grundlegend von der in Verdrängung befindlichen Vergangenheit unterschied. Diese Zukunft brachte Essen und Gerechtigkeit, Bildung und Gesundheit und vor allen anderen Dingen Frieden. Im Namen dieses Friedens nahm man sie am 13. August 1961 in territorialen Gewahrsam. Von nun an konnten sie die Allmacht des Staates in ihren Körpern spüren. Sie lebten und arbeiteten, liebten und schliefen, aßen und dachten, verzweifelten und tranken in diesem Staat, der sich um nichts in der Welt von ihnen trennen mochte. Was auch immer sie mit ihrem Leben anstellten, der Staat nahm es zur Kenntnis. Er lobte und tadelte, ernährte und lenkte, befahl und strafte und er vergab bunte Medaillen für Gehorsam. Unsere Eltern nahmen diesen Staat an, da sie ihn als gottgegeben betrachteten. Sie lernten, passten sich an und stiegen auf. Sie witzelten über die alten Männer, die über ihnen in den Führungspositionen saßen und Legenden um ihr Leben in der düsteren Vergangenheit webten. Arbeite mit, plane mit, regiere mit!

Natürlich gab es Momente, in denen alles zu zittern schien. Der 21. August 1968: »Die Moldau« tönte durch die Straßen der Altstadt, danach blieben einige Plätze im Hörsaal leer. Der Staat handelte nach der ältesten aller Regeln: Wer nicht für uns ist, ist gegen uns. Und natürlich gab es verbotene Früchte, die das monströse Ausmaß des Staates zeigten: Orwell, Heym, Solschenizyn. Und dann gab es da immer wieder dieselbe Frage: Willst du dir alles verbauen?

Unser Eltern arrangierten sich, zogen nach Berlin und nutzten die materielle Sicherheit, um uns in die Welt zu setzen. Eigentlich schenkten sie uns dem Staat, doch das wollte niemand zugeben. Wir wurden in den Frieden geboren, und trotzdem, unter der Oberfläche war immer noch Krieg. Die gesamte Streichholzschachtel mit einer Stichflamme abbrennen lassen nannten wir Russenpanzer, unsere Witze spielten im KZ, alles Schlechte oder Minderwertige war polnisch. Beim Sportunterricht traten wir der Größe nach an und zum Beginn jeder Schulstunde standen wir stramm neben unseren Bänken. Wir lernten für den Sozialismus, Mutters Arbeitsplatz war ein Kampfplatz für den Frieden. Diese beiden Worte bestimmten die kindgerechte Ideologie. Sie sagten: »Für Frieden und Sozialismus seid bereit!«, und wir antworteten: »Immer bereit!« Sie meinten: »Gebt uns Gehorsam und Kontinuität«, und wir sagten: »Okay.«

Die Sprache, die wir lernten: Krieg, Frieden, Marsch, Kraft, Sieg, Feind, Schlag, Freund, Ziel, Plan, Soldat, Stärke, Bündnis,

Treue, Volk, Kommission, Held, Kultur, Produktivität, Partei, Revolution, Ruhm, Erfüllung. Was wir mochten: Westfernsehen, Westsüßigkeiten, Westklamotten, Westmusik. Wovor wir Angst hatten: Atomraketen.

Unsere Eltern liebten uns, wie wir waren, und unterstützten die Ausprägung der beiden Gesichter: »Erzähl aber nicht in der Schule, dass du das sehen durftest!« Oder: »Erzähl bloß nicht, worüber wir gestern beim Abendbrot gesprochen haben!« Wir erzählten nichts, strengten uns aber auch nicht an, irgendetwas zu verheimlichen. Der Staat war fertig, das fühlten wir. »Lieber rückwärts in den Intershop als vorwärts zum elften Parteitag der SED.«

Und der Staat? Er konnte einem erst bei der Berufswahl die Zähne zeigen, scharfe Zähne. Wir hatten einfach Glück. Noch bevor wir die bedrückend ernsten Gespräche über unseren Werdegang führen mussten, brach alles wie ein Kartenhaus zusammen. Plötzlich waren wir frei, vielleicht zu frei. Und unsere Eltern? Sie knabberten an dem Umbruch, an ihrer Neubewertung, an dem Wegbruch des Staates, der immer da gewesen war. Sie hatten keine Zeit mehr für uns, sie lernten schwimmen, mit vierzig.

25.

Als ich einige Stunden später aufwachte, war für den Bruchteil einer Sekunde alles wieder gut. Ich fühlte meinen Körper unter der Decke und blickte ins Licht des Fensters. Dann kam der Schock. Mein Denken funktionierte noch immer nicht geradlinig und rational und meine Sinneswahrnehmungen waren nach wie vor von den Pilzen getrübt. Der Schlaf hatte mich nicht gereinigt. Ich bekam Panik und erhob mich sprunghaft aus dem Bett. Während ich planlos durch die Wohnung lief, geisterte das schlimme Wort in meinem Kopf herum: hängen geblieben.

Ich duschte kalt, um zur Normalität durchzubrechen, es half nicht. Ich trank literweise Wasser, um alles aus meinen Zellen zu spülen, es half nicht. Ich ging stundenlang spazieren, um meinen Stoffwechsel anzukurbeln und das Gift in mir zu verbrennen, es half nicht. Die Farben blieben unnormal kräftig und pulsierten vor meinen Augen und alles, was sich vor mir bewegte, zog einen kurzen Schweif hinter sich her. Ich versuchte daher, meinen Blick auf unbewegliche und möglichst dunkle oder unfarbige Dinge zu richten. Geräusche nahm ich zu leise und etwas verzerrt wahr. Meine direkte Lebensumwelt war mir entfremdet und ich empfand ein leichtes Unvertrauen allem gegenüber. Es gab keine Routine im Erleben, jede alltägliche Handlung und Begebenheit wurden zum Abenteuer und zum emotionalen Neuland. Die Kanäle meiner Wahrnehmung wurden ganz langsam und ohne mir eine Pause zu gönnen aufgebohrt. Meine Gedanken funktionierten dabei wie ein Kreisel. Sie drehten sich so schnell, dass sie mich auf der Stelle stehen ließen. Ich nahm an der kommunikativen Welt nicht mehr teil und lauschte stattdessen den Stürmen in meinem Kopf.

Das war der normale Zustand eines jeden Trips und er machte mir Angst, weil er nicht mit dem sonst üblichen An- und Abschwellen auftrat, sondern gleichförmig und stabil war. Zudem fühlte sich mein Körper an, als würde er mindestens zur Hälfte aus meinem überaufmerksamen und nervösen Kopf bestehen. Der Rest war angespannt und hölzern und wenn ich meine Hände betrachtete, kamen sie mir fremd und alienartig vor. Die agilen, unabhängig voneinander funktionierenden Finger sahen einfach zu sehr nach einer mechanischen Konstruktion aus. Mein neues Körpergefühl negierte meine natürlichen Bedürfnisse, sodass ich keine Kälte, keinen Hunger und keine Müdigkeit mehr empfand.

Am ersten Tag machte ich mir noch leichte Hoffnungen, dass mein Körper einfach etwas länger brauchte, um die zu große Dosis Psilocybin zu verarbeiten, doch schon am nächsten Morgen folgte die Ernüchterung. Jede alltägliche Begebenheit wurde in meinem Zustand zu einer Prüfung von unglaublicher Schwierigkeit: Ich redete mit Björn in der Küche über Pernds Geburtstag und es war wie der märchenhafte Kampf mit dem Feuer speienden Drachen. Ich traf die Nachbarin im Treppenhaus und sie fragte mich, ob ich ihr kurz beim Wechseln eines Fahrradschlauches helfen könne, der nächste Drachen. Ich ging in den REWE, um mir Wasser, Obst und Mineralstofftabletten zu kaufen, und wurde wegen der schreienden Farbigkeit der mit Konsumprodukten vollgestopften Regale fast ohnmächtig.

Nach zwei oder drei Tagen bekam ich dann auch noch diese typische Vergiftungs- und Manipulationsparanoia. Ich trank kein Leitungswasser mehr, weil ich Angst vor dem Blei in den Wasserrohren hatte. Ich trank keinen Kaffee und keinen grünen oder schwarzen Tee, weil das Koffein meine Sinne in Schüben noch aggressiver machte. Ich wusch mein Obst minutenlang, weil ich Angst vor dem Gift auf den Schalen hatte. Ich aß nichts mehr bei Imbissen oder in Restaurants, weil ich nicht wusste, was die Leute da ins Essen taten. Nachdem ich noch einmal einen verzweifelten und leider erfolglosen Versuch unternommen hatte, den ganzen Spuk mit Alkohol und Codein zu beenden, nahm ich gar keine als Drogen zu bezeichnenden Stoffe mehr in mich auf. Wenn vor mir auf der Straße jemand rauchte, hielt ich die Luft an. Wenn Björn einen Joint drehte, verließ ich die Wohnung.

Es half alles nicht. Ich wurde jeden Morgen wach und stellte mit dem ersten Umwelteindruck und dem ersten bewussten Gedanken fest, dass ich noch immer drauf war. Meine Tage wurden zu einer nicht enden wollenden Qual.

Ich schmiss den Job, weil ich nicht mit den Höhen und dem Lärm auf der Baustelle umgehen konnte. Außerdem überlegte ich die ganze Zeit, ob ich mich in den Augen meiner Mitmenschen merkwürdig verhielt und ob sie ahnten, dass ich auf Trip war. Ich erzählte allen, die misstrauisch wirkten, dass ich krank sei. Das stimmte ja irgendwie auch. Die Wahrheit teilte ich mit niemandem. Die Angst in mir wuchs. Was sollte ich in meinem Zustand bloß den ganzen Tag lang machen? Schlafen konnte ich immer nur wenige Stunden von ungefähr halb drei bis acht Uhr früh. Morgens blieb ich im Bett liegen und verhielt mich still, bis Björn zur Uni gefahren war. Dann stand ich auf und saß den Vormittag über in der Küche. Hier gab es wenigstens keine ungewöhnlichen Sinneseindrücke. Wenn es an der Tür klingelte, öffnete ich nicht. Am Nachmittag machte ich meine außerhäuslichen Erledigungen. Danach zog ich mich in mein Zimmer zurück und ging schon früh wieder ins Bett. Manchmal wiederholte ich die Yogaübungen, die ich in Indien gelernt hatte.

Ich konnte weder lesen noch Musik hören noch fernsehen, weil mich das Artikulationsverhalten in der menschlichen Kultur unglaublich entmutigte und abstieß. Hinter allem sah ich immer nur den Drang nach Geld und Ruhm und persönlicher Bedeutung. Der Weg des Einzelnen dahin war die Übertrumpfung, Manipulation und Ausnutzung des anderen. Der Fernseher war eine riesige Angstmaschine, die uns einschüchterte und auf Abbitte mittels Konsum programmierte. Und all die hübschen und auch intelligenten Frauen in den Zeitschriften, im Fernsehen und auf der Straße hatten für mich einfach nur ein großes Preisschild auf der Stirn. Ihr Selbstbewusstsein stieg mit ihrem Handelswert. Die Wahrheit schrie mich aus jeder Zeile, jeder Note, jedem Bild und jeder menschlichen Geste an: Wir lebten in einer Welt ohne Liebe und der Mensch war eine sich pausenlos selbst vermarktende Ware.

So lag ich mit zugezogenen Vorhängen im Bett und hatte die Augen geöffnet, weil das besser für meinen gestörten Gleichgewichtssinn war. Das Leben kostete mich so viel Kraft, dass ich nach zwei Wochen völlig ausgebrannt und fertig war und aufgab. Ich konnte nicht länger so tun, als wäre alles in Ordnung. Dann war ich eben auf Trip und wirkte auf meine Mitmenschen befremdlich – scheiß drauf. Für mich war die Welt ja auch strange.

Mit dieser Einstellung wurde es sehr langsam besser. Ich bekam zwar nach wie vor Panikattacken, wenn ich mich auf Plätzen mit vielen Menschen befand, in geschlossenen Räumen war oder mit der U-Bahn fuhr, aber ich gewöhnte mich mit der Zeit daran. Ich ließ die heftigen Gefühle durch mich hindurchfließen und wehrte mich nicht mehr gegen sie. Wie ein Haus in der Flut stand ich mit geöffneten Fenstern und Türen da, um dem Wasser seinen Weg zu lassen und nicht zerbrochen und weggespült zu werden. Da mich der Trip nicht verließ, zog ich nach und nach bei ihm ein. Ich lebte weiterhin wahnsinnig gesund und machte außerdem fast jeden Tag Sport. Meistens fuhr ich mit meinem Rad zum Zachertplatz und drehte meine Runden in dem von Grün umgebenen Laufstadion. Zuerst lief ich fünf Kilometer, dann zehn und irgendwann zwölf. Das waren unglaubliche dreißig Runden. Für den Platzwart gehörte ich bald zum Inventar. Er grüßte mich und manchmal sprachen wir sogar ein paar Worte über die gute alte Zeit, die Trainingsmethoden bei Dynamo und die Trainer, die unsere Leibesübungen teilweise in Offiziersuniform angeleitet und überwacht hatten. Sonst war ich nicht gerade sozial, weil ich die Menschen und ihre Intentionen nicht mehr verstand. Meinen Sinn für Humor hatte ich vollständig verloren. Ich wusste nie, ob jemand etwas ernst meinte oder nicht. Genauso wenig konnte ich einschätzen, in welcher Stimmung ein Mensch war. So dachte ich über jede mir gegenüber geäußerte Bemerkung nach, statt darauf zu reagieren. Den Kontakt zu meinen Feierfreunden und den meisten Marzahnern brach ich einfach ab. Komplizierter war es mit meiner Mutter, die sich von Natur aus Sorgen um mich machte. Jedes Gespräch mit ihr war für mich Schwerstarbeit. Manchmal ging ich tagelang nicht ans Telefon, weil ich mich dem nicht gewachsen fühlte.

Björn war in dieser Zeit mein einziger regelmäßiger Umgang, doch die Sachen, die er mir beiläufig erzählte, machten mir auch Angst. Es waren diese typischen Vorstadtnews in ihrem reißerischen und verknappten Stil, die ich nicht mehr ertrug:

»Ey, und ich hab neulich Knut getroffen, als ich bei meinen Eltern war, und der hat mir erzählt, dass Prahl jetzt endgültig durchgeknallt ist. Die Jungs haben letzten Freitag wohl alle zusammen Mikros geschmissen, die Schmidt bei einem Dealer in der Pfarr aufm Teppich gefunden hat, und als die Dinger dann richtig eingeschlagen sind, is Prahl nach Hause gegangen und hat zwölf Stunden am Stück den Videotext in seinem Fernseher nach seinem eigenen Namen durchsucht, weil er einen stichhaltigen Beweis für seine Existenz haben wollte. Is das krank, Alter?«

Ja, das war krank. Ich konnte nichts dazu sagen, weil die Geschichte eine unglaubliche Panikattacke in mir auslöste. Sie ließ die Angst vor dem endgültigen Kontrollverlust wie eine schwarze Sonne in mir aufsteigen. Ich wollte nicht zum Psychoopfer werden, über das die anderen lachten und Geschichten erzählten, oder in der Klapse auf Neuroleptika rumvegetieren. Wie weit war ich noch von Prahls Zustand entfernt? Würde ich die kalte Umarmung der Psychiatrie ähnlich entspannt hinnehmen können wie Milan? Oder ging mir bei meinem derzeitigen Lebenswandel einfach irgendwann das Geld aus und ich verlor meine materielle Mündigkeit? Ich beschloss, meine Passivität aufzugeben und mein Schicksal selbst in die Hand zu nehmen.

Als Erstes musste ich Abstand zwischen mich und diese No-Future-Vorstadt-Drogenwelt bringen. Ich suchte mir eine kleine Wohnung im Prenzlauer Berg, weil ich allein und weit weg vom Friedrichshain leben wollte. Kurz vor meinem Auszug kam Katja an einem Samstagmorgen noch einmal bei Björn vorbei. Sie wollte mich abholen, um mit mir und einem Pärchen, das ich nicht kannte, ins Ferienhaus ihrer Eltern zu fahren. Ein Wochenende an der

Ostsee, das klang verlockend. Sie trug ein helles, kurzes Sommerkleid und sah hinreißend aus. Ich fand die Idee trotzdem nicht gut und lehnte die Einladung ab, da ich ziemlich genaue Vorstellungen von dem hatte, was in der Woche danach kommen würde. Katja reagierte wütend und sagte mir immer wieder, ich solle meine Sachen schnell packen und mich beeilen, die anderen würden im Auto auf uns warten. Ich fixierte das Gelb und das Weiß ihres Kleides und stellte mir vor, was aus uns hätte werden können. Ich sah ein junges attraktives Paar in Wohlstand und Glück und hörte irgendwann das Geräusch der von außen zugeworfenen Wohnungstür. Angst kann einen am Leben hindern und Angst kann einen vor Fehlern schützen.

Nachdem ich in die Korsörer Straße gezogen war, drehte ich meine täglichen Runden im nahe gelegenen Cantianstadion. Meine Wohnung richtete ich mir ziemlich schön ein. Der totale Luxus war, dass ich jetzt ein kleines Schlafzimmer und ein Wohnzimmer hatte. Die Wohnung besaß außerdem ein schlauchförmiges Klo und eine Küche mit einer Kammer und einer unter der Spüle versenkbaren Badewanne. Während die Küche mit einem Gasbrenner beheizt wurde, standen in den beiden Zimmern schlanke gelbe Öfen. Günther half mir, die Tapeten in der ganzen Wohnung abzureißen und die Dielen in den Zimmern und im Flur abzuschleifen. Die Wände strich ich leicht grau. Die natürlich-matten Farben taten meinen Augen gut. Ich wohnte zwar wieder im Hinterhaus, diesmal aber hell und sonnig, im dritten Stock, mit den Fenstern zur Südseite.

Die Tür zum Dach war leider abgeschlossen. Wenn ich abends mal in die Ferne sehen wollte, setzte ich mich auf die Anhöhe am Fußballstadion, das keine zehn Minuten entfernt hinterm Falkplatz lag. Von dort aus übersah man den ehemaligen Mauerstreifen und die westlich gelegenen Neubauten des Weddings. Der BFC spielte hier nicht mehr. Die Anlage war für einen Viertligisten zu groß. Meine neuen Nachbarn kamen fast alle aus Westdeutschland. Wenn ich sie im Hausflur traf, grüßten sie kalt, auf der Straße sahen sie einfach weg. Im Sommer lief ich dann irgendwann Marie in die Arme. Ich hatte damit gerechnet, denn wir wohnten nur noch zwei Blocks auseinander. Sie lud mich zum Essen zu sich ein und ließ mich danach eine Nacht in ihrem Bett schlafen. Das war sehr schön. Sie fragte nicht viel und nahm mich in die Arme. Ich spürte die Wärme ihres Köpers und musste nicht an Sex denken. Der Hund lag zu unseren Füßen und ich schubste ihn nicht wie früher immer aus dem Bett. Am nächsten Morgen fühlte ich mich dann zum ersten Mal seit Ende April wieder einigermaßen gut. Wir frühstückten noch zusammen und trennten uns dann.

Einige Wochen später schrieb ich mich an der Uni ein. Ungefähr zur selben Zeit schmiss Marie ihre Ausbildung. Sie gab ihre Wohnung auf und zog in einen Bauwagen irgendwo auf dem Land. Dann starb Stefan auf einem Open-Air-Rave. Er war nackt auf einen Baum geklettert und im Acid-Wahn abgestürzt. Die Boulevardpresse stilisierte ihn zum Drogenopfer. Zu der Beerdigung auf dem

Friedhof in Biesdorf ging ich nicht. Stefan hatte immer ein T-Shirt mit Timothy Learys Forderung nach der Überwindung des Todes getragen. Ich machte allein Urlaub in Norwegen und fing im Herbst an zu studieren. Es war nicht leicht für meinen Kopf, wieder strukturiert zu denken und sich Sachen zu merken. Die Leute an der Uni fand ich schräg, weil sie alle so affektiert und aufgedreht waren. Ich wusste nicht, woher sie ihr Selbstbewusstsein nahmen, und fühlte mich als Außenseiter. Vielleicht hatten ihre Eltern sie zu sehr geliebt.

In meinem ersten Semester gab ich viele Male auf. Meistens geschah das an einem Schreibtisch in der Bibliothek. Die Dinge fanden keinen Platz und keine Ruhe in meinem Kopf und trieben mich zur Verzweiflung. Ich floh dann aus dem majestätischen Gebäude unter den Linden und lief mit meinen Unterlagen und Büchern auf dem Rücken durch Mitte. Dabei dachte ich über die Alternativen in meinem Leben nach. Sollte ich die ganze Schulsache aufgeben und mir einen festen Job aufm Bau suchen? War ich ein paar Kilometer gelaufen und hatte mich wieder beruhigt, überredete ich mich zu einem weiteren Anlauf. Ich hatte wenig Mut, aber ausreichend Willen.

Neben meinem Studium arbeitete ich zwei Tage die Woche in einem Kopierladen auf der Kastanienallee. Ich ließ die Ladentür immer offen stehen, um nicht in dem Ozongeruch umzukommen, und hörte während der Arbeit alte Smiths-Tapes. Der ständige Kontakt mit fremden Menschen stresste mich ziemlich. Einmal kam Milan zufällig vorbei, um einige seiner Comics zu vervielfältigen. Das Düstere und Dunkle in seinen Geschichten war einer trippigen Farbigkeit gewichen. Er freute sich, mich zu sehen, und erzählte mir, wie blöd Katjas neuer Typ war. Danach fragte er direkt nach Dope. Ich gab ihm Kaffee und Kekse aus der Angestelltenküche. Es hatte sich wenig bei ihm verändert, nur aus der Wohngemeinschaft in der Richard-Sorge-Straße war er ausgezogen. Katja sah er im Gegensatz zu mir regelmäßig. Wir tauschten unsere Telefonnummern nicht aus. Björn traf ich ab und zu an der Uni zum Essen. Wir redeten wenig über Privates, weil er meistens noch ein oder zwei andere Skandinavistik-Studenten im Schlepptau hatte. Noch seltener sah ich Günther, der angefangen hatte, beim Film zu arbeiten, und völlig darin aufging. Jan war bereits im Sommer in ein besetztes Haus in Potsdam gezogen, weil er ähnlich wie ich den Friedrichshain nicht mehr ertrug und außerdem nicht mehr allein wohnen wollte. Er mochte das dreistöckige Haus mit Garten und die dörfliche Struktur der Szene dort. An der bunten Tür im Hinterhof hing ein letzter Zettel, auf dem einfach »Geschlossen« stand.

Auch mir machte die Einsamkeit ab und zu stark zu schaffen. Besonders an Tagen, an denen es mir besser ging, vermisste ich die alte Gemeinschaft mit meinen Freunden. Manchmal konnte ich es nicht ertragen, nach einem Tag in der Uni allein in meiner Wohnung zu sitzen, und fuhr abends zu Anton. Ich sah ihm dabei zu, wie er Joints rauchte, und merkte, dass wir uns fremd wurden. Sein

Gerede über Clubs verstand ich nicht mehr und die zahllosen Stile elektronischer Musik konnte ich auch nicht mehr unterscheiden. Ich war draußen. Da ich die wirklich laute und physisch spürbare Musik und das Tanzen trotzdem vermisste, ging ich an einem Donnerstagabend im November in den Dubclub. Ich hatte nicht schlafen können und lief gegen eins zu Fuß in die Kulturbrauerei rüber. Der Laden war nicht besonders voll, aber die Musik schön. Lu-Jah legte auf. Ich saß rum, trank Mineralwasser und hörte mir die tiefen und spirituellen Roots-Sachen an. Dann sah ich Katja und ihren Polizistenfreund in den Raum kommen. Ich wollte mich nicht vor ihr verstecken und sah sie gerade heraus an. Sie setzte sich in ihrem kurzen, schwarzen Kleid zu mir und wir unterhielten uns über die laute Musik hinweg, ohne uns körperlich zu nahe zu kommen. Wie geht's dir? Was machst du so? Bla bla bla. Wir sprachen miteinander wie zufällige Bekannte und konnten uns immer nur kurz in die Augen sehen. Ihr Freund tickte schließlich trotzdem aus und zerrte sie nach ein paar Minuten am Oberarm von mir weg und durch den Raum Richtung Ausgang. Es sah nicht gewalttätig aus, aber bestimmt, so als würde er ihr aus Selbstlosigkeit helfen.

Vielleicht machte das den Unterschied. Ich hatte Katja nie gesagt, was sie zu tun und zu lassen hatte, und sie hatte sich gegen mich entschieden. Verstand sie diese Eingriffe in ihre Selbstbestimmung als Liebe? Aus einem Reflex heraus folgte ich den beiden. Als ich die Ecke Knaack und Danziger erreichte, konnte ich sie Richtung U-Bahnhof

Eberswalder Straße gehen sehen und blieb stehen. Sie liefen nebeneinander, er war kleiner als sie. Katja hatte ihre Arme vor dem Körper verschränkt und Blondie seine linke Hand großflächig auf ihren Rücken gelegt. Ich rief ihren Namen. Sie schaute auf den grauen Fußweg vor sich und machte den Eindruck, als würde sie frieren. Ihre Absatzschuhe zwangen sie zu kurzen Schritten. Von hinten sah es aus, als würde er sie die Straße runterschieben. Es war ein trauriges Bild. Ich setzte mich auf das Geländer, das den Gehweg von der Fahrbahn der Danziger trennte, und sah den beiden nach, bis sie sowohl die Danziger Straße als auch die Schönhauser Allee überquert hatten und in dem schmuddeligen Treppenhaus der Hochbahn verschwunden waren. Danach ging ich nach Hause und versuchte, Katja zu vergessen, die sich nicht noch mal nach mir umgesehen hatte.

Ich glaubte sie dennoch bestimmt zweimal die Woche auf der Straße oder in irgendeinem Menschengedränge zu erspähen. Ihr Gesicht verfolgte mich durch die immer kürzer werdenden Tage. Nach einer Weile sprang ich auf die falschen Alarme in meinem Inneren gar nicht mehr wirklich an. Ich hatte gelernt, mit meiner Sehnsucht nach ihr zu leben. Wenn ich nach Einbruch der Dunkelheit nach Hause lief und meine Wohnung leer wusste, stellte ich mir immer vor, sie würde auf den Treppenstufen vor meiner Tür auf mich warten. Ich lief die lange Kopenhagener Straße oder die am Sportplatz entlang führende Cantianstraße hinunter und sah sie vor mir, mit ihrem fordernden und zärtlichen Blick. Natürlich hätte ich alles vergessen und sie auf den

Armen in mein Bett getragen. Und natürlich waren die Stufen immer leer.

Enttäuscht schloss ich dann die dünne Tür auf, ließ meine Jacke auf den Flurboden gleiten, zog meine Füße aus den Schuhen und ging ins Bad. Nachdem ich mir die Hände und das Gesicht gewaschen hatte, schaute ich mir in dem kleinen randlosen Spiegel lange in die Augen. Durch die von einer fransigen und zweifarbigen Iris umgebenen Pupillen konnte ich direkt in meinen leuchtenden Kopf blicken. In dem hellen und alle Differenzierungen bis kurz vor der Unkenntlichkeit überstrahlenden Raum forschte ich nach dem düstersten und bedrohlichsten aller Gefühle. Es war eine Idee, die mich überkam, seit ich allein in den stillen Räumen schlief: Sie alle, Jan, Milan, Marie, Katja, Björn, Anton und Gesa, sie lebten nur in meinem Kopf. Der Gedanke war nicht abstrakt oder konstruiert und löste auch keine Panik in mir aus. Er hatte eine betörende Natürlichkeit und einen süßen Geschmack.

Um Weihnachten herum begann ich, mich mit einer Frau aus der Uni zu treffen. Sie war sanft und warm und kam nicht aus Berlin. Sie kannte weder mich noch meine Freunde und gab mir alle Zeit, die ich brauchte, um mich zu öffnen.

Coda

Meine Eltern gaben mir den Namen Kristian, weil die Ostler ihnen verboten hatten, mich Krischan zu nennen. Den Namen hatte mein Vater ausgesucht, für den ich trotz des Verbotes immer Krischan geblieben bin. Meine Mutter hingegen ruft mich Kristian. Sie wollte lieber, dass ich Martin heiße. Beide Namen entstammen einem der Lieblingsbücher meiner Eltern, wobei die Figuren kaum unterschiedlicher sein könnten.

Martin ist ein Bauernsohn, der in einem mecklenburgischen Dorf zu Beginn des zwanzigsten Jahrhunderts aufwächst. Sein Vater nimmt es weder mit der preußischen noch mit der geistlichen Obrigkeit besonders genau und erzieht seinen Sohn nach Bauchgefühl zu einem vernünftigen und tüchtigen Menschen. Martins bester Freund ist ein Junge aus dem Armenhaus und seine erste kleine Liebe die Pastorentochter. Die Kinder leben im Spannungsfeld von sozialer Herkunft, Schule und Gottesgläubigkeit und erleben ihre Abenteuer in den Feldern, Wäldern und Bächen der malerischen norddeutschen Landschaft. Freund der Kinder und Erzähler von Geschichten aus einer fernen und aufregenden Welt ist der taprige und schmuddelige Kuhhirte Krischan. Er kommt jedes Jahr gegen Ostern ins Dorf und hütet dann den Sommer über das Vieh und die Jungs. Die Bauern zahlen ihm dafür keinen Lohn außer Essen und er schläft in einer Hütte, die er sich jedes Jahr neu baut. Niemand weiß, was Krischan im Winter tut oder woher er kommt. Manche mutmaßen, er wäre lange im Gefängnis gewesen, seine Geschichten und Tätowierungen sind allerdings eher die eines Seefahrers. Als Krischan wegen einer guten Tat unverhofft in einen rechtlichen Streit mit einem Gemeindemitglied gerät, treiben ihn die Erwachsenen aus dem Ort, weil er keine legalen Papiere hat. Sie fürchten die Fragen und Strafen der Obrigkeit. So verschwindet Krischan für immer im Herbstnebel hinter dem Dorf und für die Kinder endet die unbeschwerte Zeit ihrer Jugend. Sie müssen den als große Ungerechtigkeit empfundenen Eingriff der Erwachsenen in ihre Welt wehrlos hinnehmen und können nicht mehr tun, als den Hirten mit selbst gebastelten Stocklaternen aus dem Dorf zu geleiten. Dabei singen sie Lieder aus dem Siebziger Krieg. Dieser eigentlich nur dem Grafen gebührende Fackelmarsch provoziert die volljährige Dorfbevölkerung und verwirrt Krischan. Er empfindet seine Vertreibung als Fortführung einer lange verbüßten Strafe und ergibt sich, kaum mehr klaren Verstandes, in sein Schicksal. So treiben die, die zusammengehören, auseinander und selbst denen, die sie auseinandertreiben, tut das leid. Die regierende Ordnungsmacht bleibt in der Geschichte gesichtslos. Sie wohnt in den Mündern, Händen und Füßen der Erwachsenen und lässt diese tun, was ihr schmeichelt.

Wie mein Vater auf die Idee kam, mir einen Namen von solch schwerer Bedeutung zu geben? Ich weiß es nicht genau, doch ich vermute, dass ihn weniger das Buch des im Faschismus mit Berufsverbot belegten Journalisten dazu bewegte als vielmehr der gleichnamige, dümmliche Heimatfilm, der im sozialistischen Deutschland Walter Ulbrichts entstand und sich bruchstückhaft der Geschichte bedient. Auch die neue Obrigkeit musste das Volk unterhalten – Brot und Spiele, genau wie vor der Niederlage, nur dass diesmal der Name eines Antifaschisten im Abspann zu stehen hatte.

Was ich mit Krischan gemeinsam habe? Er ist ein Mann mit viel Vergangenheit und wenig Zukunft, mit viel Liebe für das freie Leben und viel Verständnis für die menschliche Seele. Er hat durch Härte gelernt, ohne bitter zu werden, steht wehrlos und mit leeren Händen am Rande der Gesellschaft. Ich kann mich nicht mit ihm vergleichen. Ich war bis jetzt immer stark genug, um mein Leben selbst zu bestimmen. Dafür bin ich dankbar.

Weitere Titel von Eden Books

Bettina Vibhuti Uzler wird mit 23 Jahren als Drogenkurierin erwischt und landet im französischen Frauenknast. Nach ihrer Freilassung taucht sie in die Freetekno-Szene ein, nimmt Drogen, organisiert illegale Partys und reist durch Europa.

Doch auf die Ekstase folgt der Absturz: Bettina lebt ohne Dach über dem Kopf und verliert sich im Drogenrausch. Ein spiritueller Meister hilft ihr schließlich, aus der Szene auszusteigen. In ihrem Buch erzählt sie fesselnd von ihren waghalsigen Höhenflügen, ihrem Absturz und ihrem Weg in ein neues Leben.

Ein gewagtes Porträt der Drogen- und Technokultur aus der Perspektive einer Aussteigerin.

Bettina Vibhuti Uzler
PARTY AM ABGRUND.
Meine Nomadenjahre im Drogen- und Technorausch.
Eine Aussteigerin erzählt.

272 Seiten | Klappenbroschur | 13,5 × 21 cm
12,95 € (D) / 13,40 € (A)
Auch als E-Book erhältlich
ISBN: 978-3-944296-01-2

Weitere Titel von Eden Books

1989 lässt sich Sarah Marrs in Berlins Osten nieder und mischt sich dort in die Künstlerszene. In ihrem abenteuerlichen Alltag sieht sie sich mit jeder Menge aberwitziger Situationen konfrontiert und trifft auf neurotische Gestalten. Macht die sympathische Einzelgängerin gerade nicht Deutschlands Hauptstadt unsicher, befindet sie sich auf Heimaturlaub in Chicago, wo sie sich um ihre nicht minder verrückte Familie kümmert.

In Form von Kurzgeschichten lässt Sarah Marrs ihre Leser an ihrem turbulenten Leben teilhaben und fängt ihren verrückten Alltag in all seiner Komik ein.

Sarah Marrs
STADTNOMADIN
Wilde Tage in Chicago, lange Nächte in Berlin

208 Seiten | Klappenbroschur | 13,5 × 21 cm
14,95 € (D) / 15,40 € (A)
Auch als E-Book erhältlich
ISBN: 978-3-944296-21-0

Impressum

Christian Mackrodt

Ostkreuz. Erwachsenwerden in der Wendezeit.
ISBN 978-3-944296-49-4

Eden Books
Ein Verlag der Edel Germany GmbH

www.edenbooks.de | www.facebook.com/EdenBooksBerlin |
www.edel.com
1. Auflage 2014

Dieses Werk wurde vermittelt durch die Literaturagentur Scriptzz, Berlin | www.scriptzz.de

Einige der Personen im Text sind aus Gründen des Persönlichkeitsschutzes anonymisiert.

Projektkoordination: Nina Schumacher und Rosanna Motz
Lektorat: Alexandra Hölscher
Umschlagfoto: © Katrina James – Edith images
Umschlaggestaltung: Janine Stratmann und Philipp Graf | Bon Bon Büro, Berlin | www.bonbonbuero.de
Layout und Satz: Datagrafix Inc., Manila | www.datagrafix.com
Druck und Bindung: optimal media GmbH, Glienholzweg 7, 17207 Röbel/Müritz

Printed in Germany

Dieses Buch ist auch als E-Book erhältlich.